憲政中國演講錄

憲政中國演講錄

上卷：制度變革

張千帆、牟效波 編

香港城市大學出版社
City University of Hong Kong Press

©2021 香港城市大學

本書版權受香港及國際知識版權法例保護。除獲香港城市大學書面允許外，
不得在任何地區，以任何方式，任何媒介或網絡，任何文字翻印、仿製、
數碼化或轉載、播送本書文字或圖表。

國際統一書號：978-962-937-578-2

出版

　　香港城市大學出版社
　　香港九龍達之路
　　香港城市大學
　　網址：www.cityu.edu.hk/upress
　　電郵：upress@cityu.edu.hk

©2021 City University of Hong Kong

Discussing Constitutionalism in China
Volume 1: Reforming the System
(in traditional Chinese characters)

ISBN: 978-962-937-578-2

Published by

　　City University of Hong Kong Press
　　Tat Chee Avenue
　　Kowloon, Hong Kong
　　Website: www.cityu.edu.hk/upress
　　E-mail: upress@cityu.edu.hk

Printed in Hong Kong

目錄

上卷 ● 制度變革

中卷 ● 思想啟蒙

下卷 ● 政策改良

總序

本書的素材來自北京大學人大與議會中心在 2011 年至 2014 年之間舉辦的「憲政講壇」。第一期講壇於 2011 年 3 月 24 舉辦，由哈佛大學法學院傅傑瑞（Jerry Frug）教授主講「聯邦治理的憲法架構」，毛壽龍、任進、王建勛教授評論。可惜由於準備匆忙，這一期講座未能整理成文字。第二期講壇是在 2011 年 5 月 23 日，由中國政法大學原校長江平教授主講「中國法治的困境與突破」，梁治平、賀衛方教授評論。記得那一天盛況空前，剛開放的法學院凱原樓學術報告廳擠滿了人，連講台後面地上都圍坐了人。我們戲稱這是江老師為凱原樓「開光」。

此後，我們奉行寧缺毋濫的原則，每一兩個月不定期在北大舉辦「憲政講壇」。先後邀請了和江老師並稱中國「法治三老」的郭道暉與李步雲教授、張思之大律師、資中筠教授、袁偉時教授、杜光教授、高放教授、鄭振源司長等大陸思想界「元老」。我們也邀請了何光滬、張維迎、賀衛方、童之偉、蔡霞、雷頤、章立凡、張鳴、劉澎等大陸學術中堅談論各自研究領域最拿手的話題。75 歲高齡的夏威夷大學成中英教授剛摔傷不久，胳膊還纏着綳帶，給台下的年輕學子講了兩個多小時的《洪範》，場景令人感動。北京律協憲法與人權委員會原主任徐燦律師帶病評議張思之律師的講座，後來因癌症惡化而英年早逝，令人噓唏不已。前後兩年多近 30 場講座，留下了許多令人難忘的故事。

隨着 2013 年 5 月反憲政逆流的興起，「憲政講壇」的維持變得愈來愈艱難。有時候，校內場地也會出現問題。資中筠、許章潤教授講座的時候，我們就不得不「轉移」到中央黨校的《學習時報》所在地。最後一次講座是 2014 年 9 月 22 日，由中國政法大學原校長陳光中教授主講「司法改革的癥結與前景」，徐炳教授評議。但是隨

着言論環境的每況愈下，我們只好暫停「憲政講壇」，並期待在未來環境改善的時候再度開張。2015 年，北大博雅公法論壇曾舉辦兩次相關憲政問題的講座，分別由吳思、盛洪教授主講，也一併收錄本書。

本書按照講座主題，分為制度變革、思想啟蒙和政策改良上中下三卷。總體上說，所有講座都是圍繞憲政民主這個大的核心，因而三卷的主題不可避免存在一定的重合。但三卷的重心和特點也各有不同，有的側重理論與歷史敍述，有的則側重制度與政策實踐。合而言之，三卷對大陸思想界與實務界對中國憲政民主的思考提供了一個多維度的動態視角。

承蒙香港城市大學出版社出版本書。特別感謝社長朱國斌教授的大力支持，以及陳明慧編輯對本書的耐心校讀。是他們的努力使本書得以和廣大讀者見面，在中國憲政遭遇寒流之際維持憲政探索的溫度和生機。

張千帆

本卷引言

　　本卷「制度變革」的主題圍繞中國憲政制度改革，包括司法改革、央地權力關係的適當安排、法治的制度支撐、對「重慶模式」的檢討、言論自由的合理界限、八二憲法的功過得失。講者都是中國憲政發展的思考者和積極推動者，也都是學術界或實務界有影響力的知識分子。他們的聲音在當下中國彌足珍貴，不僅有助於撥開一些憲法問題的理論迷霧，而且為中國憲政的進步提供了智力資源。講者的語言風格生動有趣，穿插着一些鮮為人知的有趣故事，讓讀者有身臨演講現場之感。

上卷 ● 制度變革

張千帆、牟效波 編

中國法治的困境與突破

時間： 2011年5月23日
地點： 北京大學法學院

主講人

江平： 著名法學家，中國「法治三老」之一。1930年出生，浙江寧波人。中國政法大學終身教授、民商法學博士生導師，七屆全國人大常委、全國人大法律委員會副主任，1983年至1990年歷任中國政法大學副校長、校長，1988年至1992年任中國法學會副會長。

評議人

梁治平： 1959年生於湖北孝感，1982年畢業於西南政法學院法律系，獲得法學學士學位，1985年畢業於中國人民大學法律系，獲得碩士學位，畢業後留校任教，1993年調入中國藝術研究院中國文化研究所，現為研究員。

賀衛方： 1960年出生，山東牟平人，北京大學法學院教授、博士生導師，兼任全國外國法制史學會副會長，曾任教於中國政法大學。1982年畢業於西南政法學院（法學學士），1985年畢業於中國政法大學（法學碩士）。

張千帆：我在其他高校看到過今晚這種場面，但在北大還是第一次看到，足見今天這幾位學者的魅力。歡迎大家來到「憲政講壇」第二期。第一期是在今年 3 月進行的，由於遲遲沒申請到場地，中間 4 月就停了一次，今天終於等到法學院這個場地了。我不敢肯定這是不是凱原法學樓啟用之後的第一次大型學術活動，我們要感謝北大法學院為我們提供了這麼好的場地。

為了補償中間停辦的一次，這次我們請出了「超強陣容」。我們的主講人是一位德高望重、學界無人不曉、也不需要我介紹的長者。他現在年逾八旬，但是振臂一呼，振聾發聵，每個人都能聽得見他洪亮而悅耳的聲音。網上是這麼概括他的經歷：「他是一個曾經為救國理想和言論自由而犧牲了一條腿的青年，一個曾經在陋室中為孩子編織毛線衣的父親，一個循循善誘、誨人不倦的導師，一個為法治中國建設奔走呼號的社會實踐者。」

對於和中國社會一起經歷了 82 年滄桑的他，命運似乎確實有點捉弄人，所有的幸運和厄運都集中在他身上。50 年代初，他被政府選派為留蘇學生，這在當時看來應該是幸運的。聽說他還和當時擔任莫斯科大學團委書記的戈爾巴喬夫同志共同工作過，大家可以向他求證一下。1956 年他以全優成績畢業後回來報效祖國，1 年之後就在轟轟烈烈的反右鬥爭中被打成首批右派，這顯然是不幸的，此後歷經了 22 年的磨難。1978 年，他重新回到中國政法大學的講台；1988 年起擔任政法大學校長，但沒過兩年時間就「被辭職」了。此後，許多人稱他「是永遠的校長，是法大的精神符號」。我想他不僅是中國政法大學的精神符號，也是整個中國法學界的精神符號。他，就是今天坐在大家面前的江平先生。

今天兩位評議人也是大名鼎鼎的中青年學者，一位是《洪範評論》執行主編梁治平教授，一位是我們北大自己的、只屬於北大的賀衛方教授。

中國法治走過 30 年，經歷了很多坎坷。30 年過後，我們走到了十字路口，似乎有點迷失方向。中國法治遇到了什麼障礙？如何突破這些障礙？下面有請江平先生給我們講解。

江平：應該說，到北大是很惶恐的。前兩天在開會的時候，千帆教授說希望我到北大來做個報告。我說現在精力實在不夠了，身體也不太好了，恐怕做個講座撐不下來了，能不能搞一個座談，兩三個人對話很好。他說可以啊。今天我一看又不一樣，我是主講人，兩個是評論人。有點「上當」的感覺。

對北大我還是很仰慕，不僅仰慕，應該說我也是北大的前身燕京大學的，每次走到這兒看到博雅塔都有點感慨萬分，有點感覺我的家園失去了。燕京的人一直呼籲恢復燕園，但現在看來不太可能。燕園要恢復了，北大怎麼辦，再回到紅樓去是不可能了。

我記得司徒雷登[1]在故去的時候有一個願望，希望能把他的骨灰埋在燕園，我也為此呼籲過。但是最後得到的答覆就是，毛澤東不是說了嘛：「別了，司徒雷登！」現在你怎麼又回來呢？所以放在燕園不太可能，最後只能放在他的出生地杭州。這也是一個遺憾。其實我覺得司徒雷登終身為中國的教育努力奮鬥，他窮其一生創建的燕京大學終究為中國培養了許多人才，我們還是應當感謝他，應當紀念他。

今天讓我講憲法的問題，坦率來說是外行，因為大家知道我是研究民法的。由一個教私法的人來講憲法顯然是有點不太合適。但是，在研究私法的過程中，我深深感覺到私法是一個國家法律的基礎，沒有對於私權神聖的保障，一個文明的社會就不可能存在。但是，話說回來了，私法之所以能夠存在，也必須由一個憲法提供更大範圍的保護，或者說在中國這麼長的時間內，幾千年裏，中國的私權主要是受到公權力的侵犯。因此，沒有憲法的完善，沒有憲政的實現，中國要實現現代化恐怕也是不可能的。

我記得在二十多年前，七屆人大的時候，就是討論兩個法，一個是人大代表法，一個是人民監督法。這兩個法起草了 20 年之後，《全國人民代表大會和地方各級人民代表大會代表法》很快通

---

1. 司徒雷登（John Leighton Stuart, 1876–1962），生於杭州，第二代美國傳教士，1919 年 1 月成為燕京大學首任校長，1946 年 7 月 10 日受美國總統杜魯門任命為美國駐華大使。

過了，但是《各項人民代表大會常務委員會監督法》（以下簡稱《監督法》）的通過卻是困難重重。後來也通過了，但我發現這個《監督法》跟原來我們所設想的一些內容比起來好像退步了不少。我記得當時《監督法》考慮的一個問題就是憲法監督的問題，誰來實現憲法監督。

當時有兩個方案，一個是在中國設立憲法委員會，一個是在中國設立憲政法院。那麼，這兩個意見考慮的結果是，比較多的人傾向於認為在中國設立憲政法院還是太早，或者憲政法院還是不太可能在中國實現。因為你要搞這個憲政法院，那誰來當憲政法院的院長呢？又怎麼平衡黨的領導跟憲政法院之間的關係呢？這些問題不太好解決。

而當時覺得搞一個憲法委員會還是有可能的。因為你想，我們如果在全國人大下面設立一個憲法委員會，涉及違憲的問題由它來監督審查，那應該說在現有體制下並不是太費力的。但是我們看到，後來的《監督法》中，這兩個方案都沒有了，我們的憲法監督還是通過我們原來所說的人大常委會來實現。這樣的話，憲法監督實際上就是先由全國人大常委會內設的一個局級機構審核涉及違憲的問題，最後經過人大常委會的程序來完成。所以應該說，從這個角度來看我是很失望的，也就是說我們的監督沒有向前進一步，還在原地踏步。

前一段時間，我們也看到中國在憲法訴訟問題上出現了一些新的情況。山東的學生提起訴訟，法院把它定性為憲法訴訟，所以人們對於憲法訴訟談得愈來愈多。其實，憲法訴訟和憲法監督是一個事物的兩個方面。既然有了憲法監督，就有了憲法的訴訟問題。後來我們也聽說憲法訴訟不能講，而且有人明確提出來，以後也不要有書或者研究成果涉及憲法訴訟問題。這樣的話，人們又糊塗了，我們研究憲法，我們研究憲法訴訟，但是我們現在不許提憲法訴訟。

為什麼我對這個事情特別敏感呢？因為我認識一位蘇州大學很有名的行政法學教授楊海坤。有一次開會他跟我說，他寫了一本關於憲法訴訟的書，寫完了也印完了，但是得到一個通知，不許提憲

法訴訟，所以他這本書不能出版。他說，不出版那就算了吧，但作為作者，我自己能不能留一本呢？還是不行。他也感到很尷尬。既然憲法能提，憲政也可以討論，憲法訴訟卻不能提。

這樣的話，我們就面臨一個問題，憲法權利怎麼保障呢？憲法權利很重要的一個保障，就是憲法訴訟。如果我們連訴訟都沒有，我們怎麼能夠尋求保障的道路呢？我們只通過一個比較空的憲法機構去提出，而違憲的案件幾乎是沒有多少可能在全國人大常委會那裏得到審查。所以，我們可以看到，涉及憲法權利的救濟手段，最現實的就是憲法訴訟。

我在那次紀念蔡定劍 [2] 的會議上，也談到這個問題。我說在1987年的時候，在民法通則頒佈一周年的一個紀念會上，當時陶希晉 [3] 提出一個問題，他說現在中國有了民法，有了民事訴訟法，有了刑法，有了刑事訴訟法，但是我們現在缺的就是行政法和行政訴訟法，而行政法和行政訴訟法在我們國家是非常薄弱的。所以，他建議我們下一步的立法應該關注行政法和行政訴訟法。當時，王漢斌就說，陶老提出的這個問題很重要，我們要研究行政法和行政訴訟法。

但是我們沒有經驗可循，我們自己在這方面的研究也很差，所以他建議先成立一個行政立法研究小組。當時因為我是中國政法大學的副校長，而且當時我們學校的行政法力量比較強，所以我們就搞了一個行政立法研究小組。在行政立法研究小組開始工作的時候，陶希晉同志堅持主張搞一個行政法大綱。而我們研究了一段之後，覺得行政法大綱是很難搞的。你想把我們現在各個領域裏面的行政權力用一個行政實體法概括起來，那是很難的。所以我們當時研究，能不能按照民法的辦法用訴訟法來促進實體法？大家覺得這個辦法不錯啊，我們中國有的時候就需要通過訴訟法來促進實體法。

---

2. 蔡定劍，中國著名憲法學家。

3. 陶希晉，法學家、政治人物。

　　譬如說，計劃生育我們沒有什麼法，但如果我們有了一個訴訟程序可以告計劃生育管理機構，那就會促進這個計劃生育機構來完善它的實體法。我們把這個想法向陶老和法工委彙報，他們都很贊成，所以行政訴訟法就有了。最終我們通過行政訴訟法促進了行政實體法的完善。所以，後來我們搞了十年的行政立法綱要，等等，應該說這是一個很好的思路。今天對我們來說，仍然希望通過行政訴訟進一步發展到憲法訴訟，通過憲法訴訟能促進憲政的落實。也就是說，沒有權利的救濟就沒有權利本身，這一條路我們看得很清楚。行政法告訴我們一個很重要的理念，就是沒有權利的救濟，就沒有權利本身。如果我們連權利救濟手段都沒有，我們怎麼能夠保障我們的憲法權利得到實現呢？我們憲法中的許多權利還是落空的。譬如說，我們有言論自由、新聞自由、出版自由、結社自由，等等。可是，救濟手段呢？我能不能夠通過憲法來保護我的權利呢？沒有。所以，在我們的心目中，這一條我們應該非常明確。

　　最近，我看到深圳市一個報道，深圳市公安部門為了保障即將召開的大運會的安全，公佈了一個辦法。這個辦法就是，對深圳社會治安有高度危險的人進行嚴格的控制。它把這些人區分為 17 種人，這 17 種人總共有 8 萬人，這 8 萬人要被勒令離開深圳市。這個消息一出來，很多法學界的人也好，律師也好，各界人士在報紙上發表不同的意見。我也覺得這個做法是很不妥當的。

　　我最早教的是羅馬法，羅馬法裏面有一個「人格減等」的制度。所謂人格減等跟民事權利的剝奪還不是一回事。我們知道，在法國民法裏，原來有民事權利的死亡，把民事權利全部剝奪了，那不就跟死了差不多嗎？因為民事權利都沒有了，他還有什麼生存的空間呢？在羅馬法裏面，奴隸可能沒有民事權利，但是自由人也完全可以人格減等。如果你有不名譽行為，或者按照現在的說法，如果政府認為你對社會治安有高度危險，可以人格減等。人格減等以後，許多職業他不能從事，像政府官員，或者其他的一些職位，都不能夠擔任。深圳市的做法不就是一個人格減等的制度嗎？現在也有人說，這不就是公民的三六九等嗎？憲法上寫得很清楚，公民是平等的，但到了這個城市裏面，由於政府認為你對社會的危害程度不一樣，給你區分為不同的人等。

又聯想到印度的賤民制度，公民也可以分為若干等。深圳的這種做法實行之後，我看到下面緊接着惠州市和東莞市發生恐慌了，因為這八萬人不能在深圳生存了，就要離開深圳了，離開深圳到哪去呢？他可能還不太願意回鄉，他當然往周圍的城市去了。那往周圍的城市就跑惠州去了，跑東莞去了。這樣的話，我們國家如果每個城市都有自己的一套這樣的制度，把危險推到周邊的城市，周圍的城市安全誰來管？顯然，這個制度出現後，周邊的城市也會相應制定一些政策。對所謂社會危險比較大的人們，也會採取一些抵制行動。這樣下去的話，中國就太危險了！

儘管報紙上說了這麼多的反對意見，但今天我看到一個消息，深圳市的副市長兼公安局長還是表示這個制度要堅持實行。那麼，我們有什麼辦法來制止他們呢？我們有什麼辦法，能夠制止中國最先改革的地方實行的這種最落後的辦法？我們有沒有憲法的手段去抵制它呢？我們沒有憲政和憲法訴訟，沒法提起訴訟。我們頂多又是像原來的三位博士對於孫志剛案件 [4] 所做的那樣，上書全國人大常委會。常委會如果明智一點，可能自己就把《收容遣送辦法》給撤銷了，給廢除了。但如果它不明智呢？我們還是沒有手段。所以從這個角度來說，我們確實需要解決這個問題。

我去年曾經在報上說過，2008 年周永康主持政法委之後，中國法治曾發生「大倒退」。我說完後，很多人跟我說表示支持。我想北大的學生肯定也會支持。中國法治確實面臨一個倒退的局面。我常常說中國的法治是有進步有退步，但總的來說是進兩步退一步，畢竟還是在前進。但我可以說，最近我們是退兩步進一步了，是以退為主了。這就是一個很可怕的現象。如果這種狀態長期存在下去，那我們的法治就很危險。

我想大家可能也很關心李莊的案件，他下個月就要出來了。在聚會上我就常常關心這個問題，我說到底李莊出來之後會說什麼話呢。他在二審的時候說過服罪、認罪，然後在走出法庭的時候，又

---

4. 廣州市人民政府執法機關以「三無人員」理由收押孫志剛，拘禁期間被收容所員工毆打身亡。

大喊「我有話要說」，法庭又沒讓他說。那麼，他這些話會不會在以後某種場合說出來呢？如果真的在二審的時候，他當初不得已而服罪，或者是由於某種原因他自己感覺到受了欺騙，他在臨走的時候又大喊他有話要說，那這個法庭應該繼續開庭，讓他再繼續說。你不讓他說，又給他判了刑，那他現在要說應該是合情合理的。第一次判刑以後，後來又搞了一個漏罪，又要漏罪判刑。這就很難讓人理解了。

我想，我們談李莊案 [5]，並不是為了他個人。我跟李莊並不認識，對他本人沒有多大的好感，但為了律師這個職業，我覺得有必要說話。如果我們的律師都處在這種狀態下，那這個國家還有什麼民主可言呢？律師都是時刻感到我是在刑事責任的危險下來進行辯護的話，那怎麼行呢？

最初有一個記者來採訪我，問我對李莊案的看法。我說，對於李莊的問題我不太了解。他給我看了一個材料。當初對李莊是用兩個罪名起訴的，一個是合同詐騙罪，再有一個就是偽證罪。後來我們看到前一個罪名沒有再提出。從這點來說，檢察機關也算有了一點實事求是的態度。現在只剩下一個偽證罪了。嚴格說來，我覺得這個偽證罪應該更多強調書證。如果他確確實實偽造了一個文件，那你還好說，現在偽證的證據是什麼呢？是口頭的證據。而有口頭證據卻沒有讓證人來出庭。第一次的偽證罪涉及的那個人姓龔，他說李莊以眼色來指使他翻供，這就是個很玄妙的問題。當時會見被告全部都是在公安人員在場的情況下見的面，怎麼可能做偽證呢？而現在第二次所說的偽證，證人居然還是吸毒犯，而這個吸毒犯本身的心理狀態就是很不穩定的。而且這個吸毒犯所指證的究竟是一個借款的偽證，還是一個投資款的偽證呢？裏面也有說不太清楚的地方。那在這種情況下，為什麼不能夠傳喚證人出庭呢？像西方國家辯護人和控告人對證人做交叉詢問那樣，這樣以示公正。所以，

---

5. 2009 年中國重慶市黑社會性質團伙龔剛模案的原辯護律師。當地檢察院懷疑李莊唆使嫌疑人及證人偽造證據，令嫌疑人謊稱被警方刑訊逼供。檢察院隨後以辯護人毀滅證據、偽造證據、妨害作證等罪名對其提起公訴。

我們可以看出，在漏罪問題上，最後檢察院撤訴了。這是很英明的吧，至少說明是尊重法治的表現。

有人幾次問這個案子究竟是基於法律的原因撤訴呢，還是基於政治的原因撤訴。我說我不太了解，我這個人也沒有通天的關係。但是，在我本人看來，我覺得這個案子應該說既有法律上的勝利，又有群眾輿論上支持的勝利。因為我們從法律上來看，法律的漏洞太大。如果檢察院再繼續這樣一種做法，它在法律面前是站不住腳的。政治方面的原因有沒有？我覺得也有，這就是我們現在所處的時機。這一次對於李莊的「漏罪」再次提起訴訟，許多人絕對會覺得是「欲加之罪，何患無辭」。因為一個人已經判刑了，又要在他身上加一點罪那還不容易啊。他說李莊在案件裏邊也做了偽證，從動機上來說也可以減輕自己的罪過。所以，這次對漏罪提起訴訟，應該說失去了民心，失去了律師界的民心，失去了法律界的民心，也失去了中國許多普普通通老百姓的心。

我們的領導人也要思考思考。現在中東危機還繼續存在，還在擴大，從利比亞鬧到敍利亞，鬧得中東許多地方不得安寧。這個風波會不會繼續蔓延，這個問題要思考。為什麼對一個普普通通的律師窮追猛打，抓着不放，非要置之於死地，這就不合適。我覺得作為政治家，他們要思考這個問題。

還有一個問題就是出路。我覺得，在中國現在的情況下，有兩個最根本的矛盾，影響到我們的法治建設。這兩個矛盾，一個就是「穩定壓倒一切論」，第二個就是「中國情況特殊論」。蔡定劍在他的文章裏面明確提出「兩個凡是」，新時代的「兩個凡是」。一個是穩定壓到一切，凡是影響穩定的都不行；第二個就是中國情況特殊。我也在不同的情況下講到過這「兩個凡是」。你想想看，中國開始改革開放的時候，提的口號是「發展是硬道理」。但是現在，我們提了「穩定壓倒一切」。這種口號的改變，我不知道有些什麼由來，但是至少有一條，說來很明顯，講話的重點發生了變化。

但是，你不要忘了，如果現在我們提的是「穩定壓倒一切」，那這裏面就有了「人治」的因素。因為什麼是「穩定」？我們沒有一

部「穩定法」，沒有給「穩定」作出一個界定，什麼情況是破壞穩定？是否影響了穩定，都是由當地的黨政機關「一把手」負責人來決定。就像現在的深圳一樣，現在深圳政府說八萬人住在這裏影響穩定，那就是穩定壓倒一切，這八萬人就要離開深圳，不能在這裏居住。可是，這個「穩定」是人治因素在發揮主要作用。如果我們以人治來確定什麼是穩定，什麼是不穩定，甚至一個政法委，甚至一個公安局就能確定是穩定還是不穩定，那中國又是走向了人治的道路，又退向了人治。這是一個很可怕的現象。

我記得有一個報紙上發表了一篇文章，講到有一個法院做出一個判決，判決已經生效了，現在要執行了，但是當地的政法部門說，穩定壓倒一切，你現在這種做法，老百姓有意見，不穩定啊。所以一個法院的判決都可以因為穩定壓倒一切而推遲執行，一個法律也可以因為穩定壓倒一切而不生效，那這樣的話穩定就在法治之上了。所以我說，再強調穩定也不能夠壓倒法治，壓倒憲政。法治和憲政是至高無上的，不能以任何理由來破壞它。

我想，我們在講到「中國情況特殊論」的時候也應該認識到這個問題。嚴格說來，哪個國家都有自己的特殊情況，連一個澳門特別行政區都有它特殊的情況。你能說澳門的法律與法治沒有它的特殊點嗎？它的法律當然跟葡萄牙本土的法律不一樣。香港特別行政區的普通法跟英國的普通法大大不一樣了，那是因為考慮到香港自己的地區情況。但是我們不要忘掉，我們所講的「法治」應該有三個角度，也就是我們所講的，法律既是一個制度，又是一個方法，而且它也是一個理念。說它是制度，當然很明顯，一個法律就是一個制度。我們的法律制度從某種角度上來說，跟西方國家是有很大的不同，我們的土地制度，我們的其他情況都不太一樣。外國有農村土地承包責任制嗎？外國有集體所有制嗎？沒有。所以從具體制度來說絕對是每個國家有自身的不同點。但是，從方法角度來說就不一樣了。美國人愛講方法，到美國學習法律，你要是在一個課堂討論完了之後問老師「你的看法是什麼」，老師會說「我沒看法」，「我教你的只是方法」，因為方法是永遠不變的。而法律的制度會隨着時代的變化而隨時發生變化。從這一點來說，學習方法在某種意義上比學習制度更重要。

但是，我們不要忘了，法律還是一個理念。作為理念，法律就應該包含一些共同的準則。我想我們講了法律，它的自由也好，民主也好，人權也好，公平正義也好，都是人類共同追求的目標。一個法律如果沒有公平正義，還叫什麼法律啊？如果法律本身的民主、自由、人權都不講的話，還叫什麼法律啊？所以從這一點上來說，我們一定要看到，作為理念，法律有很多的共性，而這些共性不能夠被人類抹殺，而且我們也不能以強調一個國家自己所特有的民族特點來把這些共性抹殺，這是不行的。

我們現在跟過去不一樣了。現在我們已經是生活在一個世界範圍內，中國跟各個國家來往更多了。我們也以我們現在的理解，對原來的階級鬥爭，通過法律來加以糾正和改變。所以這個共同的理念是不能夠改變的。

我想，要完善我們的法治和憲政，我們有很多其他的事情可以做。譬如說，怎麼能夠使我們國家的黨政權力更好地完善，這個題目完全可以做啊。我們現在不僅是黨政不分，而且很多情況下是以黨的機構來行使政府的權力，這是很可怕的。高校現在實行了黨委領導下的校長負責制，或者在我們的各個機構裏面都實行黨委領導下的行政首長負責制，這些是不是就是社會主義的特徵呢？我在莫斯科大學學習的時候，莫斯科大學就有一個校長，它的黨委只是機關黨委性質的，只負責發展黨員和教育黨員，沒有領導一個學校的職能。那你說它不是一個社會主義國家嗎？你能說在當時很多的社會主義國家實行了這樣的一種機制，它就不是社會主義國家嗎？

我們現在也提出來搞兩院制，有人說它是「資本主義」的。我在蘇聯學習的時候，蘇聯也是兩院制，聯盟院和民族院，也沒說兩院制就是資本主義的。當時許多社會主義國家也是兩院制。所以，我們不能拿一種形式來確定它是什麼主義的，就像小平講的，市場經濟並不是資本主義特有的，社會主義也可以搞市場經濟。現在有人提出來，絕對不能夠搞兩院制，絕對不能怎麼樣。有些問題還是值得繼續思考。因為終究我們是人，我們是有思維的動物，我們總要問一個為什麼，我們總是要比較一下哪個好、哪個壞。這就是我的主要想法。今天並不是我主講，還有兩位要講，我就先講到這裏。

張千帆：江老師說沒有準備，但是一口氣侃侃而談好幾十分鐘。很難得江老師談憲法和憲政，江老師主要是一位民法專家，但是我發現他近年來憲法講得愈來愈多。當然，說起中國憲法，我們大家都知道是一連串的傷心故事。不過江老師給我們提出一個很好的思路，能不能從法治逐步走向憲政，譬如說從行政訴訟走向憲法訴訟？這很值得我們大家思考。下面我們有請梁治平教授評論。

梁治平：謝謝主持人、江老師給我這樣的機會。點評二字談不上，只是講一點學習的體會。之前完全不知道江老師要講什麼。聽的時候，我覺得這是我近年來聽到的最好的演講之一。江老師在很短的時間裏做了非常緊湊的一個論說，也提出了中國法律人和整個中國社會都面對的一些非常重大的問題。我就想從裏面挑我想到的、在想的三個問題談一點感想，它們也是可以展開的問題，甚至是可以提出一些不同的視角來討論的問題。

第一個問題，就是江老師講到的私法和公法的關係。這是非常有意思的一個現象。江老師有自己的背景，他是一個民法專家。在他數十年工作、教學和社會實踐經歷當中，作為一個民法學家，最後他發現他很難守着自己一個領域——不是說他有更多的想法，還要去開拓別的領域，而是說如果他不去考慮更大的問題，像法治、憲政這些跨越私法的整體問題，他就守不住私法最基本的原則。為什麼會這樣？在不同的社會裏面，我們看到有一些不同的經驗。譬如說法國，它的憲法更迭比較多，我很早的時候讀過一篇文章，裏面就講法國的憲法更迭雖然非常快，並且給社會造成了很多的震蕩，但是法國的司法系統非常穩固，而這個司法系統的穩固實際上發揮了憲法某些很重要的功能。譬如說我們講到對公民的私法保護，在私法基礎上有一套社會秩序和維護這套秩序的司法制度，這個體制是相當穩定的。換句話說，我們可以看到不同的民族歷史經驗，在這些不同的經驗裏面，私法和公法之間有另外一種互動的關係，這顯然不是中國的情況。

中國的情況是什麼呢？中國的情況是非常極端的另外一種典型，就是憲法的問題或者公法的問題似乎決定了私法的命運，而憲

法之所以具有這樣一種重要性，不是因為憲法在我們這個國家裏面地位非常的崇高，非常的重要，或者是因為憲法內容不夠好，或者因為憲法不夠穩定，而是因為直接通向政治。換句話說，在中國是因為政治，是因為政治體制、政治的實踐，還有支持實踐的那些理論和論說，決定了私法的命運，也決定了公法的命運。簡單說就是，政治決定了法律。

我今天來之前還看了一篇文章，就是談私法和政治的關係。文章的作者是我們西南政法大學同年級的一位同學江必新，他現在是最高人民法院的副院長。他在 2009 年《求是》雜誌上寫的這篇文章。轉這個文章的人很有意思，是一個學生轉給他老師的。他的老師談了很多關於耶魯法學院、關於政治和法律的論述，這個學生就說，你看這篇文章和你談的很多耶魯法學院的論述非常接近，就是說我們的理論和當今世界上最強大、最民主、最自由國家法律的最前沿的理論是非常吻合的。中國政治和法律的關係和那些前沿的理論關係到底怎麼樣？在中國思想界我自己收到這樣大量的信息，有一部分學者他們講很多這類的事情，給我們很多這樣的材料，我覺得這正是我們去思考的一個問題，政治和法律顯然不是簡單的關係。

通過司法途徑解決所有的問題，在我們這樣說的時候似乎認為政治和法律是兩個完全不同的領域。這是有問題的。像美國和其他的發達國家，政治與法律都呈現出非常複雜的關係。但是我們是不是說因為是這樣，所以中國的情況跟這個情況沒什麼區別。顯然又不是。如果是一樣的話，起碼不會出現一個現象，中國移民往美國跑，或者跑到歐洲去，中國的貪官把大量財產放到這些發達國家，法治保障很充分的國家。中國的企業家，特別是最近這兩年的民營企業家，就做兩件事情。第一件事情就是考慮投一個什麼領域最賺錢，第二件事就是怎麼把資產轉移到國外去。當然他們很多人已經這麼做了。如果沒有什麼區別，我想在這個問題上至少不會出現這樣的情況。如果我們比他們更好，我們的利益基礎更廣泛，我們的保障更好，那應該出現美國歐洲移民到中國來。這是一個常識性的判斷。所以我覺得這是我們可以去思考的地方。這對我們每個人來說都是一個問題。如果我們看

到的不一樣，但是理論論述上又接近，問題出在什麼地方？我們怎麼解釋？這是我們可以去思考的問題。

第二個問題稍稍提一下，江老師中間提到另外一個問題，就是憲法訴訟。自從齊玉苓案[6]以後，憲法司法化的議題給中國憲法學界注入一點興奮劑，一時間文章和書很多，當然解讀也有很多種，從這個案子的正面、反面和各種不同的角度進行解讀，我覺得都蠻有意思。因為它激活了我們對憲法的重新認識和對憲政的可能性的想像，這是非常有好處的。

當然，怎麼樣通過憲法訴訟推動憲法權利的實現，這個問題本質上是一個憲法法律化的問題。就是憲法到底是一個什麼樣的文本？憲法就是一個政治上的宣言、一種綱領、一種飄忽不定的文本，放在很高的地方跟我們的實際沒什麼關係呢？還是說具有可司法性，是一個法律的文本？這個差距是很大的。當然憲法和其他的法律不一樣，即使它有法律性，也和其他的法律不一樣，因為它還有政治的、哲學的層面。所以，從憲法的文本當中，從憲法的解釋當中可以生發出很多不同的論述。換句話說，也可以在這個解釋過程當中，在論述裏面加上很多法律以外的東西，譬如政治道德的，政治倫理的，政治責任的，政治哲學的，等等。所以我覺得憲法是個很特殊的文本。

那麼在中國，憲法的法律性當然就是剛才江老師講到的，從它的可訴訟性上的缺乏，我們看出其法律性是很弱的。憲法的法律性還有另外一方面就是合憲性的審查。這個從理論上似乎很容易被我們所接受，被中國現有的法律理論所接受，因為我們非常強調憲法至高無上，是根本大法，要指導其他的法律，我們又特別強調法律的位階性，我們還非常強調法律的統一性，如果你要維護法律統一性，它要統一於憲法，最高位是憲法。如果沒有違憲審查，不管是什麼司法體制，由普通的法院去做，還是由一個高層級法院去做，

---

6. 1990年，應屆生齊玉苓原順利考取山東省濟寧商業學校，其同班同學陳曉琪的父親陳克政在地方具政治勢力，因而買通學校行政人員讓女兒冒名頂替齊玉苓成為該校學生長達八年。1998年齊玉苓不堪身分地位的損失及家人遭到陳克政暴力威脅，提出民事訴訟。

無論憲政法院，還是憲法委員會，如果沒有這一套程序，就意味着憲法的統一性、最高性、根本性是一個虛幻的東西，是不能成立的東西。我覺得這是完全從內部升華出來的問題——怎麼樣把理論變成現實。實際上，這和國家整體的利益有關，不管這個國家偏向左還是偏向右，都是需要的。我們都不希望看到法律是不統一的。譬如出現了民族問題，我們説看憲法，憲法裏面有民族區域自治，我們這個民族問題應該在憲法框架內解決；出現了言論自由問題，憲法裏面有這樣的公民基本權利，我們也要在這個範圍裏面解決。這是它的一個很基本的功能。但是目前來看，不管是在憲法審查的層面，還是在憲法自治層面，都很欠缺。

一方面，關於憲法訴訟，在技術上我們可以去想像，通過權利的救濟，推進實體權利的落實，或者實現實體權利的保障。實際上這一塊的技術問題會比較多。我們説，憲法文本是一個特殊的文本，它的一些概念、權利怎麼樣置換成一個在技術層面上可以操作的制度，維護司法的統一性，這是相當困難的問題。當然如果已經有一些案例（實際上我們有齊玉苓案，也有其他的案例），就有了一些基礎。譬如説，一個人的日記被別人偷看了，甚至拿去傳播了，侵犯到什麼權利？很困難。法官從憲法裏面推導出公民通信自由不受侵犯，推導出隱私權。諸如此類的很多司法實踐，點點滴滴的經驗，有可能從學理上被觀察、被歸納、被整理和總結。所以，這是一個可能的發展方向，但是它有特殊的難度。這是我們可以考慮的另一個問題。

從憲法的法律性上來説，可能更重要的一個問題，就是為什麼它的法律性如此之弱？除了觀念上的認識問題，還有沒有別的問題？我覺得最根本的問題就是到底憲法是什麼？到底我們如何對待憲法？我説的「我們」，首先是指有權力的人，是國家的統治者。「我們」到底要如何對待憲法，到底是認真對待憲法，還是只把憲法當成一個冠冕堂皇的東西，一個華麗的外衣，一個表示和國際接軌的證據。我覺得這是最根本性的問題。

法律性的問題之後，很自然的，第三個問題就是法治問題。憲政法治這個概念，我覺得最好還是分開討論。最後江老師就講到

法治，他也提到兩個基本説法，一個是穩定壓倒一切，一個是國情論，這個論述裏面可以繼續分解。如果強調穩定壓倒一切，這和法治是什麼關係。我理解，江老師是講穩定壓倒一切之後是人治的問題。如果説穩定壓倒一切，我們可以在穩定的口號下做很多事情，確實我們今天在穩定口號下做了很多事情，而這些事情都被公民（當事人或者一般的公民，或者知識分子，或者法律學者，等等）從法律的角度提出質疑：你們這些穩定措施可能不符合法律，超出了法律的界限。

在這個地方，其實最關鍵的問題不是「穩定」的價值，而是人治的問題。法治的障礙不是來自穩定或者其他的社會價值，穩定是一種社會價值，就好像説我們的社會秩序是一種社會價值，那麼「穩定」當然也是。「穩定」有它的價值，問題是把「穩定」提高到什麼樣的程度，或者在實現這種價值的時候，你使用什麼樣的方法。這些方法和現有的法律體系有沒有矛盾，能不能夠融洽？這是法治論題裏面要解決的問題。

就用深圳這個例子。這八萬人不管是他們自己，還是他們家屬，還是代理人，還是打抱不平的學者，甚至是維權律師，當申訴這個案子的時候會遇到困難。因為深圳市根本沒有規定，我們可以通過現有的法律採取不同的法律措施。如果設想我們有一個基本要素具備的法律體系，有一個能夠忠實於法律的司法體系，那麼這個案件到司法這裏，司法機構可能會做出一個裁斷，不管是用穩定的名義還是用社會治安的理由制定的這個政策，能不能成立。我覺得這裏面有一個關鍵的問題，就是癥結還是人治的問題。到底實行人治還是法治？一個權力機構如何實施它的權力，是否在法律的界限以內實施？或者誰來判斷這個界限在什麼地方，能不能通過司法途徑做出判斷？如果這個司法判斷做出來以後，這個判決能不能受到社會尊重？能不能順利實施，維護法律的尊嚴？這是關鍵。

另外一個障礙就是國情，這個國情非常有意思。任何一個國家都有國情，中國不同的地區也有不同的區情，深圳本身也有它特殊的問題。譬如深圳有大量的外來人口，它和一個內部的省份不一

樣，它解決的問題不一樣，所以它的法律也應該有所不同。這是在一個相對小的範圍裏會有差異。那麼，中國作為一個有着特殊的歷史文化、社會發展經驗的這麼一個國家，一個社會，它也有自己的問題需要解決。但是很奇怪，印度有沒有特殊性？巴西有沒有特殊性？所有的國家都有特殊性。為什麼我們要講國情，別人很少講國情？這個是特別值得我們去思考的問題。

就法律而言，我覺得我們在講國情的時候，要問是誰在講國情，它是如何被定義的。今年吳邦國委員長宣佈中國特色社會主義法律體系已經建成了，這對法律人來說是一個歡欣鼓舞的事情。那麼，什麼是有中國特色社會主義法律體系？我們已經看到，法律界已經出了很大部頭的書來闡述這個東西。根據我自己的解讀，從官方的敍述到學者們的解釋，這個特色基本上分成兩個部分，一個部分是原則性的，一個部分是技術性的。

關於技術性的部分，其中有一個歸納說，我們中國社會主義有特色的法治是集成了中華民族的優良傳統，而又很好地借鑑了外國的經驗。這是個技術性的概括，這條有很大的問題。前一個說法，繼承了中華民族的優秀傳統，基本上是完全錯誤了，因為我們沒有繼承我們的傳統，而且比別的國家離我們的傳統還要遠，比別的地區離我們的傳統還要遠。譬如跟香港特別行政區和台灣地區的法律相比，我們離傳統很遠，跟東亞日本、韓國、歐洲的國家德國相比，在一些傳統上，譬如家庭倫理關係上，我們離傳統還要更遠。譬如大義滅親，最近有一個司法解釋還在講。大義滅親這個價值在法律上怎麼掌握？我覺得根本不存在。別的國家的優良傳統，我不知道借鑑了多少，肯定不是中國特色。德國民法典影響這麼多國家，日本也是借鑑，中國從清末開始借鑑，這不是中國傳統。技術性的問題我們不去過多討論。

關於原則性的部分，所謂中國的特色，不管講社會主義也好，馬克思主義、毛澤東思想、鄧小平理論也好，或者適合中國國情也好，其實最關鍵的一點就是黨的領導。因為只有黨的領導地位，在我們憲法上是有規定的。在我們的特色社會主義理論中，有工人

階級領導地位，工農聯盟為基礎的人民民主專政，但是我們把工人和農民看成領導階級是對我們的諷刺，是對工人和農民的不尊重。黨就不一樣，黨有自己的組織，有自己的手段，有自己的一整套機構人員，而且有自己的意志。它很清楚它想要什麼。當然它想要什麼，不一定都是很明智的，但是它很明確地表達出來它想要什麼，所以它才是真正的領導。

我認為在中國特色裏面，黨的領導是最關鍵的。那麼在學者敍述裏面說什麼是中國特色呢？有一個非常有意思的描述，説中國特色就是把社會主義和西方的各種理論這兩種人們都認為是不可能共存的、衝突的對立面放到一起。譬如説，黨的領導和民主法治，公有制和市場經濟，馬克思主義、毛澤東思想和百花齊放。如果我們把這些東西非常完美地結合在一起，當然是中國的特色，這是對人類文明的貢獻。但是我們要考慮，這些東西既然是對立的，衝突的，它們有沒有可能調和？面臨什麼樣的困難？江老師講到法治，特別強調法治，這裏面法治和法律體系是什麼樣的關係？法律體系是一個技術性的東西，法律體系完全可以包含江老師講的很多問題，譬如現在的物權法，這在世界上應該是有它自己的特色，這個是法律體系的內容。中國的法律體系結構也有它的特點，也跟很多國家不一樣。這個「中國特色」在形式上、在內容上，哪些東西好，哪些東西不合適，我們當然可以去討論。但是，我覺得更重要的，真正構成一個挑戰的是，這個中國特色，以黨的領導為核心的中國特色，怎麼樣和法治與憲政能夠很好地結合在一起。這是一個最具有挑戰性的問題。當然，如果説黨的領導是排斥法治的，那這個問題就很好解決。我的意思説黨要堅持法治。

我的證據在哪裏？我的證據很多，全都是官方文件。憲法裏面我們知道憲法修正案，有建設社會主義法治國家。最早的就是十一屆三中全會上關於法治的一個非常經典的、有中國特色的表述。基本的意思就是講，要讓法律制度民主化，民主制度法律化，法律制度要有穩定性、連續性、極大的權威性，要有法可依，有法必依，執法必嚴，違法必究。這是第一層含義。第二層含義就是檢察機關、司法機關要具備應有的獨立性，忠實於法律，忠實於人民利

益，忠實於事實真相。第三層含義是要讓任何人都不能夠有超越法律的特權，都要在法律之下。這些在後來的憲法裏面其實都是在不斷地完善。關於最後這一條，憲法裏面從序言到憲法第五條都有非常明確的表述。按照這條表述，任何政黨，包括中國共產黨都是在法律之下的。

為什麼我認為這是一個關於法治的經典表述？法治作為一種理念有一些共同的原則，而這些原則是人類的基本價值，或者用現在更確切的話說是普遍價值。在我剛才引述的這個法治定義裏面沒有問題，我自己仍然認為這是一個可以接受的法治的定義，因為它具備了法治最基本的一些要素。當我這樣說的時候，是把它與民主、民權上的價值理念做了一些區分。我們可以設置法治，不問法治的內容，你可以是對人民不太有利的法治，對統治者有利的法治。法律之所以不同於行政的手段，不同於倫理道德的手段，是因為它在法律規範性上有些要求，只有滿足這些要求，法律才可以有效地指引人的行為，才可以實現法治。譬如說，要公開、透明，要普遍適用，容易被理解。

還有一個很重要的就是法律至上，一旦制定出來，制定者都要遵從法律，都沒有凌駕於法律之上的特權。你制訂一個對你有利的法律，可以，但是你必須遵守這個法律，你不可以在法律之外用其他的手段干涉法律，扭曲法律，隨時隨地讓這個法律服從於你的想法。而法治一個很基本的含義是讓社會生活的所有需要都依法來解決，都用法律來規範。社會生活應該是有法可依的。所以，我覺得這些東西在剛才引述的定義裏面都有了。

現在的問題是，按照這樣的法治定義，這樣一個法治和黨的領導有沒有矛盾？這個回答取決於你怎麼界定黨的領導。如果說把黨的領導理解為領導人民去制定法律，制定出來的法律讓大家來遵守，這就實現了黨的領導，這也是一種權威的、官方的說法，沒有問題，這時黨的領導與法治是能夠融洽的。但我們現在看到的情況遠遠不是這樣。所以我覺得，一個真正有挑戰性的問題是，怎麼樣把黨放在法律以下，放在自己的法治之下，不是用黨的機構直接去

管理國家事務，直接處理法律事務。這就是問題的癥結所在。我就做這樣的一些引申。

張千帆：治平教授給我們提出很多令人深思的問題，譬如私法和公法的關係、法治和憲政的關係，有沒有可能在不實行憲政的條件下實行法治？法治的必要條件究竟包括哪些？尤其是有沒有可能同時協調法治和執政黨的領導？下面，衛方，你來！

賀衛方：今天晚上的主講人是我的老師，也是我的老校長。我1982年考入中國政法大學，研究生畢業留在政法大學工作十年，一直承蒙江老師的關照，沒有江老師就沒有我。我去年寫過一篇慶祝江老師八十壽辰的文章，其中提到他對我的學術道路有多麼關鍵的作用。我跟梁教授是同學，畢業以後都考入北京，他在中國人民大學讀外國法制史專業的碩士，我在中國政法大學讀的也是外國法制史專業的碩士，今天能夠既迎接我的老師，也迎接我的老同學，我「代表」北京大學歡迎你！（我特別愛做「業餘校長愛好者」！）

這兩年大家都在關注學界和學者的一些動態，有一個動態特別值得我們關注，就是這個國家的經濟學和法學兩巨頭多多少少都在轉型。譬如江老師和吳敬璉老師他們兩個人的關係是非常好的，原來吳老師一直強調市場，給人幾乎「市場萬能」的感覺，但是他這些年愈來愈關注法治。他認為，有好市場，有壞市場，好市場非常重要的特徵就是法治調整下的市場，一個憲政框架下的市場。這一點與江老師不謀而合，這也是為什麼吳老師跟江老師一直保持非常活躍的對話，即便不是當面對話，也經常隔山對話。

江老師也有一個非常大的轉向，這個轉向就是「江私法」變成「江公法」。江老師這兩年有更多的吶喊，推動這個國家的公法事業的發展，這也是為什麼千帆教授一定要安排江老師到我們這個會場來講憲法，而不是講他最專長的民法或者商法。我覺得，江老師這些年在推動公法事業發展的過程中可以說有許多感受，有許多經歷，當然也有太多的挫折。這也是為什麼江老師身體有點小毛病，這是被國家的法治狀況「氣」出來的。當然今天這個會堂可能是第

一次做一個大型的學術活動，有江老師來為這個會堂「開光」，也是一件幸事。

梁治平教授前面已經做了非常具體的點評，我簡要地談一下我聽了江老師的報告的一點點體會。第一個體會，正是江老師這樣的轉變給我們帶來一個非常重要的啟示，就是公法與私法的關係。我自己想，這些年來整個國際學術界對於憲政史都有一些新的看法。退回去四五十年前，百年前，大多數人傾向於認為憲政是一個近代史，而不是一個古代史，但是過去這些年研究古代憲政的著作變得愈來愈多，有愈來愈多人，包括像英國斯金納學派這樣的學術群體，研究中世紀、13 世紀到 16 世紀的憲政發展。在研究意大利城市共和國的時候，他們認為在 13 世紀的時候已經有了一個非常重要的憲政發展。當然也有人追溯得更遠。北大法學院的薛軍博士也是研究羅馬法的，但是現在愈來愈多地研究羅馬的公法，羅馬的憲政。是不是可以說，有國家有政府的時候，無論在哪個地方都會產生某種對憲政的需求，這種需求會產生某種體制，只不過有些地方能夠產生憲政，而有些地方產生不出來憲政。

這就是我的第二個感受，江老師只提了兩三句話，這個事情值得我們深入研究中國古典時期兩千多年專制歷史，這兩千多年專制歷史是不是有某種憲政的發育。我們看《萬曆十五年》，那是非常悲壯的憲政努力，大家試圖去把制度的枷鎖套在皇帝的身上，想方設法讓皇帝能夠嚴格地循規蹈矩。馬克思有一種所謂的君主官僚化的理論。限制君主的權力有兩種方式，一種是把他的君主權力廢了，讓他的名譽還保存着。譬如，英國國王的孩子結婚的時候我們特別關注，但國王平常對國家沒有什麼太大的作用；日本的天皇在國會有一個座位，年度會議開始第一場他一定要出席，來了以後也不怎麼說話，聽完第一季開幕式他就走人。我聽說他是位很好的植物學家，研究植物很好。我說讓他到東京大學兼一個植物學教授，日本的朋友說他是「專職天皇」，那不能隨便兼職的。我說他專職幹什麼？專職就是什麼事都不幹。把君主的權力給廢了，名譽還保存起來，成為一個國家的象徵。

另外一種限制方法就是，他自己逐漸變成官僚階層的一部分，官僚體系的一部分，他不得不服從事先所設立的所有規範的制約，而這種規範就像梁老師剛才講的法治之下的執政。他永遠只在法律之下，不可能超越法律之上。這是君主官僚化非常重要的努力。

我們中國的歷史怎麼就搞不出來憲政？我覺得很有點悲壯。你看孟子的著作，我去年做過一個講座，「讀孟子想法治」。孟子甚至都想到了把國王廢了。我按照正常途徑對國王提意見——我們現在經常說，你對學校有意見，按照正常途徑提——但是他老不聽，一味地作惡，這個時候對大臣來說怎麼辦？孟子說，如果你跟他是一個姓的，你就再三勸說，他還不聽，廢了他，改立新的國王。孟子接著說，當然異姓不一樣，我再三勸你還是不聽，我可以走人。孟子特別了不起，國王你這個小子會墮落，你可能會成為獨夫民賊，殺了你只是「誅一夫」，不是什麼弑君罪。這個思想很早就萌芽了，但是這個制度一直形不成。我們搞中國法制史的法律人應該多多告訴人們根源到底在哪，這甚至涉及剛才梁治平教授所說的，我們是否繼承了古代的優良傳統。我覺得我們沒繼承優良傳統，古典時期君主權力不受限制全給繼承了，只不過不叫皇帝而已。

第三點，江老師提到的，就是實行中國憲政的途徑問題，或者說我們如何走向憲政。江老師強調了英美法沒有程序就沒有權利。學外國法制史的人都知道，在程序的夾縫中間不斷地產生權利。在這個過程中間，英國的憲政就慢慢發育起來，可以說它是一個程序主義跟司法制度有密切關係的憲政發育模式。我們中國在目前的體制之下，如何去推動憲政的發展，也不僅是憲法學家張老師的問題，我相信我們每個研究法律的人，甚至這個國家的普通國民都面臨這個問題。這個國家有一天沒有憲政，我們就沒什麼好日子過，我們就沒有正義，沒有真正的自由。

憲政怎麼去推動？我覺得至少有幾個方面是非常重要的。首先，憲法學家應該把我們的憲法條文的含義解釋清楚。憲法序言說堅持四項基本原則，憲法還規定了言論自由，這要解釋起來就很麻煩，需要消除其中的衝突和差異。我們想起 13 世紀最偉大的教會法

學家安格爾（Gratian），他用一輩子寫了一本書，叫《不和諧教規之和諧》。那本書之所以當時那麼重要，是因為它把教會法內部的體系進行了特別好的協調。但是，我們現在誰去協調堅持四項基本原則與言論自由之間的衝突，誰來協調新聞出版自由跟新聞出版總署之間的衝突？就憲法訴訟來說，憲法學界首先要做非常大的努力。

還有違憲審查制度，即使是憲法委員會也要有，你不能沒有。為什麼在中國的框架下一直出不來？要問千帆，你們為什麼老研製不出來這個東西？

再接着來，市民社會的形成特別重要，就是社會結構的力量。在一個國家憲法沒有受到尊重、憲法沒有權威的時候，憲法學家感覺到那種無力感。多少法學家自己覺得自己特別重要，認為僅僅通過法律就可以解決問題，其實不是這樣。如果一個社會不是一個憲政化的結構社會，那麼在這個社會中，憲法就沒有辦法很好地付諸實施。這就是為什麼這幾年我們關注律師協會的獨立性，大學的獨立性、大學的自治，我們關注農會的問題。農民沒有農會，就沒有作為一個行業整體的利益組織化的存在。這些東西跟我們憲法中的結社自由就有特別深刻的關聯，這方面可能需要我們做更多的社會建構。前一段時間許教授寫了一篇關於李莊案的評論，內容非常好，李莊案這樣的做法破壞我們的社會信任。當一個國家的司法機關在鼓勵客戶去揭露自己的律師時，就像「文革」期間夫妻之間的揭露、父子之間的揭露，我們很難形成一個市民社會。市民社會的形成是我們需要努力的方向。

第四個方向，江老師談到李莊案跟憲政之間的關聯性，我覺得這是一個非常大的問題。江老師傾向於認為這是人治，穩定壓倒一切論、中國特色論都似乎回歸人治。李莊案，包括重慶的打黑，我感覺不是人治，它就是運動治。在法治、人治、運動治中，人治還是非常誠懇的、非常慈祥的君主或者一個集團，非常認真地、善意地對社會進行的統治。在過去運動連天的時代，我們看到的完全是不顧及個人尊嚴，不斷地批鬥所有地主反壞右，不斷地說這個國家95% 是好人、5% 是壞人，這次搞 5%，下一次再搞 5%，最後發現這

個國家沒好人。李莊案給我們帶來非常大的啟發。最近江老師不斷地奔走呼號，為這樣的案子江老師說了很多很多話，我覺得這個方面非常值得我們去學習。李莊案的處理方式，重慶的打黑，跟法治與憲政邏輯之間的關聯是什麼？這點我自己也沒有想清楚。但是，我們今天在這樣的會場上，有許多來自不同機構、不同學校的朋友，許多機構也很「關注」我們這場講座。來了這麼多的朋友，有這麼大的熱情，我還是樂觀的。

我們今天討論的問題讓我們覺得，良好的司法制度對憲政來說非常重要。我們需要共同努力，需要多學科的交叉研究，需要法學界跟其他領域的更多的努力，需要公眾的努力。我們不努力，不去呼籲，最後毫無辦法。有了憲法——中華人民共和國憲法，有了中華人民共和國刑法，有了中華人民共和國刑事訴訟法，有了中華人民共和國物權法，但是大家都不努力的話，最終我們只能有一部法律，那就是「中華人民共和國沒辦法」！

張千帆：衛方教授提到一個很有意思的轉向，無論是像江老師這樣的民法學者，還是像吳敬璉教授這樣的經濟學家，都開始慢慢向公法和憲政這個領域轉向。衛方已經「代表」了北大，讓我也「代表」憲法學界歡迎你們，這樣的轉向愈多愈好！

提問：十八大的政治前景對中國法治有何影響？

江老師： 按照過去的慣例，每一次代表大會都要提出一些新的口號，新的方向。所以我認為，我們從可以預見的法治進程來說，十八大應該說有可能會給我們提出一個更令人鼓舞的綱領。但是中國的情況又很複雜，也就是中國的法律也好，中國真正的政治前景也好，取決於政治局常委。政治局常委雖然叫做集體領導，但是不可能每一件重大的法律，或者類似的問題，都通過集體領導。所以這個其中很關鍵的是政治局常委裏面負責政法的人是誰。

提問：我是北大法學院的學生。在中國當下思想觀念非常複雜的狀態下，你覺得如何完善中國的憲政？

江老師：首先要把憲法現有的規定認真落實好。我們現在有很多規定都沒有落實，至少憲法裏面所規定的人權和自由很多沒有落實。譬如言論自由、出版自由、結社自由，甚至集會、遊行示威自由還有一些問題。除了這個之外，還有第二個層次，就是現在的憲法也應該修改，就是憲法本身還有需要完善的空間。因為我們現在憲法裏面有許多問題，或者有些根本不應該屬於憲法來規定的。至於不同的觀點，我覺得沒有什麼可怕的，任何社會都有不同的觀點。左中右在任何社會都有，不僅我們國家有，美國也有，哪個國家都有。

提問：法治與民主是什麼關係，從黨內民主走向人民民主，是否如官方所說是一個突破口？

江老師：我覺得法治跟民主當然是有密切的關係。民主很重要的一個思想是權力分立、權力制約，而這個就是我們法治的基本要求。我們國家是不是可以從黨內民主走向人民民主？我同意這個觀點。這也僅僅是其中的一步。這一步如果真正能夠做到，應該說也是一個很大的福音。黨的領導人得了多少票，這個至少應該讓每個黨員知道吧。所以我覺得，我是同意這個觀點，把黨內民主作為第一步的起點，來健全我們國家的民主制度。

賀衛方：「我愛我師，我更愛真理。」我表達一點跟江老師不同的看法。如果真的黨內搞民主，邏輯上來講不可能不在全社會搞民主，否則很難解釋。人民真正當家作主的一個最基本邏輯，就是不需要分階段。大家必須在這樣玩的過程中逐漸鍛煉民主的能力，學習民主的技能，最後才能真正把民主搞起來。

江老師：剛才我說的黨內民主，不是說階段性的先搞黨內民主，絕對沒有那個意思。只不過真正要先從黨內民主開始做也不錯，也有它的合理性。

> **提問：**請問各位老師，在中國走向憲政的道路中，是不是首先
> 　　　　要建立公民意識？每個國家的國民應該覺得自己是這個
> 　　　　國家的主人，而不是這個國家的奴才。每個公民應該確
> 　　　　立公民意識。

賀衛方：我覺得真的不必再去說民智未開這種話。而且說民智未開在邏輯推理上有一個衝突的地方，農民「民智未開」吧？為什麼首先中國的民主從村民自治開始搞起？我覺得真正的民主就是真的做起來，人在水裏學才能學會游泳。如果首先等把民智開了，那誰去開民智？憑什麼你來開我的民智，你總是把我當成教育的對象。

> **提問：**你剛才始終提到李莊案，現在有一個「重慶模式」[7]。各位
> 　　　　老師對於「重慶模式」未來的走向到底是怎樣看的，以
> 　　　　及「重慶模式」對中國法治建設的影響是什麼？

江老師：我覺得總的來說重慶是個運動式模式。因為任何一個社會都有黑社會的存在，重慶的黑社會因素，由於過去「袍哥」這樣一些民間組織的存在，也可能更多一點。但是用一種運動方式來「打黑」，我不太贊成，而且我也不太贊成把打黑擴大化。欺行霸市在任何社會都有，也不能把欺行霸市都叫做黑社會，這個就有點過分。

另外，我還有一個對重慶模式的看法，就是重慶的模式是一種以公安為主導的法制模式，這個我覺得很危險。因為，在任何一個社會裏面，如果警察的作用過大了，社會專制的傾向就會更多，民主的傾向就會更少。拿李莊案來說，核心問題是要揭發公安裏面的刑訊逼供，一旦揭發了刑訊逼供，就可以推翻這個口供，這種情況在我所聽到的過去的刑事訴訟案件中也不算少，包括瀋陽的劉涌案。田文昌律師回來跟我講，他當時在法庭上提出來，能不能讓劉

---

7. 重慶模式即打黑反腐、宣揚中共傳統革命思想、公租房制度及「綠化重慶」等薄熙來主政重慶市時期推行的一系列政治政策。當中，「五個重慶」政策指「宜居重慶」、「暢通重慶」、「森林重慶」、「平安重慶」和「健康重慶」。

涌當場把衣衫打開，看看有沒有刑訊逼供的痕跡，但是始終不被准許。這麼一個簡單的要求都沒有做到。由於在中國社會裏面長期存在刑訊逼供，所以公安最大的問題就是它不太願意承認有刑訊逼供，而要做到不讓社會揭露它刑訊逼供，就要把每一個揭發它刑訊逼供的人搞掉。所以，我很不贊成讓公安局長來做政法委書記，這個太可怕了。我們現在中央也是這樣。政法委書記是周永康，副書記是公安部長，這樣一個模式造成了公安主導法治，危險太大。如果再加上「三長」共同來辦案的話，那就變成了檢察院和法院只能聽公安的。這就太危險了。

提問：宗教信仰和法治的關係是什麼？中國沒有宗教傳統，是否可能實現法治？

江老師：我覺得法治當然包含了宗教信仰自由，這是絕沒有問題的。如果說宗教信仰自由不能夠寫進人權保障裏面，我們的人權就落空了相當一部分。我們現在只強調信仰自由裏面應當包含不信仰的自由，這句話本身對不對？當然對。宗教信仰當然包括不信教的自由。但是，信教自由在一個強調意識形態的國家裏面更為突出。我們現在有一些地方就已經違背了信仰自由裏面所堅持的基本東西，還有很多需要繼續完善的地方。

梁治平：我覺得同學們提的很多問題都特別大，有些問題不是太清楚，回答起來挺難的。這個問題分兩個問題，一個是在傳統社會的法律秩序之上，社會秩序和宗教的關係，這可以作為一種理解。還有一種理解是，能不能建立對法律的一種信任，或者法律能不能比較有效地實施，這是另外一個含義。

先談前一個含義。我去年去台灣的時候，到台南遇到一個人，他在北大讀過書，跑到這邊學法律，好像是跟姜老師學的。他專門來找我，建議我一定要去哪個寺。在他的理解中，台灣的宗教和法律的關係非常密切，而且它的作用甚至超過了法律。當然這個判斷究竟怎麼理解是一個問題，但不管怎麼樣，二者的關係非常密切，傳統社會也是如此。社會秩序的維護或者建構，很大程度上不是靠

法律就可以做到的。如果說沒有軟的部分，禮教也好，道德倫理和宗教也好，尤其是宗教，建立在法律秩序上的社會秩序是脆弱的。從這個意義上來說，我想法治和宗教的關係很密切。

在今天的中國社會，信教的自由或者宗教政策與教會發展之間的互動關係，實際上對社會秩序形成很大的衝擊。這恰巧是憲法的問題。今天如果結社權沒有獲得一定程度的實現，那麼民間的社會發展是極其困難的。所有的社會，它的活力最後都在民間。就像北京大學，如果我們只能在高收入階層裏面招生，只能在富人裏面招生，你就會看到北京大學馬上衰落下去。面向全國、全世界，所有有意願、有追求、有能力的學子都進來，通過一個公平的競爭程序進來，北大才有資源，才能生長起來。任何一個社會都是這樣，從古到今，不管中國還是西方，都是這樣。我們今天的制度，最大的問題就是在不斷地限制甚至扼殺民間自身的力量，扼殺社會的活力和生命。我覺得這是對中國國力最大的一種戕害。這是一個含義。

另外一種含義，如你剛才假定的那樣，沒有宗教，沒有宗教的信念，法治就不能實現，或者法治的程度就很低，你的意思似乎是這樣。我覺得這個判斷大有問題。隨便舉兩個例子。我們要去理解傳統社會，就要理解在那個語境裏面的法治概念。如果我用這個概念，法治是存在的，官僚體制也是存在的，它們也在運作。儘管當時禮法不分，我們現在把道德與法律分得很清楚，這是區別，但是幾千個案件，刑部對各省報來的案例批復的認真程度，一層層的批復，光是文字就極其精煉，馬上就能夠把案件最核心的問題全部點出來，這是一種傳統和經驗的積累，這個經驗在中國有好幾千年的歷史。這是在現在社會可以轉化的經驗，我個人持肯定態度。如果說一個社會對於法治沒有絲毫經驗的話，如何建立法治？幾乎不可能。所以，我們應該思考怎麼去重新理解這一部分，把它吸收進來。我覺得它依然是有價值的。

另外一個例子，在轉化的過程當中，大理院發揮了很大作用。中華民國成立以後，北洋政府大理院是當時中國最高的司法機構，

裏面的人大部分是從日本留學回來的，受過現代的法律訓練。在那樣一個政治上非常混亂腐敗的年代，這樣一個司法群體給我們樹立了一個非常難得的、令人嘆為觀止的榜樣。這些人非常高效，非常敬業，而且專業程度很高。儘管在民法方面涉及婚姻繼承的案件中，他們還是實行前清的律例，但是在其他方面有所改造，改造傳統習慣，讓它和新的法律精神相結合。這些人的勤勉，這些人的效率，這些人的敬業和他們的專業素質，我覺得可能到今天為止還沒有能夠超過他們的。這些例子都說明，我們不要對傳統持一個簡單的否定態度。

張千帆：我知道大家還有很多問題，但是我們已經超時了。我手上還有兩個問題，是今晚最後的問題。第一，在當下，「學術救國」的價值有多大？大學生如何從職業選擇上推動法治？第二個問題專門提給江老師，你的中國夢是「法治天下」，我正是看到你的榜樣，才堅定了自己的理想。但現在法律人陷入一種困境，法律和利益愈來愈掛鉤，很多法律人的初衷好像不再純粹了，律師陷入刑事追責的陷阱等。總之，法治夢很可能丟失。你覺得年輕一代的法律人要如何繼承你的中國夢？該怎麼做？

江老師：我很無奈，無奈的情況下就是多吶喊一點吧。我最近兩本書都帶有吶喊的意思，一個是《只能是吶喊》，還有一個是我自己整理的學術論文集，叫《私法的吶喊》。至於法律人的初衷已經不能夠很純粹，這個應該這麼說，因為法律並不是抽象的東西，法律既是謀生的工具，也是治國的工具。謀生還是第一位的。但不能夠為了謀生而忽視了法治的理念，這是最重要的。有的人從事法律工作，但以逃避法律、規避法律為目的，這是很可怕的。律師如果走到這一步尤其可怕。所以，我是特別勸在座的諸位，不要忘了醫學和法律是最古老的兩門科學，一個是自然科學，一個是社會科學，但是這兩個科學都要求一個人的道德情操必須特別高。因為最精通醫術的醫生有可能成為一個最會殺人的罪犯，他最懂得想法子殺死一個人而不被察覺。法律也是這樣。如果用法律褻瀆法律，那是很危險的。在這個意義上說，我們要注意法律人的道義上的責任。

張千帆：我也很無奈，今天晚上熱烈的討論就要結束了。今天的話題本來是中國法治，但是從江老師開始，大家不知不覺都往憲政方向上靠，這其中是不是有一種必然性？因為我一直在教學生：法治是憲政的基礎，憲政是法治的最高階段，就像黨內民主直接到了人民民主階段，是一級一級走上去的。從剛才這幾位老師的演講，還有從我們法治 30 年走到今天所面臨的困境來看，法治和憲政的關係確實是辯證的，兩者其實是互為條件的。如果一個國家沒有一個基本的憲政制度作為基礎，那麼這個國家的法治很可能實行不下去。如果沒有像樣的選舉，所有的人大代表都不對選民負責，這個團體會制定什麼樣的法？如果政府官員不受代表和選民的監督，他們怎麼會不濫用自己的權力？司法又怎麼會公正？枉法裁判還不讓別人說話，這個國家的法治怎麼可能實現呢？今天晚上的主題就是中國憲政對法治的作用。你們聽懂了幾位老師的意思了吧？那就是讓大家都來學憲法啊！我知道大家怎麼想，我們都知道中國憲法沒用，但是大家不學憲法，千萬別感到慶幸——我學的是民法、經濟法，多有用啊！如果一個國家的憲法不管用，無論是民法、刑法還是行政法，什麼法都不管用！

三十而立──八二憲法回顧與展望

時間: 2012年2月23日

地點: 北京大學法學院

主講人

郭道暉: 著名法學家,中國「法治三老」之一。1928年出生,
湖南湘陰人,曾任清華大學黨委常委兼宣傳部長、哲
學講師、全國人大常委會法制工作委員會研究室副
主任、中國法學會研究部主任、《中國法學》雜誌社
總編輯等職務。

評議人

王占陽: 1956年生於遼寧瀋陽,中央社會主義學院政治學理
論教研室主任,中國經濟體制改革研究會特約研究
員,中國民生研究院特約研究員。1978年考入吉林
大學歷史系,1990年獲吉林大學法學碩士學位。

曲相霏: 中國社會科學院國際法研究所研究員、中國社會科
學院大學教授,曾任山東大學法學院講師、副教授,
加拿大維多利亞大學訪問學者,瑞典隆德大學羅爾·
瓦倫堡人權與人道法研究所訪問學者。

張千帆：大家晚上好！憲政講壇因放假停了幾期，很高興現在又重新開始，並且非常高興和騰訊的「燕山大講堂」再次合作。今天非常有幸請來了和江平、李步雲齊名的「法治三老」之一郭道暉教授。其實郭老應該是他們三人中最年長的，今年84歲了，但大家看到他還是非常健康，精神矍鑠，思維敏捷。我印象非常深刻的是，幾年前我在北航主持過郭老的講座，那時候講的是「公民權利和社會權力」，這也是郭老新作的標題。講座完畢有聽眾提問，問郭老為什麼能夠健康長壽。郭老的回答是三個字：講真話。這聽起來非常令人費解，因為大家知道在中國真話講多了可能會遇到麻煩，講得太多了不僅不會健康長壽，可能會起反作用。所以今天大家可以求教郭老，為什麼講真話反而能夠健康長壽？這對鼓勵我們在一個經常不講真話的地方還要講真話，是很有意義的。講真話可能會付出代價，郭老也付出了代價，但最終他還是得到了健康長壽。這不正是我們許多人求之不得的嗎？

郭老這一生也可以用「講真話」這三個字概括。郭老是清華大學的畢業生，畢業後在清華任職，曾是清華黨組成員。大家眾所周知的佳話是，他是朱鎔基總理的入黨介紹人。郭老自己入黨的那個時候，他是一個「熱血青年」，現在則是「白髮青年」，這是網上對他的評語。郭老年紀大，但思想跟年輕人一樣敏捷。無論是在當時還是現在，他的特點都是批評執政黨。在戰火紛飛的年代，郭老就批評當時的執政黨；後來執政黨換了，他依然保持着自己特立獨行的風格，繼續批評，結果為此付出了代價。1957年，郭老反對「反右」，結果被打成了「右派」。1979年，改革開放剛開始，郭老已經50歲了，被調到全國人大，在那兒工作了八年多，親身經歷了中國法治和憲政的發展。今天邀請郭老來講八二憲法回顧與展望，因為他是最好的人選，他親身參與了八二憲法的制定。60歲的時候，他去《中國法學》任總編，繼續保持着他的風格。他應該是《中國法學》這本國家級刊物迄今為止最敢言的總編。我也很有幸，第一篇文章正是在郭老任總編時發表的。

這麼多年以來，郭老一直保持着他的本色，非常不容易，八十高齡但思想依然敏銳，八十歲後還出了好幾部專著，不斷思考中國

的改革問題。今天非常有幸，請他來講八二憲法取得的成就、存在的問題以及今後發展的方向，尤其是當下炒得很熱的「憲政社會主義」問題。

郭道暉：這個題目是張千帆教授擬的，我先就這個題目發表一點感想。說到「三十而立」，就我個人來講我是二十而立，二十歲加入共產黨，三十歲時就「三十而垮」，入黨後被整倒。到 1979 年改革開放，彭真從監獄裏放出來（解放前坐六年半監獄，文革時還坐了九年半監獄），他出來當全國人大法制委員會主任。開始沒有什麼人，他原來的秘書王漢斌想請我過去，所以我 50 歲「出家」搞立法。

至於八二憲法，倒確實是三十而初步立了。新中國建國後第 32 年，即 1982 年，制定了八二憲法，這可以說是建國以後的第四部憲法（前三部分別是五四憲法、七五憲法、七八憲法），是其中比較好的一部憲法，改革開放三十多年以來用的一直是這個八二憲法。這個憲法從制定到今年正好是 30 周年，今年恐怕會成為一個熱門話題。我今天就講講這部憲法有哪些亮點、問題以及今後應該怎麼做。

一、憲法在民主和法制方面的新規定體現了
改革開放精神

八二憲法於 80 年代初制定，那正是思想解放運動熱火朝天時，而且經過了「實踐是檢驗真理的唯一標準」的大討論，並召開了十一屆三中全會，在黨的指導思想下實現了撥亂反正。另外，1981 年黨中央通過了《關於建國以來黨的若干歷史問題的決議》，此前（1980 年）我有幸參與了 4,000 老幹部討論決議草案的工作，作為大會第一組的秘書。我前年（2010 年）曾在《炎黃春秋》上發表過介紹決議討論情況的文章。1982 年憲法就是在這麼一個背景下制定的。當時我在全國人大法制委員會工作，派我去做憲法修改委員會的會議秘書，所以親身體驗了制定過程。現在憑我的記憶，就我所了解的、認識的談一下。

關於八二憲法，我認為有三點值得提出，因為它們至今都閃耀着光輝。

（一） 確認了一些公民的基本權利

這點大家可能已經注意到，八二憲法是把公民基本權利擺在總綱後面作為第二章（過去是擺在國家機構後面作為第三章）。八二憲法第一次把公民基本權利義務挪到前面作為第二章，突出了它的憲法地位，而且這個地位要高出國家機關、國家機構。這很有深意，意在表明公民權利是本，是高於國家權力的，先有公民和公民權利，而後才選舉、授權產生國家機構及其權力。國家權力也不能侵犯公民權利。

八二憲法對公民基本權利總共確立了 24 條，比五四憲法多出 5 條，比七五憲法多出 20 條，比七八憲法多出 8 條；而且八二憲法在第 37、38、39、41 連續幾條裏對人身自由、公民的住宅不受侵犯、公民的人格尊嚴不受侵犯做了規定，這是針對文化大革命的教訓，特別是老幹部親身遭受的文革時期恣意踐踏人權、人格而規定的，「人格尊嚴不受侵犯」是第一次納入憲法。

另外，第 41 條確認了公民對任何國家機關及其工作人員有提出批評、建議、申訴、控告以及檢舉的權利，這點非常重要，到現在還有不可或缺的針對性。這是現在公民維權的憲法依據。我要維護我的人權和合法權利，我可以向法院、檢察院控告，檢舉政府的貪污腐敗，我可以上訪。現在上訪受到打壓，而這條是保護上訪的，誰打壓上訪就是違憲的。在 1979 年已經頒佈的刑法中就有這些類似的規定。1979 年五屆人大二次會議一口氣通過了 7 個基本法律，刑法就是其中之一，主要是針對文化大革命那種無法無天的行為，譬如紅衞兵、「革命群眾」可以任意抄家、拘捕、刑訊逼供無辜公民、幹部等。刑法把「侵犯人身權利和民主權利罪」專列一章，特別是把侵犯民主權利規定為犯罪，並作為刑法很重要的一個罪名，這在過去是沒有的。而且，任何機關或個人侵犯了公民的民主權利、人身權利，情節嚴重的，可以給以刑事處分。刑法還規定，禁止以大

字報、小字報誣告、毀壞他人的名譽，嚴禁誣告革命幹部和群眾。這都不是法律語言，是主持制定刑法的彭真等領導幹部以其深受其害的切身體驗而制定的。憲法也是在這個基礎上和背景下制定的。

（二） 憲法初步擺正了執政黨在國家憲政體制中的地位

八二憲法糾正了七五憲法、七八憲法規定的黨權和國家權力之間的關係。七五憲法把黨權凌駕於國權之上，有一條規定「全國人民代表大會是在中國共產黨領導下的最高權力機關」，這意味着共產黨在體制上是高於人大的機關，這顯然是把黨權凌駕於國權之上（列寧早就指出「蘇維埃高於一切政黨」）。所以，八二憲法把「中國共產黨領導之下」幾個字刪掉了，這不是否定黨對國家事務在政治上的領導，而是糾正黨政不分、以黨治國、「黨權高於一切」的觀念。

七五憲法還規定，「中國共產黨中央委員會主席統率全國武裝力量」。這個提法也許意在強調加強執政黨對軍隊的領導，但從法理上說我認為是不妥的。為什麼？所謂「絕對領導」者，即排斥任何其他領導。而事實上八二憲法就前所未有地單列一節（第三章第四節）規定「中央軍事委員會」，這個「中央」就是指國家軍委，其第 1 條（憲法第 93 條）即確認「中華人民共和國中央軍事委員會領導全國武裝力量」。這也就是指國家軍委是人民解放軍的領導機關（當然，在中國，基於歷史和現實的某些原因，中國人民解放軍同時受共產黨中央的領導，即所謂「一個實體，兩塊牌子」）。憲法還規定「中央軍事委員會主席對全國人民代表大會和全國人民代表大會常務委員會負責」，其每屆任期與全國人大相同。就憲法確認的全國人大職權（第 62 條）中，也規定由全國人大「選舉中央軍事委員會主席，根據中央軍事委員會主席的提名，決定中央軍事委員會其他組成人員的人選」。同一條還規定全國人大「決定戰爭與和平問題」，全國人大常委會則「決定戰爭狀態的宣佈」，「決定全國或者個別省、自治區、直轄市的戒嚴」。這些都涉及對動用軍隊的重大決策。此外，在《憲法》總綱第 5 條還特別明示，「一切國家機關和武裝力量」「都必須遵守憲法和法律」，「一切違反憲法和法律的行為，必須予以追

究」。憲法的這些規定，都明示了軍隊要對全國人大負責，亦即要受國家憲法的約束和全國人大的領導。這些規定是參與制定八二憲法的人的重要共識和立憲觀念上的提升。

八二憲法還恢復了過去五四憲法比較正確的做法，把「堅持黨的領導」寫在序言部分，而不是作為一個規範條文。剛才我念的七五憲法的內容是憲法的條文，具有規範性、強制性。八二憲法改為寫入序言，而且序言只是作為革命或者建設經驗的歷史表述，並不是一種規範。

有人說，四項基本原則是憲法的基本原則，我不完全同意這個說法。四項基本原則是我們共產黨領導國家必須履行的基本原則，但它不能強制所有國民和所有地方都遵守。譬如香港、澳門實行的就不是社會主義，如果要求他們遵循四項基本原則，港澳就不能搞一國兩制。對全國的宗教教徒也不能強迫他們信仰馬列主義的無神論，那會與公民「宗教信仰自由」的權利矛盾。所以我認為，四項基本原則是共產黨的立黨原則與治黨原則，主要是作為執政黨的共產黨（特別是它的中央領導人以及黨員幹部）必須遵守的原則，而並非全民人人必須遵守的強制性憲法原則。何況一般公民也沒有辦法遵守（施行），因為他們不直接掌握也不直接行使國家權力或黨權，無法對他人「堅持」「黨的領導」和「專政」，也就談不上違反這個原則。正如鄧小平指出的，「誰有資格犯大的錯誤，那只有共產黨」，因為它是執政黨。事實上，建國以來是誰違反、破壞了四項基本原則？主要是黨的個別領導人和四人幫之流。他們大搞領袖專權而不是黨的集體領導；搞封建法西斯主義，而不是社會主義；搞對人民的全面專政，而不是人民民主專政；堅持極左的思想和路線，而不是馬克思主義。

這裏還須說明一下領導黨與執政黨的區別。黨的十六屆四中全會關於提高黨的執政能力的決定中有一句很精闢的話：「黨的執政地位不是與生俱來的，也不是一勞永逸的。」（附帶說一句，這句話同我在十多年前在《法學研究》上發表的文章中的一句話是基本近似的。我的原話是「黨的執政地位不是天賦的權力，也不是一勞永逸的」，當時我這篇文章是被幾個老「左」先生認為是「否定黨的

領導」，他們在《求是》和《真理的追求》等期刊上進行大批判。）這就是說，共產黨以其正確的黨綱、路線和立黨為公的精神，受到人民的信任、擁護，不需要經過法律程序，就可以在政治上、政策上起引領、指導的作用，成為領導黨；作為執政黨，則要經過法律程序，即必須由人民來選舉。共產黨的領導幹部要成為國家主席、總理、各部委負責人，必須經過代表全民的全國人大來選舉、確認，當選的黨的幹部才能行使國家權力，才能成為執政黨。有人說執政黨是憲法規定的，事實上憲法沒有這個規定，沒有設某一條確認「中國共產黨是永久的、天然的執政黨」。即使在建國初尚未建立人大制度時，共產黨也不是根據「打天下者坐天下」的原則自行執政，而是建國前夕通過當時已成立的中國人民政治協商會議的正式選舉，它的執政才有合法性。

此外，憲法還特別規定，一切國家機關和武裝力量、社會團體和企業組織都必須遵守憲法和法律，都必須以憲法為根本的活動準則，而且一切違反憲法和法律的行為必須予以追究，任何組織（當然也包括共產黨）或者個人都不得有超越憲法的職權。這一條字字千鈞，是八二憲法最大的亮點，而且對當今現實有非常大的針對性。可惜，至今沒有建立相應的違憲審查制度，這一條沒有得到很好的遵守。

（三）八二憲法體現了現代化建設的目標

八二憲法摒棄了七五憲法、七八憲法以階級鬥爭為綱的指導思想，特別是取消了「無產階級全面專政下的繼續革命」的理論、原則，強調要實現社會主義現代化的建設綱領。憲法裏規定了要保護公民的合法財產，確認了國營經濟和集體經濟的自主權，也確認了中外合資企業的憲法地位，為對外開放和引進外資提供了憲法依據。在社會主義法制建設方面，憲法擴大了全國人大常委會的權力。過去常委會只能制定法令，新的憲法規定它可以制定法律，基本法律由全國人大制定，其他法律由全國人大常委會制定。特別是在縣以上設立人大常委會，加強了人大的日常運作。

我講的上述這三大方面，不一定完全概括了八二憲法的優點。它還存在很多不足的地方，所以 1982 年通過以後，在後來的 30 年裏進行了四次憲法修正，最重要的是把實行社會主義市場經濟、「依法治國，建立社會主義法治國家」、「國家尊重和保障人權」等原則納入憲法。這非常重要，體現了憲法的民主性、時代性和開放性。這是八二憲法的優點，好的方面。

二、八二憲法的缺陷

毋庸諱言，八二憲法還存在很多不足，需要進一步完善。而且光有憲法文本還不行，還必須強調憲法實施。這涉及「有憲法可能沒有憲政」的問題。

什麼叫憲政？這個詞在過去相當忌諱，認為是資產階級的專利。現在開放些了，可以講憲政，但對於什麼叫憲政，恐怕有些領導幹部、有些朋友還不完全理解。在過去十多年間，我對「什麼是憲政」做了一個簡單的概括：

憲政，簡言之，是以實行民主政治和法治為原則，以保障人權和人民的權力與公民的權利為目的，創制憲法（立憲），實施憲法（行憲），遵守憲法（守憲），維護憲法（護憲），發展憲法（修憲）。從立憲到行憲、修憲的全過程就是憲政。憲政又可以叫做「憲治」，依憲治國。解放前，中國老一輩法學泰斗錢端升、王世杰在他們合着的《比較憲法》中提出了「憲治」和「憲德」的概念。

八二憲法存在什麼缺陷？

第一，在治國理念與制度方面，最大的缺陷是沒有鮮明地確立司法獨立原則。只說法院、檢察院「依照法律獨立行使」審判權、檢察權，而不是法官獨立審判；也不像五四憲法那樣概括地規定法院獨立審判「只服從法律」，而是列舉地規定「不受行政機關、社會團體和個人的干涉」。這意味着，沒有列入的機關如執政黨的地方

黨委不受此限，而且公民和社會團體對明顯的司法不公和腐敗依法進行的正確批評、監督建議也可能受到限制。再則是沒有建立權力制衡制度、無罪推定等原則。三是沒有確立違憲審查制度。一些明顯的違憲行為，包括違憲侵權的立法、行政和司法行為以及執政黨「以黨治國」的違憲違法行為沒有得到糾正，公民的權利缺乏憲法的保障。這是第一點。

第二，憲法所列舉的公民基本權利還有不少缺漏，離社會主義憲政的要求還有很大的差距。譬如沒有生命權、思想自由、遷徙自由，沒有居住權、罷工權（七五憲法有），財產權不完備，城鄉居民的土地、房屋等財產受到侵害，到現在還受不到憲法和法律的保護。

需要特別指出的是，八二憲法第一次列出一條（第10條），「城市的土地屬於國家所有」。憲法修改委員會在討論時，這一條沒有為大家所注意，也未經公民的聽證或者代表的認真審議，就忽略過去了。我當時也只簡單地以為，城市的交通、公園等公共用地當然屬於國家所有。現在問題大了，搞城市化，大搞拆遷。原來老城市居民私人所有的房產是連帶着私有的地產的，除房契外，還有地契。建築底下的地皮是他買的，本是私有的，但因八二憲法這一句話區區11個字，就變為國有，等於無償沒收了。也就是說，普通公民一夜就被實行了「社會主義改造」，把土地資產沒收，導致現在拆遷矛盾是那麼的尖銳、激烈。土地很值錢，政府拿去轉賣，這嚴重侵犯了公民的財產權。再一個是人身自由權不完善，缺乏救濟制度。至於現在一些新出現的、新生的權利，譬如生存權、自決權、和平權、發展權、環境權、安寧權、知情權、隱私權等，在憲法中都沒有明示確認，而這些都是很重要的權利。

第三，憲法還有一個更重大的問題是，有憲法權利但沒有法律來保障。中國憲法是不可訴的憲法，不能把憲法司法化，法院不能適用憲法的某一個條文來審判。沒有制定法律就不能直接依據憲法來判案，這樣公民的權利得不到切實的保障。譬如憲法第35條列舉了公民有集會、遊行示威自由，有言論、出版、結社自由，其中除了集會、遊行示威有一項法律以外，其他都沒有法律，只有法規或

者規章甚至紅頭文件。而這些不是依據法律制定的（現在並無這些法律，無法可據），在立法權限和程序上是違憲的，違反立法法，因為立法法規定，影響公民基本權利的法律必須由全國人大制定，法規、規章只能依據法律來制定，沒有法律以前不能制定，而現在我們的國務院卻超前制定了很多法規、規章，譬如宗教事務條例、出版印刷條例、社團管理條例、互聯網的一些規定等，這都是沒有法律根據的。法律是以保障公民自由為主，而現在的法規、規章則以控制和限制自由為主。當然，這些自由也不是絕對的，特別是遊行示威應該有所限制。但遊行示威是由公安部出台了一個草案，拿到全國人大常委會。常委會委員們一看，裏面竟有 22 個「不得」！人大常委委員們説，你這不是保障遊行示威自由法，而是限制遊行示威法。所以，人大常委會把 22 個「不得」砍掉了 12 個，還剩下 10 個。據我所知，北京市在這個法通過以後，只批准了三個遊行示威：一個是在美國轟炸我們南斯拉夫大使館時；一個是一本小説牽涉到侮辱少數民族，少數民族要求遊行抗議；還有一個我忘了。當然我也不主張動不動搞遊行示威，遊行示威和社會安全有矛盾衝突，特別是沒有組織的群眾在激情驅使下，會打砸搶燒，所以要有所限制。正如當年法學泰斗張友漁老先生（北京市副市長）在我主編的《中國法學》上發表的文章指出的，遊行示威法的主旨是要保障公民的自由，以這個為目的；也需要一些限制，但限制也是為了自由，如不能妨害人家的安寧或者騷擾、佔領公務機關，限制是為了更有序地行使公民自由。如果考慮到要照顧大局，那麼公民出於自願可以暫時放棄行使這項自由，而非根本放棄享有這項自由的權利資格，這不能等同。

總的來講，憲法上確認的公民權利沒有立法，權利就得不到有效的法律保障，那些權利就變為「烏托邦條款」，不能實現，這是最大的問題。為此，我在十多年前寫了一篇文章〈建立憲政立法體系〉，強調保障公民的基本權利，首先要有公民權利的立法，但到現在還沒有。一個公民基本權利立法還缺失的立法體系，怎能稱得上是完備的社會主義法律體系？你可以説它是中國特色法律體系，但稱不上社會主義法律體系。我去年參加法理學的一個年會，討論社會主義法律體系的形成，我把這篇論文提交上去，

結果得了一等獎。當時我發表即興感想：這事既可喜，表明法學界同仁有獨立思考，能不顧忌諱來評獎，因為憲政在當時有些敏感；又可嘆，十多年前的論文現在拿去還可以得獎，說明現在還沒有實現，改革太滯後。

三、展望：實行憲政社會主義

剛才講到有憲法不一定會有憲政，無法保障公民的基本權利。那到了今天，我們下一步怎麼走？我覺得首先還是要完善憲法。但單有完美的憲法文本而不嚴格實施，不嚴格依憲治國，也白搭。現在理論界、法學界提出一個新命題、新理念：憲政社會主義。下面我就把這個問題談一下。

什麼是憲政社會主義？北京理工大學胡星斗教授在 2006 年向中央上書要實行憲政社會主義，西北大學有一個副教授華炳嘯出版了一本 60 萬字左右的專著，比較系統地探討了憲政社會主義。還有人民大學的馬克思主義老專家高放、政法大學的江平等教授以及老憲法學家許崇德教授都寫文章贊成中國應該搞憲政社會主義，沒有憲政就沒有社會主義。我也寫了一篇〈我所認同的憲政社會主義〉，在《南方周末》發表。

我信奉社會主義，也一直希望實行憲政，所以我也贊成憲政社會主義。但我首先要說明一點，我贊成的社會主義是新的社會主義，我贊成的憲政是新的憲政主義。

那新的社會主義是什麼？鄧小平說，什麼是社會主義我們還都沒有搞清楚。後來他把社會主義的本質定義為「解放生產力、發展生產力，消滅剝削，消除兩極分化，最終達到共同富裕」。這個定義同以階級鬥爭為綱的社會主義相比，有很大的進步，但似乎還不能說已經完全概括了社會主義本質。因為它沒有涉及上層建築問題，只是講經濟基礎、發展社會生產力和公平分配問題。今年是鄧小平南巡講話的 20 周年紀念，我覺得他這個談話很偉大，救了中國，救

了改革開放，也救了他自己，否則歷史對他的評價會大不一樣。南巡後中國開始名正言順地正式實行市場經濟（前面還加上「社會主義」的定語）。南巡講話時，小平同志特別強調不要就姓社姓資問題而爭論，市場經濟可以姓資也可以姓社。我覺得現在的確沒有必要、也不應該凡事問姓社姓資，因為社會主義和資本主義分不開，中國和美國在經濟上分不開，彼此聯繫緊密（有人還為此創造了一個新名詞：「中美國」）。資本主義國家有社會主義因素，社會主義國家也有資本主義因素（當然主體地位不同）。譬如我們是社會主義國家，而香港、澳門實行的是資本主義制度。內地很多企業既有國家股，也有民營股，還有外資股，你說它們是姓社還是姓資？另外，民營經濟在憲法上也確定了地位，「民營經濟是社會主義市場經濟的組成部分」。既然是市場經濟組成部分，還要說姓資姓社的問題嗎？馬克思早就說過，資本主義是社會主義的物質前提。恩格斯在晚年還特別講股份制、議會制都是過渡到社會主義的形式。前中國國家副主席王震曾到英國訪問。他到英國一看，看到他們的社會保障、社會福利那麼好，大加讚賞說，這不就是社會主義嗎？不過他還是加上一句：假如有「共產黨的領導」就更好了。

說到「黨的領導」，我可以多說幾句。任何國家（現代民主國家）都必須有政黨的領導，憲政國家必須實行政黨政治。美國的政治體制是多黨制，實際上是民主黨與共和黨輪流坐莊，輪流領導。日本在過去幾十年都一直是自民黨在領導。政黨是要的，黨的領導是要的，否則就不可能集中反映人民或某個階級的意志。問題在於，怎樣理解這個領導，怎麼去領導，是搞黨政不分，以黨治國？還是實行民主憲政？對於以黨治國，鄧小平在 1941 年就批判過，指出那是國民黨的遺毒在共產黨裏的腐朽表現。所以，問題不在於要不要黨的領導，而在於什麼樣的黨和怎麼去領導。

我現在要進一步問一個問題，社會主義姓什麼？關於社會主義，有人統計有 70 多種。第一國際的社會主義，第二國際的社會主義，社會民主黨的社會主義，還有第三國際列寧、斯大林的暴力專政的社會主義，還有毛澤東的「馬克思（實際上是斯大林）加秦始皇」的社會主義，還有我們東北鄰邦的家族世襲的社會主義，已

經傳到孫子了。他們一年中有 30 多個節假日，除了四五個是國慶節之類的節日外，其他都是祖孫三代的生日或者忌日。另外，卡達菲（Muammar al-Gaddafi, 1942-2011, 1970–1972 年任利比亞總理）的獨裁也號稱是「大眾社會主義」，希特拉（Adolf Hitler, 1889–1945）奉行的是「國家社會主義」，「納粹」就是國家社會主義的音譯。南美洲也有幾個國家，亞洲的緬甸、印度，也曾號稱社會主義。所以，社會主義多種多樣。我查了《共產黨宣言》第三章，馬恩就集中列舉和批判了除科學社會主義以外當時已經存在的各種社會主義，譬如反動的封建社會主義，小資產階級社會主義，德國抽象的「真正社會主義」，還有資產階級的保守社會主義，以及空想社會主義等等。所以，你遇到有人自稱社會主義國家時，就需要問他的「社會主義」姓什麼，姓封還是姓資、反動的還是保守的？是進步的、符合人民需要和歷史發展的社會主義，還是相反？所以，首先要問的是社會主義姓什麼。我認為社會主義姓憲政，我主張憲政社會主義。

那憲政社會主義有什麼特點？

它首先是新社會主義。社會主義簡單地說是以社會至上為主義，社會的主體是人民，社會至上即人民至上。只要一系列政策對社會特別是人民中的弱勢主體有好處，能夠滿足社會的公平、正義、生存、溫飽等精神文化與物質需求，有益於社會的普遍幸福和共同富裕，有利於人民和社會的發展進步，都可以說是具有社會主義因素。因為社會主義繼承的是人類歷史文化中優秀的東西，這些「因素」的不斷積累，量變到質變，逐步發展成長為完全的社會主義社會。現在資本主義也叫做新資本主義，文明的資本主義，比過去原始積累時期的野蠻的資本主義好得多。當然它也有經濟危機、不平等，但它有社會主義的因素。

什麼叫新憲政主義？憲政的核心要素是人權、民主與法治（憲治）。實現這些核心價值的手段是對權力的制約。不過，啟蒙思想家所講的權力制約是國家權力內部的相互制約，以國家權力來制約國家權力。一個政府是密封的機器，內部的部件互相有機地結合或自律、相互制衡，這樣可以防止權力專橫和腐敗，這很有效也很重

要。我們有的領導人說決不搞西方那一套。你不搞那一套，卻站在議會講台上說這個話？議會不就是從西方那一套移植過來的嗎？包括你穿的西裝、皮鞋，乘的小轎車，不都是西方那一套嗎？何況馬克思主義也是來自西方。這些人不講邏輯，不自覺地陷入自相矛盾的境地。

至於新憲政主義，不只是停留在國家權力內部的制約，而是要放眼於社會，依靠社會力量來制約。必須有兩種力量：一是國家權力內部的相互制約，二是通過公民社會的社會權力（譬如社會團體、媒體的輿論監督）來制約國家權力。為什麼單靠各種不同國家權力機關來相互制約還不夠？主要是可能官官相護，特別是一黨執政的國家，黨政不分的國家，各種國家權力歸根到底受黨的統一領導、管轄。沒有外部社會力量參與制約，是很難實現對國家權力的監督的。

有鑒於此，我曾提出要「依靠社會力量」，「依靠社會權力」，要使「權力多元化、社會化」。權力不只是國家權力，現在有些國家權力已經或正在向社會轉移，一步步放權、還權於社會。社會自己，特別是公民社會、社會組織，也有它的社會權力。譬如輿論、媒體在國外被稱為「第四種權力」（獨立於議會、政府、司法三權之外的權力）。我認為媒體的權力不是第四種，而應屬於「第二類」，即在國家權力以外的另外一種權力——社會權力。為什麼會有社會權力？在西方民主國家早就有了，《華爾街郵報》行使它的社會權力就把尼克遜（Richard Nixon, 1913–1994）拉下馬。我們現在已實行市場經濟多年。過去國家和社會是一體的，社會是「國家的社會」，社會和國家不能對立，社會不是獨立主體，國家完全壟斷和代表社會。實行市場經濟以後，社會主體就開始能夠掌握一定的社會資源，可以利用這種資源去支配、影響社會，去控制、制衡國家。用這種社會權力來制衡國家的權力，這就是新憲政主義。當然這一點不是我個人的發明，美國一些學者出了《新憲政論》一書，說「權力制約不應該只是一個法學問題，應該是一個社會學、政治學問題，應該以社會力量來制衡國家的權力」。所以，我強調社會主義應當是社會至上，社會主體至上，社會主體是人民，而新憲政會主義就是要以

人民的力量、社會的力量，特別是社會組織（即非政府組織）的力量制約國家的權力。可惜現在社團法沒有，要成立一個社會組織，包括社會公益組織，常常受到各種限制和打壓。汶川地震第一個跑到地震現場的不是國家機關，也不是解放軍，而是非政府組織，是公益組織，開着拖拉機從安徽就跑去了。所以，社會組織、非政府組織，特別是公益組織，都是具有社會權力的組織，同時也是制約國家權力的力量。我們應當充分重視發展社會組織。

有組織的社會、享有公民權的社會，就是公民社會。什麼叫公民？按馬克思在《論猶太人問題》中指出的，公民就是參與政治、參與國家、享有政治權利的國民。古希臘亞里士多德也說過，公民就是有權參與議事、參與審判的人。有些人認為，只要是中華人民共和國的國民，都是中國公民。這只是作為公民的必要條件，而非充分條件。國民並不一定都是公民，因為如果他還沒有參與中國政治的權利，就不是一個完整的公民。馬克思講，公民即「公人」，是享有公權利，即政治權利的人。享有和行使公權利的社會組織，就是公民社會。它們行使這種公權利，就可以形成社會權力，它們是控制國家權力的偉大力量。

最近廣東發生的烏坎事件[1]，就可以說是顯示了公民社會的力量。剛開始，村民把貪污腐敗、掠奪他們土地的村裏的黨政幹部趕走。當地政府當局認為村民受到國內外敵對勢力的煽動，加以打壓，派警力鎮壓，公民進行抵抗，僵持了幾個月。但幸好廣東省委比較開明，派出工作組和村民談判，以平等地位談判，終於使烏坎進行了一次民主選舉。這就是公民社會，利用他們的權利，包括抵抗權（公民對政府的非法侵犯是有抵抗權的，美國的《獨立宣言》就有這樣的規定）和參與政治的權利，來選舉自己的代表。當然烏坎事件還要觀察，但至少目前這麼做，我認為是雙贏的，雙方都是理性地對待。很多媒體說這為正確處理社會矛盾樹立了一個樣板。

---

1. 烏坎事件指烏坎村土地私下變賣問題。烏坎村村民委員會在當地居民不知情的情況下陸續轉讓 3,200 畝農用土地，賣地款項達 7 億多元人民幣，但補助款每戶只有 550 元，村民與地方政府爆發衝突。

時間不多，我就講到這裏，我認為發展的前景是發展公民社會，孕育、發展良性的社會力量、社會權力，來推進政治改革、推進憲政社會主義建設。

張千帆：感謝郭道暉教授在不到一個小時的時間講了非常豐富的內容，從八二憲法的成就和問題到憲政社會主義，初步勾勒了他所認可的憲政社會主義理論。下面有請中央社會主義學院的王占陽教授做點評。王教授最近發表了很多觀點，從中國改革到人大的選舉以及憲政社會主義，是非常活躍的中青年學者。

王占陽：給郭老作評議，我有點誠惶誠恐。方才郭老以比較短的時間講了他的觀點，我覺得有幾點特別重要特別好。一是中國特色社會主義法律體系是否已經建成，郭老説「NO」。

郭道暉：我的意思是説，社會主義法律體系不能説已經完善了，法律體系要有幾百個法律，幾千個法規，幾萬個規章。

王占陽：有法律體系，沒有社會主義法律體系，這個觀點很好。我想説的一點是，現在有一些基本的提法存在比較大的問題。中國特色社會主義其實不是鄧小平的講法，小平的講法是「建設中國特色的社會主義」，現在叫做「中國特色社會主義」，把「建設」兩個字拿掉了。鄧小平説的「建設中國特色的社會主義」意思是社會主義還在建設過程中，社會主義還是一個在建過程，這個樓沒蓋完，社會主義沒建成，現在正在蓋，蓋到多少層還不知道，而且還一再説有可能蓋歪了，蓋倒了，不改革就死路一條。「建設有中國特色的社會主義」是説現在的社會主義不夠格，也就是説這個樓還沒有蓋完，譬如蓋 40 層的樓才蓋了 10 層就説這個樓蓋完了，那不成。小平還説了一句很重要的話，「只有到本世紀中葉達到中等發達國家水平，我們才能説是真的搞了社會主義」。現在不算真的，現在是假社會主義，將來是真的，現在只建了一部分，有一部分是真的，一部分是假的，是初級階段。而初級階段是策略性的提法，不是學理性的講法。現在把「建設」兩個字一拿走，就説現在是社會主義，套在法律上就説現在建成了中國特色社會主義法律體系了。把「建設」兩個字拿掉以後，一個改革的命題變成了保守主義的命

題。「建設中國特色社會主義」是說現在還不行，還得趕緊往前走；中國特色社會主義就說現在就是社會主義，就是偉大的、光榮的、正確的，現在什麼東西都是社會主義了，都要原地踏步不走了。

郭道暉：我插入一句，我們老講中國特色社會主義。按鄧小平的說法，中國特色是初級的不合格的社會主義，現在什麼都叫中國特色，中國特色的法學，中國特色的道路，我認為都不對。

王占陽：鄧小平講的是「有中國特色的」，不叫中國特色，後來改成了「中國特色」。「有中國特色」是說不僅有一般，還有特殊。現在是「中國特色」，中國怎麼整都是社會主義，沒什麼一般標準，反正我整了就是社會主義。所以，這個命題不是鄧小平的命題，「中國特色社會主義」不是一個偉大的旗幟，是一個錯誤的旗幟。這個旗幟從十五大開始，是江澤民的旗幟，後來胡錦濤稀裏糊塗得把它拿過去，都沒有弄明白這個旗幟是什麼意思。這個事開始可能是一個技術問題，不懂得鄧小平是什麼意思，就在那個地方瞎整，秘書瞎弄，領導也不懂，最後整成這樣，愈弄愈歪，最後把鄧小平的意思整個全弄歪了。

我非常贊成郭老的想法，現在的法律體系肯定不是已經建成的社會主義法律體系。因為社會主義法律體系有幾個要點，起碼有一條是沒有民主就沒有社會主義。現在的法律體系是支撐民主的嗎？現在的法律體系是不讓選舉，形式上走過場的選舉。沒有選舉哪有民主？郭老還講了很多權利都是烏托邦條款，如憲法第 35 條。公民的選舉權、被選舉權、公民權利都虛的時候，就沒有社會主義。社會主義法律體系還有很重要的一點，是公民福利的社會保障權利。西方的法律體系很發達，社會保障不是政策，而是一套法律體系。奧巴馬這回發展了美國的社會主義法律體系，最近又把醫療改革通過了法律，現在按法律實行，這叫社會主義法律。現在中國教育、醫療、養老各方面一大堆社會保障都缺少相應的法律，現實當中問題非常之大，那這個社會主義法律體系在哪兒？所以這也不夠格。現在說法律體系規定了公有制，而問題最大的就是所謂的公有制、國有制。國有制問題特別大，還有郭老所說的稀裏糊塗把城市土地國有化，誰都不明白時就國有化了，這個國有化帶來了巨大問題。

城市土地是國有的話，集體土地是集體的，但為什麼出現徵地拆遷問題？把城區擴大一下，你農村的地不就變成我城裏的地了嗎？農村的地就變成集體所有制了，你沒有產權，我就拍賣，由此產生大量問題。現在沒有形成社會主義法律體系，我認為這個判斷非常準確。這是第一點。

第二，社會主義和憲政的關係問題。鄧小平講沒有民主就沒有社會主義，郭老進一步講沒有憲政主義就沒有社會主義，這在現在來說是一個很重要的理念。社會主義有各種特徵，各種講法，譬如公有制、計劃經濟、按勞分配、無產階級專政、黨的領導等叫社會主義特徵。後來鄧小平把經濟方面改了，說社會主義經濟特徵就是共同富裕，只要人人都富了，後面的制度就是社會主義制度。政治上講民主，沒有民主就沒有社會主義。民主更先進的講法是憲政，憲政主義的提法最大的意義在於它又樹立了社會主義的標準，這個標準是國家是否達到了憲政。沒有實現憲政就沒有實現憲政主義，要往憲政主義發展就是建設社會主義。有沒有憲政的問題，就是有沒有社會主義政治制度、法律制度的問題。我認為這個標杆非常重要，也是非常有價值的，這是需要我們重新深入認識的問題。

第三，怎麼理解憲政和社會主義？郭老的解釋是以社會至上。假如社會至上不是相對於國家而言的，是泛泛的社會至上，我認為沒有大問題，無非是讓社會所有人都過上好日子，大家都好比什麼都重要。在這個意義上，社會主義就是社會至上，大體上還可以成立。但我覺得這不是很準確。我認為，社會主義就是普遍幸福主義，人的終極價值目標不是金錢、財富、權力，而是幸福。為了達到幸福，每個人的幸福以其他人的幸福為條件，這樣追求普遍幸福才能達到個人幸福的最大化。要實現普遍幸福就要實現普遍的民主，普遍的享有民權，普遍的人與人之間友愛、博愛、互助，共同富裕，普遍富裕，這就需要一大堆的普世價值。社會至上是每個人的幸福至上，這樣解釋社會至上，我也贊成。但如果說社會主義是跟國家主義相對立的，那國家主義就是國家至上，我認為這樣理解社會主義就不太準確。因為自由主義也反對國家主義，主張社會高於國家。在這點上，社會主義和自由主義都是反對國家至上的，都

是反對國家主義的。所以，反對國家至上不等於社會主義，社會主義有更廣泛的含義。

如果說社會主義就是普遍的幸福的話，郭老的一個提法需要我們推敲，即現在的西方到底是什麼社會？我到西方看了看，悟了多年，認為西方不是資本主義社會，而是社會主義市場經濟，馬克思當年敲響喪鐘的資本主義已經死掉了。今年年初，我在首都經濟學界大會上做過發言，我認為西方是社會主義市場經濟。在市場經濟條件下，你能達到那種社會主義的美妙境地，也就是現在發達國家的程度。有人說美國 99% 是受苦人，但他們那裏的 99% 跟我們的 99% 比要好得多，沒法比，中央電視台的《新聞聯播》都是騙人的。現在的西方基本上已經社會主義化了。一年以前有個美國人問我什麼是社會主義，我說社會主義是普遍幸福主義，是大家都過好日子。美國人張嘴就說，那我們美國是社會主義初級階段。

張千帆：高級階段。

王占陽：他的意思是瑞典可能是高級階段。

憲政還是有姓資姓社之分。當年英國 1688 年革命建立的君主立憲的「憲政」肯定是資本主義憲政，因為不是建立在普選基礎之上的。直到 19 世紀前期，英國只有不到百分之十的人有選舉權，那百分之幾的人說白了就是資產階級的富人，而且是白人資產階級的男人（不包括女人），是非常小的圈子，是富人的俱樂部，叫資本主義民主。其實「資本主義民主」也不對，因為民太少了。嚴格來說，民主和社會主義是同一個詞，沒有「資本主義民主」的說法，「資本主義民主」是不夠格的民主。在那樣的情況下有憲政存在，憲法是至上的，即君主立憲。但我認為，現在發達國家的憲政是社會主義憲政，憲政的基礎關鍵在於有沒有普選權，已經實現了普選權就實現了人民當家作主，就實現了社會主義政治，相應的憲政就是社會主義憲政。當年馬克思、恩格斯鬧革命革什麼？在政治上他們最大的主張就是普選，這是馬克思、恩格斯終生強烈的主張。郭老說，就現代的憲政來說不分姓資姓社，這是對的。

　　郭老還提到憲政學派。在為我和蔡定劍教授編寫的《走向憲政》一書所寫的序言中，郭老就已經宣告了憲政派的出現，那裏面就已經說我們是憲政派。憲政派不是我們自封的，是別人說我們是憲政派，那我們現在就承認我們是憲政派。憲政派有誰？《走向憲政》一書中的人全是憲政派。那叫不叫憲政社會主義？其實那個憲政就是憲政社會主義。最早用「憲政社會主義」這個詞的是突尼斯（説的和做的是兩回事）。而胡星斗教授曾寫過一篇文章，江平看到文集中的「憲政的社會主義」時，説憲政社會主義很好，把「的」去掉了，就叫「憲政社會主義」。用沒用這個提法是一回事，實質上大家的主張是，一方面要有社會主義，人民都要過上好日子，這是社會主義的本意，另一方面要實現社會主義必須要搞憲政。在這個意義上，憲政社會主義派別很龐大，有這種思想的人很多，除了幾個御用的以外，基本上是我們民間佔主流。我就先說這幾點。

　　張千帆：占陽教授的評議很精彩，也進一步澄清了憲政社會主義的內涵。他和郭老師的共同點是，把社會主義的定義擴展至很大，凡是好的經濟社會體制就是社會主義。尤其是占陽說到，社會主義就是對普遍幸福的追求，凡是能夠最大程度促進大家幸福和功利的體制當然是一種好的體制，而這種體制必然是和民主政治聯繫在一起的，這我同意。普遍的幸福是我們追求的目標，但社會主義一定是普遍幸福？或者說普遍幸福必須是社會主義的？我覺得還需要推敲，畢竟「社會主義」是具體的、特定的經濟體制，譬如公有制。郭老也講到，八二憲法對城市和農村土地稀裏糊塗規定了公有制，但這正是社會主義的首要特徵，否則什麼是社會主義？社會主義的定義是生產資料公有制。什麼是生產資料？土地是不是生產資料？按照比較正統的理解，土地是最重要的生產資料，只有這樣的憲法才能被稱之為「社會主義憲法」。但這樣的國家能否實現普遍幸福？八二憲法的經歷或者教訓，也許能讓我們對社會主義的定義或含義做出一些反思。

　　今天，我們老中青三代都有，下面有請社科院的青年法學家曲相霏教授。她在人權領域很有研究，對郭老思想的把握很到位。順便還要提一句，你應該是憲政講壇的第一位女性評議人！

四、國家、社會、個人中應該「人權至上」

曲相霏：謝謝，很榮幸！剛才王教授說給郭老做點評誠惶誠恐，我也是同樣的心情，而且跟王教授一起來做點評又多了一重誠惶誠恐。今天是機緣巧合地坐在這裏，我在誠惶誠恐一大陣後想到唐朝詩人白居易，他寫好詩後會念給不識字的老太太聽一聽。想到這後，我也就釋然了。

郭老師是我非常尊敬的前輩，我讀了很多郭老的書，也聽了郭老很多講座，他的思想非常開放，言詞很犀利，思維很敏捷。今天晚上郭老似乎變了一種風格，我感覺他講得很平和，跟平時的講座風格不一樣，所以我聽着有點不是很過癮。

之前千帆教授跟我講，郭老要講憲政社會主義。《南方周末》上他有一篇文章，我特意找來看。在那篇文章裏，郭老有很多觀點，今晚沒有展開來講，可能郭老是為了節省時間，確實是一個遺憾。但在這一個小時內，郭老仍然講了很多內容，這些內容我全部贊成。

關於八二憲法，我說兩句。一是基本權利體系不完善。有些原來有的基本權利被八二憲法刪除了，有些應當有的基本權利，之前的憲法沒有，八二憲法也沒有寫進去。二是制度方面不完善。有些制度應該有而沒有，譬如司法獨立、違憲審查制度；還有一些制度是建立了，但到目前為止從來沒有使用過。今天反思八二憲法，反思這些內容很有意義。

我重點不是想講這些，我想講郭老在南方周末發表的那篇文章裏的內容，那些內容很有力量。民主仍然是我們現在這個社會裏非常要緊的一件事，在一百年前是這樣，民國時是這樣，現在仍是這樣。什麼是民主？一個人民沒有發言權的國家就不是民主。大家都認可民主是我們現在這個社會的價值。前兩天有一位企業家柳傳志討論過這個問題，他有一段話在座的很多人可能都看到過。他說：「如果我們現在實行一人一票，中國將進入萬劫不復的境地。」這在網上引起熱議。寫報道的記者出來做了一個說明，「可能是有一些記者斷章取義把他這一段話拿過來，引起大家的誤解」。我仔細看了

他這段話，不管怎麼誤解，意思也不會差很大，如果真的誤解他的意思，也不妨礙我們把這件事拿來作為對民主價值的重溫。民主會有很多問題，但解決問題的手段不能是前民主社會的手段，而必須是在民主基礎之上的手段，譬如保障人權、司法獨立、違憲審查這樣的手段。郭老在憲政社會主義文章裏很強調民主，這是要堅持的一個價值。當然在那篇文章裏，郭老幾乎囊括了我所認同的所有價值：民主、憲政、人權、司法獨立、違憲審查、憲法訴訟等。

郭老還特別看重公民社會，在那篇文章裏用很大篇幅講公民社會的重要性。我也認同，我們需要建立公民社會。民主只是一種程序，民主並不能為具體問題提供具體答案。民主的水平，最後是由參與民主的公民的水平決定的。沒有有尊嚴的公民，很難建立憲政。張千帆老師也有一個判斷：一群奴才是建立不起憲政國家的。我深以為然。八二憲法規定，具有中華人民共和國國籍的人就是我們的公民，這是一種意義上的公民定義。剛才在講座中，郭老講到公民有另外一種要求，需要有見地，能夠有擔當，而且參與到公共事務當中去，這樣才是一個合格的公民。所以，合格的公民不是生成的，還需要養成。現在公民社會的建立還需要行使憲法當中一系列的基本權利，只有行使了那一系列的基本權利才有可能成為一個郭老所期許的公民，尤其是憲法第 35 條以及知情權等一系列權利。而現在這樣一系列權利在行使上很困難，好像我們很難成為那樣的合格公民，我們離民主社會的距離也就仍然很遙遠。

再一個是郭老十分看重社會權力。郭老認為對國家權力的控制原本有兩種方式，一是權力與權力之間的內部控制，二是通過公民權利來控制國家權力。郭老現在又提出用社會權力來控制國家權力，這是一個很新穎的提法。但社會權力的形成需要在公民行使基本權利的基礎之上才能實現，也就是說，公民只有行使了憲法當中的基本權利才能夠對其他主體形成影響力、支配力甚至強制力，這種社會權力才是一種正當的社會權力。

最後我想說的是對郭老剛才所說的憲政社會主義的理解。我對此沒有很深的理解。郭老提到社會主義就是社會至上，王占陽老師說，如果是在社會和其他主體相比較的基礎上提社會至上的話，王

老師是贊成的，如果和國家相比則需要商榷。我的看法和兩位老師有些不同。我覺得，如果和國家主義相比較，我贊成社會至上。也就是說，在政府、國家、社會三個主體中，如果選擇一個主體具有至上的地位，我贊成社會至上。但如果在國家、政府、社會和個人等幾個主體中做選擇，我覺得不是社會至上，而可能是個人至上。也就是說，組成這個社會的個人在各個價值主體中處於至上的位置，把個人的人權放在最重的位置上。所以與社會主義相比較，我比較贊同「人權至上」。

張千帆：剛才幾位都發表了很精彩的言論，我個人認為憲政社會主義還是一個有問題的概念。因為在座的都反對國家社會主義，也就是納粹，但問題是，什麼是「社會主義」？社會主義是公有制，而不僅僅是主張大家的幸福。幸福可以通過不同的經濟體制實現，譬如自由主義者認為私有制才能最有效地促進幸福。郭老強調的是社會至上，而不是國家至上的社會主義，這點很好。但問題是，怎麼實現社會至上？當然同樣的問題可以問，國家是誰？如果定義為抽象層面，那種「國家」是不存在的。實際上，國家往往會變成掌握公權力的那一群人，也就是把政府和國家等同起來。社會主義本身沒有什麼問題，但是一旦發生概念的偷梁換柱，那麼政府控制下的無論什麼「主義」都會出問題。如果沒有政府或某一群特定的人去控制所謂的公有制，那麼「社會」又是誰？由誰去行使這個權力？我想這是憲政社會主義論者所需要回答的問題。

下面有一點時間可以互動，各位老師也可以澄清自己的看法，我把時間留給大家。

> 提問：郭老師，我想問一個跟地產補償有關係的問題。我們面對的應該是一個前瞻性問題，我們制定的法律都是為未來制定的，但制定法律的人並沒有能力預測那麼遠，怎麼解決這個問題？地產補償制度在制定時也面臨這個問題，譬如補償多少倍？這個倍數怎麼確定？一蒙隨便出一個倍數，現在一看很荒謬。也就是說，我們制定一個前瞻性的法律時需要很多東西，這怎麼辦？

郭道暉： 我認為這還不是前瞻性問題，而是落後性問題。立法的能力或者社會的實踐已經遠遠地走到了前面，你所顧慮的可以理解。我舉個例子，憲法第 35 條中公民的自由權利沒有立法（除遊行示威法以外），社團法也好、新聞法也好，我在人大時就已經有了草案或者草稿，而且還討論過。我離開全國人大以後還把我找去討論出版法的草案，也就是說出版法早就有了，但為什麼沒有出來？那時候把一些憲法學家、法理學家找去，為什麼要找我們這些教授去？因為在草案裏特別寫上一條，你要申請辦出版社、雜誌社，不能由你本人申請，而應該由你所在單位或者所在單位的主管單位申請。譬如我在清華大學要辦一個刊物，必須是清華大學來申請，而且清華大學還不能作出決定，必須由教育部來申請。起草者覺得這種法案拿到外面去太丟人，他們不好意思跟領導反映這個意見，就把我們找去反映這些意見。當然我們這些教授一致反對。至於《新聞法》草案，1983 年就有了，但有的革命元老一句話，說國民黨也有《新聞法》，那時候我們反對國民黨是利用他們的新聞法，鑽它的空子來反對他們，搞得他們很被動，如果我們搞個新聞法，豈不是也會讓別人鑽空子嗎？這一句話就導致長期擱置了這個法律草案。其實，應當說有了新聞法就好管了，依法辦事嘛。所以不是前瞻的問題，而是滯後的問題，早就有了卻不願意有。社團法草案也有，但沒有提請人大審議，而只是由國務院或由某個部門自己定一個法規，從本部門利益出發限制結社自由。20 世紀 90 年代我主編了國家課題《當代中國立法研究》（四卷本，124 萬字），其中也涉及這些問題。現在中國的問題或者中國的立法問題，不是超前的問題，而是嚴重滯後，特別是公民的基本權利與自由嚴重滯後。當然我們也需要隨時前瞻，在制定以後不斷修改，八二憲法也搞了四個修正案。

提問： 我剛才聽了郭老師的一個觀點非常新穎，你講三權分立，那三權是國家權力之間的制衡，接着是國家權力和社會權力之間的制衡。但我覺得，在中國情況下還不是像你所講的國家權力和社會權力之間的制衡。八二憲法去掉了「全國人民代表大會是在中國共產黨領導下的最高國家權力機關」中的「在中國共產黨領導下的」這一

定語，但實際意義上跟以前沒有太大區別。我想聽一下四位老師對我的這個觀點怎麼看？另外，剛才講到憲政派，所謂憲政派和現在的自由派最根本的區別在哪裏？

郭道暉：你提的問題很好，中國的問題不只是在國家權力和社會權力的矛盾上。我過去寫過文章，說西方民主國家講三權分立，在中國同樣有另外的三權：黨權、國權、民權。核心問題是黨權和國權、民權怎麼統一起來。現在有一個「三個至上」的提法：黨的事業至上，國家的法律至上，人民利益至上。這「三個至上」單個抽出來好像都有道理，好像沒什麼問題。有一次法理學會副會長講「三個至上」。我說這「三個至上」彼此有矛盾怎麼辦？他說現在實踐裏還沒有出現這個矛盾，直接迴避了這個問題。

鄧小平在 1941 年專門寫了一篇文章批評以黨治國。孫中山講的是「軍政、訓政、憲政」，規定訓政只搞六年，以後就要還權於民，實行憲政。但他也提出，「以黨治國不是以黨員治國，而是以黨的主義治國」，這也還算不錯。現在共產黨也搞以黨治國，所以鄧小平說，以黨治國使黨的權力高於一切，甚至是黨員高於一切，這是「麻痺黨、腐化黨、破壞黨的國民黨遺毒在我們共產黨內的表現」。小平同志批判得很厲害，而且這篇文章選入《鄧小平文選》第一卷。有一次我問主持編選文集的龔育之，你編《鄧小平文選》，把鄧小平 1941 年寫的這篇文章收集進去，是立了一大功。他說：「你不知道，我把這個文章收進去還受到他人的責難，說你怎麼把否定黨的領導的文章放進去了？而且現在在已經改革開放了，還權於民了，怎麼還批判這個？我說，解放前那個時候我們還沒有掌握全國政權以前，就反對以黨治國，現在成為全國的執政黨更應該要反對，要黨政分開，但到現在還沒有解決，這是中國的一大問題。」當然這需要有一個過程，需要慢慢解決。這個問題總有一天要解決。黨的領導要有，現代民主政治都是實行政黨政治。任何國家都有政黨的領導，搞民主必須要有政黨的領導，但問題是怎麼領導。我們黨的十三大報告是把黨的領導界定為「黨的政治領導」。鄧小平在一次講話裏強調了十三大報告。因擔心改革開放被倒回去，他特別聲明，「十三大報告一個字也不能改」，當然包括「黨的領導是政治領導」這

個定義。他還說，改革開放要管一百年或者幾百年。而我們現在把黨的領導歪曲了，「領導」變成組織上、行政上控制、管轄、支配，這都是錯誤的。共產黨作為治國的領導力量，只能以它的路線、方針、政策，從政治上來領導，而不能凌駕於國家權力之上而發號施令。黨必須在憲法和法律範圍內活動，依法治國、依憲治國。現在黨的政法委變成公檢法三機關聯合辦公的機關，黨的政法委包辦公檢法，那就不對了，以黨代政了。

王占陽：我補充一下。剛才你的問題是黨和政權的關係問題。十三大改革方案的中心是解決黨政分開問題，但分不開。因為黨政分開有黨權和民權的關係問題，也就是說那要把一部分黨權退出去，把佔有的民權退回去，還權於民。但在民主沒有發展以前就沒有實實在在的民權中心。按中國法律制度來說，人民代表大會應該是中國法定的民權中心，黨政分開的前提是把人民代表大會發展起來，人民代表大會要實體化，有了民權中心以後才有黨權和民權關係怎麼處理的問題。如果說黨不管這些事，那誰管？黨不管由誰管？這個問題沒解決，權力放出去了，還得回來，因為沒有一個權力中心來管這個事。現在要解決黨政分開的起點，不在於解決黨政分開本身，而在於解決選舉的問題，解決普選權的問題，把人大做實，然後才有黨政分開的實現。十三大的毛病在於沒有奠定基礎，想一下達到目標，但目標達到不。

你提到社會主義的事，現在有兩種抱怨。主張社會主義的人說，「社會主義」這個詞已經被歷史弄得跳進黃河洗不清了，主張資本主義的人也說，「資本主義」這個詞也被糟蹋得夠嗆。兩方面都說跳進黃河洗不清了。我說這兩個詞作為19世紀的詞滙，都不是準確的概念，在很大程度上帶有約定俗成的性質，不是精準的概念。開始起源時就是這樣的，經過一百多年，這兩個詞都在泥潭裏逛了一圈又一圈，現在要解釋社會主義是什麼意思，可能解釋不清楚，資本主義也同樣。我的想法是，這兩個詞不得不用，但人類發展的其中一方面在於詞滙要更新換代。我們現在用詞是為了跟過去對接上，但我現在提普遍幸福主義就是要超越這些詞，普遍幸福主義據我理解就是好社會。

張千帆：可以説我追求的也是好社會，一畝三分地挺好。

王占陽：我為什麼提出普遍幸福的社會主義？是因為我發現之前社會主義的分歧之多沒法解釋，有主張公有制社會主義的，有主張計劃經濟社會主義的，有主張市場經濟社會主義的，有主張專制的，有主張民主的，社會主義在所有方面都不一樣。最後我發現有一個共同點，至少在表面上大家都希望過上好日子，所以我最初對社會主義的概括是三個字：大家好。好就是幸福，大家都幸福。所以，我後來覺得社會主義就是普遍的幸福主義。

張翔：因為時間的關係，郭老比較辛苦，我再給大家三個提問機會。

五、今後的動力在哪兒？

提問：我不是學法學的，就根據自己的理解談一下我的一些看法，並且還想提幾個問題。今天一直在談憲政主義，我不明白為什麼要在憲政後面加上「社會主義」，而且大家一直在爭論什麼是社會主義，什麼是資本主義。我覺得社會主義這個詞確實已經被攪和得不知道是什麼概念了。郭老師講到，就連全國的節日百分之百都是祖孫三代生日的國家也叫民主主義共和國，但實際上不是那麼回事。我覺得關鍵不是看它裝的是什麼瓶子，而要看它裝的是什麼酒。曲教授提的觀點我比較認同，不管是資本主義還是社會主義，我認為人類有普遍價值觀：平等、自由、博愛和尊嚴。我覺得，對世界上的每一個國家、每一個人、每一個個體來説，不管是社會主義還是資本主義，普遍價值觀是所有人類追求的共同目標。

我的問題是，我們的動力從哪兒來？是來自於官方、民間社會還是來自於在座的各位知識分子和教授？從中國

過去的經歷以及東亞這些國家的經歷來看，社會的進步必須靠一個偉人來推動。我覺得在中國文革以後，鄧小平在關鍵的歷史時刻有這個動力去推動社會的發展，但現在的中國似乎不具備這個條件，中國的未來是靠某個領導人來推動還是靠誰去推動？

郭道暉：推動憲政實現的動力在哪兒？為什麼八二憲法能有很多好的東西？當時 80 年代初期推進憲政運動的主要有四種力量。首先是所謂的「走資派」，他們親受文革的磨難，自己感覺到再這樣下去不行了，必須改革，必須實現法治，必須實現民主。彭真之所以坐自己黨的牢是因為沒有法治，所以在第五屆全國人大第二次會議上通過了 7 個基本法律，這是空前絕後的。那時候的很多條文規定都是針對文化大革命，包括自己親身遭遇的問題。二是當時知識界開展了思想解放運動和真理標準問題的大討論；三是安徽十八戶農民要搞包產到戶。四是法學界展開了民主與法制、人治與法治的討論。80 年代很開放，動力很大很足。這些方面的力量推動了改革開放。

張千帆：有消息說，今天有 500 多名隨遷子女的家長在教育部門前和平集會，這就部分回答了你剛才所說的問題。解決這個看上去很小很技術化的問題都很難，總是「研究」卻研究不出結果。如果這時候教育部有一個領導出來承諾好好地解決這個問題，這個問題可能就已經解決了。光是抗議也不會有結果，最後還得靠官民兩方的互動，但根本的力量還在民間，在大家身上。

提問：剛剛郭老師提到社會至上、人民至上，張千帆老師在他的《憲法學導論》中提出憲政有四個要素：民主、法治、自由和聯邦。那這樣一種新的社會主義如何跟憲政的這四個要素結合起來，或者這四個要素如何體現在新的社會主義裏？這是第一個問題。第二個問題，王占陽老師提到社會主義是普遍幸福，我覺得普遍幸福跟功利主義是相互聯繫的。我想請老師區別一下這兩個概念。

郭道暉：我回答一下憲政和社會主義幹嘛連在一塊，我補充一下，為什麼叫憲政社會主義？我認為憲政是規限社會主義的，只有真正實行憲政的才能叫社會主義，這是一個觀念。為什麼不叫民主社會主義？第二國際也是社會民主黨，搞社會民主主義或者民主社會主義，謝韜提倡只有民主社會才能救中國。我認為憲政社會主義和民主社會主義是相通的，這兩個沒有嚴格的差別，但我有一個觀點：憲政高於民主，因為憲政要求不只是民主、選舉，更要求權力的制約、人權的保護。另外，民主的定義為多數統治，但多數統治搞不好就變成多數暴政，文化大革命搞社會大民主，「把專政落實到基層」，到所謂的群眾專政，這是在大民主的口號下搞的，實際上是暴民政治。所以有學者講民主是個好東西，但民主是所有惡魔裏比較好的惡魔。還有一個典型案例可以說明憲政或者法治高於民主。湖南桃江縣桃花江鎮有 7 名出嫁的婦女，村裏土地賣出後不分給她們土地補償金，她們應該有權獲得，結果她們就告到法院。村民小組自以為是通過民主大多數舉手決定的：「這 7 個出嫁婦女不能算我們的人，就應該不給她們土地補償金，這是通過多數決定的，是民主的決定，不能反對。」但拿到法院去，法院判決這個「民主」決定是違反法律的，違反憲法「男女平等原則」的，判出嫁女勝訴。這就意味着憲政、法治高於民主，這是要強調憲政的一個原因。

另外，為什麼叫憲政社會主義，不叫社會主義憲政？這兩個命題相通，社會主義憲政和憲政社會主義差得不多，而我為什麼沒有提？當代憲政雖然也有各國的某些特色，但從它的基本價值觀來講，是普世的，沒有姓社姓資的問題。所以，講「社會主義憲政」隱含有憲政姓社的意思。憲政的核心價值是普世的，當然各國的憲政具體制度有所不同，有中國特色之類的，但基本的價值是保護人權、權力制約，不僅服從多數，也保護少數，實現「共和」等等，這些也都是普世的。而社會主義不是普世的，魚龍混雜。剛才張千帆教授特別強調社會主義是搞公有制、國有制，我覺得應該說，過去列寧、斯大林搞的社會主義是這樣的，毛澤東搞的也是如此。而馬克思在晚期或中期則作了修正或發展，說社會主義應該是社會所有制，也講過要恢復個人所有制，沒有講過國有制，國有制

是列寧、斯大林提出，毛澤東繼承的。社會主義不應該以國有制為標準。後來，恩格斯強調搞股份制，説股份制是過渡到社會主義的一個很好形式，因為股份制下人人可以參股，無產者可以變成有產者。這是社會所有制，社會人人有股份，人人有產。不能把社會主義只理解為公有制。當然早期的《共產黨宣言》要徹底消滅私有制，後來馬克思改變了觀念。我覺得社會主義有多種，譬如以國有制為標準的社會主義，以馬克思後來講的社會所有制為標準的社會主義。

曲相霏：剛才有好幾位同學問王老師和郭老師，我們談的憲政社會主義與自由主義、民主社會主義等究竟有什麼區別，我不是憲政社會主義思潮陣營裏的，但我很認真的讀了一些相關文章，就試着來補充一下。郭老師談到的憲政社會主義確實包含了民主、自由、憲政、人權、法治、司法獨立、司法訴訟、違憲審查等一系列美好的價值，而這些和自由主義、民主主義是相通的。在這之外，郭老師的憲政社會主義還特別強調郭老師認同的社會主義因素：共同富裕。在郭老師的文章裏還講到追求大家普遍富裕，與共和是相通的，寬容、社會多元在郭老師看來就是社會主義因素，和王老師講的「普遍幸福」和「好社會」能夠相容起來。蕭功秦有一篇文章也講憲政社會主義，他對憲政社會主義有一個評價，説憲政社會主義具有非常大的包容性，它能夠和我們前面談到的那些自由主義等價值相通。由於他又特別強調社會公平和共同富裕，所以和左派之間也有一定的共識，具有非常大的包容性，可接受性。它能夠囊括一系列美好價值，而又能夠使社會當中的最大多數人，尤其是那些難得同意的人（很難讓他們同意自由主義價值的那些人），在接受憲政社會主義這個概念時能夠接受那些價值。我想這可能是憲政社會主義思潮的價值和意義所在。

郭道暉：剛才曲相霏教授的補充很重要，她是我的專職評論員。我在這裏補充一下，她講的意思是憲政囊括比較廣，剛才講憲政高於民主，憲政還包括很多要素，共和是不是也可以放進去，我們叫中華人民共和國，但我們根本沒有考慮什麼叫「共和」，共和國不是專制君主國，共和國的意思是財富共有，人民共富，共和國有人民共同富裕的意思。曲教授講的憲政涵蓋可以更廣，不但包括民主，還可以包括共和、人權等普世的價值。

王占陽：説社會主義就是普遍幸福，這是不准的，社會主義是普遍幸福主義，必須有「主義」兩個字。主義是一個標誌價值選擇的範疇，民主不等於是民主主義。自由、民主等幾個不同的價值，哪個至上很關鍵，這有價值取向，也就意味着一套價值體系。普遍幸福是結果的狀態，而普遍幸福主義是指普遍幸福是我們追求的最高價值目標，為了達到這個價值目標需要一大套東西才能實現，譬如普遍自由、普遍民主等一大堆東西合起來才能達到普遍幸福的結果。光説社會普遍幸福不是我的命題，那只是社會主義最後一個結果，這裏有差別。

剛才問普遍幸福跟功利主義有什麼區別。我形成想法時根本沒有理會功利主義，是我自己所想的。後來我發現功利主義的問題比較大，最大多數人的最大幸福，那誰是少數？百分之五是少數？在中國百分之五就是六千萬人，那六千萬人就不要幸福了？普遍幸福是每一個人的幸福，普遍是指每一個人。

> 提問：我是來自中國政法大學的本科生，我根據自己實習的感受請教你一個問題。我接觸到一些基層群眾，他們在北京打工，沒有住房，經濟收入比較低，很多人不具備識字能力，而且對法律也缺乏明確認識，對法院和檢察院的職權存在認識偏差。但是，通過普法的方式，這些人能夠尊重法律，並且通過法院起訴，也相信法院的公正。對於這樣的一些基層群體，他們如何維護自己的權利？我們作為法律人能夠通過什麼樣的方式來幫助他們實現或者維護自己的權利呢？

郭道暉：你這個問題在你的中國政法大學講四年都講不完，比較大。我們這些法學人提出我們的觀點來支持，譬如對於烏坎事件，我們也提出各種看法促使政府正確處理。最近吳英案馬上由最高人民法院來審核是不是判死刑。針對吳英案[2]，很多法學人提出不

---

2. 2007 年 3 月 16 日吳英因涉嫌非法吸收公眾存款罪被逮捕。2009 年遭判處死刑，2014 年從死緩減刑至無期徒刑，2018 年再由無期減為有期徒刑 25 年。

同看法，這就促使政府或者執政黨考慮這些問題。我剛才講，動力來自於公民社會，來自於人民群眾，現在很多事可以説明這一點。最早像孫志剛事件，湖北一個大學生到廣州去，因為沒有帶暫住證被收容審查後活活被打死。《南方都市報》報出，北京大學三個博士生向全國人大常委會提出申請，要求審查《收容遣送辦法》，輿論一片響應，為孫志剛説話，最後國務院將收容遣送改為救助管理。法律人發揮自己的作用有很廣闊的場所。當然這個問題不是那麼簡單，還要我們不斷地奮鬥。像我這樣的「80後」看不見了，但很多真正的80後可以通過你們的努力，可以依靠公民社會來促使國家執政黨推進改革，加強憲政的建設，走向憲政。

張翔：今天講座的題目叫做「三十而立——八二憲法回顧與展望」。我最後希望四位老師用一句話描述一下你們心中中國未來的憲政遠景是什麼樣的，因為我們知道民主憲政是世界的潮流，「四大文明古國」之一也不可能永遠就這麼下去，中國的憲政一定會實現。我想聽一聽四位老師心目中的未來中國憲政是什麼樣的。

郭道暉：完善與實施憲法，走向憲政社會主義。

王占陽：我昨天晚上剛寫完一篇文章，叫《中國選舉改革大思路》。我的設想是大約用20年時間，中國初步達到憲政民主，再用20年時間達到國際標準的憲政民主。

曲相霏：再過幾個小時就是2月24日，2月24日是一個值得紀念的日子——胡適先生逝世50周年。我對胡適先生的思想很贊同，他説過一句話跟我們今天的主題相關：多研究些問題，少談些主義。其實他自己也有主義，叫健全的個人主義。這個主義不是單純為自己個人着想，而是能夠承擔責任的、有責任感的個人主義。關於未來，我現在沒有辦法去展望，我只希望我們的社會能夠更加尊重每個個人，讓每個個人生活得有尊嚴，讓人權得到保障，這是我的願望。

張千帆：今天的講座一開始比較平靜，然後愈來愈熱烈，可惜在最熱烈時不得不結束。今晚的討論顯示，「憲政社會主義」是一個

很有彈性和包容性的概念,很有挖掘潛力。當然,無論是憲政還是社會主義都值得進一步界定。從今天幾位的精彩發言中,我感悟最深的一點是憲政和社會主義之間的關係。郭老說「憲政社會主義」不是「社會主義憲政」,非常重要。傳統馬克思主義堅持經濟決定論,當然可能有一點個人「主觀能動性」,但顯然敵不過經濟的決定性作用,經濟制度決定了一切,所以社會主義決定了憲政。按照一種比較有同情心的解釋,馬克思主義可以被解釋為贊成憲政主義,但前提是社會主義,資本主義的民主肯定是「假民主」。今天提出憲政社會主義概念則強調一個重要認識,那就是兩者之間的關係恰好相反。用一句話概括今天幾位的觀點:民主、法治、憲政這些所謂「上層建築」的東西並不是簡單地被某種經濟體制所決定的。恰好相反,它直接決定了所謂的資本主義或社會主義的運行狀況。憲政是包括社會主義在內的所有美好東西的前提。沒有憲政,就不可能真正兌現社會主義的承諾。

三

憲政的科學內涵及其意義

時間： 2012年3月23日

地點： 北京大學法學院

主講人

李步雲： 著名法學家，中國「法治三老」之一。1933年出生，湖南婁底人。1965年畢業於北大法學院研究生畢業，現任廣東財經大學教授，中國社科院榮譽學部委員。曾任中國社科院法學所研究員、博士生導師、《法學研究》主編，曾被中國法學會評為「全國傑出資深法學家」。

評議人

劉作翔： 1956年出生，甘肅平涼人，上海師範大學法治與人權研究所所長，哲學與法政學院光啟學者特聘教授，曾任中國社會科學院法學研究所研究員、學術委員會委員、《環球法律評論》雜誌主編。

王磊： 1965年出生，安徽合肥人，北京大學法學院教授、博士生導師，中國憲法學會副會長、北京市憲法學會副會長，北京市人大常委會立法咨詢專家，畢業於北京大學法學院，先後獲學士、碩士和博士學位。

張千帆：歡迎各位來到憲政講壇第 7 次講座，這個講座繼續由北大法學院人大與議會中心、北大法學社、騰訊燕山大講堂一起合作舉辦。今天很有幸請來了德高望重的李步雲老師，加上先前請來的江平老師、郭道暉老師，中國的「法治三老」就請全了。

在「三老」當中，李老師是最年輕的，但是馬上也要八十了，精神還是非常矍鑠，不僅思維敏捷，而且行動也很敏捷，在多處擔任兼職，現在是中國社會科學院榮譽學部委員，廣州大學人權研究中心主任，同時還是湖南大學法治與研究中心主任。李老師和北大很有緣，是北大老校友，從 1957 年進校以後，在北大學習工作長達十年，後來才去了社科院工作。今天很高興李老師能「回家看看」。

改革開放以後，李老師一直非常活躍。1978 年在《人民日報》上發表了〈堅持公民在法律面前一律平等〉一文，是改革開放時第一篇具有重大影響的法學文章。1979 年發表了關於「依法治國」以及「人權」方面的兩篇論文，產生了廣泛的影響，可以說是中國最早論述法治的一位富有影響的法學家。1980 年到 1981 年，他去中央書記處工作，當時正好起草八二憲法，他親歷了八二憲法制定的整個過程。縱觀李老師的治學經歷，可以用「著述等身」四個字來概括。他獨著、合著、編著有 30 本著作，在《中國法學》、《中國社會科學》和《法學研究》三大期刊上發表了 30 篇論文，成就輝煌，在《人民日報》、《光明日報》上也發表了多篇論文，對中國的法治進程了產生了重大影響。今天非常有幸請他來講憲政問題，因為今年是八二憲法頒佈 30 周年，雖然憲法頒佈了 30 周年，但憲政的實際狀況卻並不令人樂觀，因而我們非常希望聽到一位八二憲法親歷者對它的看法。

同時，今天參加我們講座的還有兩位評議人：一位是中國社會科學院的劉作翔教授，他是李老師的高足。名師出高徒啊，劉老師對李老師的學術思想把握非常精準，在法學理論和憲法學上的成果也很多，在法學界產生了廣泛影響。另一位是北大自己的王磊教授，也是我的同行。大家可能都知道，他曾經以專著的方式提出「憲法司法化」的概念，可惜這個概念近幾年不讓提了。我認為這個

提法本身是否合理、中國憲法是否需要「司法化」等問題可以商榷，但言論應該自由，不讓説話總是不對的。

下面就請李步雲老師做「憲政的科學內涵及其意義」的報告。

李步雲：各位老師和同學晚上好！非常感謝張千帆教授和他的同事今天給我這麼一個機會，讓我能夠第四次回到我的母校來做演講，和在座各位進行一次學術交流。我於 1957 年進入北大，北大當時是五年制，是全國唯一的一所法學院，1962 年畢業。後來繼續留在學校當研究生，導師是法學泰斗張友漁。1962 年是唯一的一次，社科院的著名學者在北京大學招研究生，由中央發聘書。當時沒有學位，1965 年畢業。畢業以後，我留在學校工作了年 2，後來隨着導師張友漁和社科院的法學研究所所長到法學研究所工作，到今天已經 45 年了。這一生裏，我的青春除了在朝鮮戰場上度過，就是在北大了。我現在正在撰寫回憶錄，書名叫《我的法治夢》，其中有兩章半涉及北大。〈沐浴在燕園的陽光裏〉，是我的大學生活；〈在法學泰斗的指引下〉，是我的研究生生活。我在齋堂半工半讀，在公社當公社工作隊長搞「四清」也是在北大，這些都給我留下了非常美好的印象。如果説我這一生還有一點什麼成就的話，我首先歸功於北大，歸功於北大的傳統，就是民主、科學。民主就是要政治上開明，科學就是要思想上嚴謹。而且，北大給了我很大的榮譽，我的第一份榮譽就是北大給我的。1962 年新華社、《人民日報》報道北京大學 1962 年畢業生都很優秀，舉的例子就是我。當時我的碩士論文也在法學界引起了很大的震動，《北京日報》專門採訪我一個星期，做一個長篇報道，這是北大給我的第一份榮譽。因此，我的成長與北大分不開。

我感到我這一生裏有兩點值得驕傲：一個是民主思想，另一個是絕不説假話。我現在出了 30 多本書，300 多篇文章，自己感覺還沒有一個觀點是離經叛道或者是錯了，儘管我的創新觀點很有限。這與我在北大所受的教育無法分開。所以，我今天回到這裏來，跟在座各位進行交流，我以自己是一個北大人而感到自豪，我也希望在座的各位老師和同學也應當以我們大家都是一個北大人而感到自豪。

　　張千帆教授跟我商量說，憲政概念涉及一系列重大的理論問題和制度改革的設計問題。我想來想去，還是講一個最基礎性的問題：憲政的概念和它的意義。為什麼我選這樣一個題目而不是選擇憲政領域某一個重大理論問題？原因在於直到現在，有關部門仍沒有承認「憲政」這個概念的科學性與重大意義。前年我和張文顯教授相約，以湖南大學和吉林大學理論中心的名義共同舉辦一個憲政研討會（在長沙）。為了在全國範圍內擴大憲政概念的影響，進一步澄清一些認識，特別是想影響一下中央的態度，特意請了《人民日報》、《光明日報》理論部的負責人參與會議。很遺憾，會後他們說「憲政」這兩個字不能報道。究竟是什麼原因會引起中央有關部門這樣一種態度？多數部門並沒有禁止，譬如 2002 年提出 50 個創新基地，其中就有社會主義憲政，《國家社科指南》[1] 也曾提出過社會主義憲政概念。我猜想，中央有關部門的態度很可能是受到兩位教授的影響。中國社科院政治學研究所前所長王一程和中國政法大學陳紅太教授合寫了一篇文章〈關於不可採用憲政提法的意見和理由〉，在中國社會科學院《理論研究動態》2004 年第 11 期發表，後來這篇文章在網上廣為流傳。中國社科院的《理論研究動態》（是一個內部刊物）經常引起中央領導的關注，所以我想可能和這個簡報有關。儘管國內學者對憲政概念持否定態度的人寥寥可數，但由於王一程教授的地位和他影響了一些領導人的看法，所以有關部門不允許在黨報和最關鍵的報紙上使用這個詞。因此，我今天着重評論一下這兩位教授提出的反對使用憲政概念的觀點。我認為這些觀點不科學。

　　關於憲政的概念，國內和國外都有不同的定義。我認為這些定義大致有一個框框，但每個定義我認為有兩個不足：一是過於抽象，二是過於窄。比較典型的憲政概念是指公民權利的保障。在國內，據我所知，「憲政」這個詞引起了學術界的廣泛關注始於 1991 年。有三次會議起了重要推動作用。一次是 1990 年人民大學召開的一個憲法研討，我有參與這個會。會上曾提出憲政三要素：民主、法治、人權。第二次是 1991 和 1992 年以我為首、張文顯等人

1.《國家社會基金項目選題指南》——編者註。

參加的一個課題組，召開了「比較憲法學和憲法比較研究」兩次國際研討會。這次會議就憲政問題做了廣泛的探討，我也發表了一篇文章〈憲政與中國〉，也是提出三個要素：民主、法治、人權。1992 年我在美國哥倫比亞大學參加了由路易斯・亨金（Louis Henkin, 1917–2010）[2] 等三個著名學者主持的一個學術研討會，這篇〈憲政與中國〉論文就是對那次會議上我的基本觀點的一個總結，一共 34 條，34 個觀點，當時也是提三個要素。我個人在近年又寫了文章，增加了一個要素。所謂政治文明，要兩個字概括就是憲政，要六個字推演就是民主、法治、人權，或者四個要素就是十六個字：人民民主、依法治國、人權保障、憲法至上。這四個要素的由來，是考慮到一部好的憲法必須體現三大現代原則：民主、法治、人權，而這樣一部憲法必須得到最嚴格的遵守，有至高無上的權威，不是一紙空文，這樣才是憲政。這和最近幾年胡錦濤同志在多次場合提到「依法治國首先要依憲治國」相一致。中共中央、國務院辦公廳專門發了一個文件要貫徹憲法，提出的口號是「依法治國，根本問題是依憲治國」。我個人認為，作為中央領導機關和領導人有這樣一種認識是觀念上的進步，和我在此之前寫的文章〈依法治國重在依憲治國〉的觀點一致。考慮到憲政的實質內容是民主、法治、人權，而形式內容是憲法要有權威，這兩個方面加起來，我認為就是憲政。這麼一個概念和目前國內國外所有概念比較起來，更加概括，能夠涵蓋國內國外關於憲政的具體論述。記得 1992 年，哥倫比亞大學的路易斯・亨金教授提了一個「憲政十三要素」，其中包括民主選舉、軍隊國家化、權力制約、權利保障等，但我個人認為，所有這些都可以用民主、法治、人權歸納起來。這三個是最上位概念。這是我的個人觀點。

最近有幾個憲政社會主義的研討會，很遺憾，因為我工作忙，沒有參加。我認為，這是一種進步的積極舉措。憲政社會主義概念究竟能不能推演出科學的概念，能否站得住腳，是否全面，這可以探討，但它把憲政納入社會主義，我是贊同的。既然要談整個社

會主義制度，當然要搞清楚什麼是社會主義。我最近在一系列演講中，包括在重慶的演講，大膽提出我自己的歸納。我說，社會主義是一個什麼樣的社會？是一個人人自由、人人平等、人人富裕、人人享有憲政文明的社會。鄧小平關於社會主義有一個廣為流傳的定義，三條：解放和發展生產力，公有制為主體，最後實現共同富裕。他說得也對，但我認為還不是太好，因為解放和發展生產力，公有制為主體都不是目的，而是手段。就主體來說，如果公有制為主體這種經濟模式不能像西方那種經濟模式那樣更快地發展生產力，並且國家沒有強大的力量來保障在市場經濟條件之下實現共同富裕，那麼公有制為主體就沒有任何意義。我曾說過，公有制不能當飯吃，人活着要吃飯穿衣。為此，我大量引證馬克思的著作。譬如，馬克思在《資本論》和其他著作中多次講過我們的理想社會，最簡明的一個表述就是要實現人類自由而全面發展的社會。恩格斯在世時，有一個報社編輯曾問他，能否用一句話來概括你們要的社會主義究竟是什麼？恩格斯說，「我願意用《共產黨宣言》的一句話來回答你，我們的理想社會是一個個人自由的共同體」。個人自由、人人自由，大家都自由。

從新中國成立到改革開放前夕，在社會主義實踐裏，我們的制度設計有錯誤。政治上、經濟上權力過分集中造成自由太少，平等不足，造成了吃大鍋飯的狀況。改革開放以來，我們取得了世界經濟發展的奇跡，在政治、文化、社會各個領域也取得了舉世公認的成就。我們可以把所有的政策歸結為兩個字：鬆綁。擴大地方、企業事業單位、國家機關、勞動者個體的自由度，充分調動方方面面的積極性、主動性和創造性來創造更多物質財富和精神財富。我們過去害怕提自由，把自由說成自由主義，說自由主義是不好的東西，這種觀念是完全錯的。人人自由、平等是《共產黨宣言》裏的一句話，是共產主義的一個論據。共產主義之所以倡導革命，是因為社會太不平等。為什麼那麼多人都處於基本貧困的境地？所以，要實現社會平等是共產主義的一個論據。馬克思多次講，能夠做到各盡所能、各取所需就能共同富裕了，而且要人人享有憲政文明。我理解這就是民主。在一萬年以後，不管社會變成什麼樣子，所有

老百姓都應當是國家的主人,應當依照規則、依照法律或者未來的規則來治理國家與社會,不能個人說了算,公民的各種權利都能得到最徹底的保障。上面,我說了一下把憲政引入社會主義概念的問題,我的文章和演講公開表明了我的態度。

回到我對王一程、陳紅太兩位教授的 8 點質疑時,我想嚴謹一點,有些得引用他們的原文。這篇文章我沒有寫出來,過來接我的時候是四點半,我還在寫。他們的這個稿子,我帶在身邊有將近一年多了。因為我是「天上飛人」,到處跑,飛來飛去,我的箱子裏總有他們的這篇文章,但我實在太忙了沒有時間寫。今天我得感謝千帆給我這樣一個機會,上午和下午寫了 6 個小時,還沒有寫完。

我們講憲政,首先要在概念上有一個定位,要說服中央領導人不要怕,用不着怕,而只有高舉憲政旗幟,執政黨才能保持自己的地位,民族才能偉大復興。我最近在重慶的領導班子裏講過一次課,說到中華民族要偉大復興,執政黨地位要鞏固,做到 12 字就可以,做不到就不行。首先,促發展、保民生。這兩條我有信心,未來二、三十年保持 GDP7.5% 的速度,處於全世界領先地位可以做到。如果按照現在的指導思想繼續搞下去,我們的民生或者基尼係數達到 0.3 以下,未來二、三十年也是可以的。第三是反腐敗,這比較麻煩。腐敗影響着黨的形象和地位,也影響我們的國家繁榮和百姓安康。儘管現在領導層已經意識到這涉及黨的生死存亡,但解決這個問題非常之難。第四,行憲政。反腐敗最根本的問題是制度問題。如果不搞憲政,腐敗的問題就不能從制度上根本解決。民主、法治、人權做得不好,腐敗是難以解決的。所以,歸根到底要落實到憲政。而這一點我最擔心,因為「憲政」這個詞有些人害怕,這導致我們舉步維艱。儘管三十多年來民主、法治、人權有很大進步,但每進一步都要費很大的功夫。無數學者、廣大人民群眾在推動它,當然黨內也有開明的政治家在推動它一步一步走過來,但我們的路還很長,要達到理想的憲政狀態大概還得 30 年。

下面我說說王一程、陳紅太兩位教授提出什麼樣的觀點反對憲政。第一,他們說:「中國部分學者認為『憲政是以憲法為前提,以

民主政治為核心，以法治為基石，以保障人權為目的的政治狀態或政治過程』。這一類概念明顯受英美憲政理念和模式的影響，沒有區分馬克思主義與自由主義、社會主義政治與資本主義政治的本質差別，沒有揭示憲政的階級實質。」這是他們講的。在當代中國，絕大多數人對憲政概念的理解同執政黨領導人和理論家歷來的看法是一致的，他們對政治體制改革的建議都沒有超出體制允許的範圍，他們想着民主、法治、人權，都是堅持中國特色社會主義性質。主張全搬照搬西方政治體制模式的學者，屬於極少數。以其中極個別人的激進觀點作為理由，曲解中國絕大多數學者對憲政的理解，這是不符合事實的，思想方法也是不正確的。因為民主、法治、人權等抽象概念是全人類共同創造的文明成果，並非西方的專利。我們講民主、法治、人權有其自己的理論內涵和制度設計，西方和我們不是完全相同的。所以，不能說憲政就照搬了西方，這個邏輯是說不通的。我們黨十七大說人民民主是社會主義的生命，依法治國、保障人權寫進了憲法，講的也是民主、法治、人權。上了憲法，上了黨的綱領性文件，能有什麼錯？繼承西方了嗎？顯然說不通。

第二，兩位教授提出：「毛澤東等老一代無產階級革命家在抗日戰爭時期講憲政，是有特定歷史背景的。抗日戰爭時期屬於新民主主義革命階段。憲政是民主主義革命追求的目標。當時，我黨和毛澤東同志講憲政，主要是與國民黨搞假憲政進行鬥爭。」大家知道，黨內的新民主主義革命和舊民主主義革命有本質區別，是屬於社會主義的範疇，是社會主義的準備階段。新民主主義上升到憲政，是因為毛澤東在延安憲政促進會上發表了《新民主主義的憲政》的著名講話。在新民主主義革命時期可以講，在社會主義國家不可以講，這是什麼邏輯？過去喊得這麼高，現在不講了，這是什麼意思？所以這一條理由也站不住。

第三，兩位教授說：「中國政治體制存在的主要問題，不是解決如何限制政府權力、保障公民權利的問題，而是鄧小平所說的『民主的制度化和法律化』的問題。」廣大國內外學者有一個共識：憲政、民主、法治概念的核心問題就是限制政府權力，保障公民權利，沒有這個限制權力，沒有這個人權保障，不存在現在的憲法，

這已經成為廣泛的共識。而且黨內已經認識到這一條，十七大報告通篇講自由權利，不要權力腐敗，這非常之多，非常之強烈，怎麼不是憲政的重要內容？還有人權保障寫進憲法，等等。所以說，鄧小平的民主制度化、法制化是法治的一個重要內容，但非全部。民主法制化和法制民主化是民主和法治這兩個概念銜接交叉的一個連接點，是把民主和法治連接起來，使其相互滲透和相互作用的一個最基本表現。所以，我們講自由權利、保障權利涉及人權和民主，民主關係到自由權利，保障公民權利就是保障人權。而且，民主法制化和法制民主化不矛盾，是從不同角度賦予這個問題不同的意義，這些問題都是常識性問題。而他們把這兩個割裂開，說這不是政治理論改革的觀點，這個說法是不對的。

第四，兩位教授說：「如果把依法治國等同於『憲政』，撇開堅持黨的領導、人民當家作主，只講依法治國或『憲政』，那就不是社會主義民主政治了。」也許有個別學者把憲政這個概念簡單等同於依法治國，認為依法治國就是憲政，但我還沒有看到。我也沒看到主張憲政的人就否定或者根本否定黨的領導、人民當家作主、依法治國三者的統一。即使有個別人對這個持保留態度，但也不影響憲政概念的科學性。所以兩位教授這麼提出來，理由有點無的放矢。

第五，他們說，「我們是社會主義國家。在中國，國家與社會、政府與公民不是對立的。社會主義市場經濟不必然形成國家與社會分離的社會結構」，還說「個人權利與自由神聖不容侵犯，這些在西方被奉為圭臬的自由主義信條，不符合中國國情」。這兩句話不科學甚至走樣了，為什麼？國家和社會、政府和人民不是必然對抗的，但兩者之間始終存在矛盾，有可能激化矛盾，官民關係或者國家管理和社會自治的民意可能發生衝突，這是客觀存在的，不一定有對抗，但很可能有對抗。怎麼解決？要靠憲政，靠民主、法治、人權來解決這個問題，沒有其他辦法。所以說，個人權利和自由神聖不可侵犯，這不是資本主義原則，社會主義也需要。個人權利和自由不能隨便侵犯。神聖是對的，就應該是神聖的，就是不能破壞的。這不是資本主義的專利，社會主義應該更加神聖，這才對。所以他們的說法很不妥當。

　　第六，兩位教授說：「憲政問題的提出和討論不是一個純學術的問題，這裏面必須警惕國際背景和政治企圖。西方敵對勢力和海內外自由化分子無不力主憲政。他們把憲政看作是最有可能改變中國政治制度的突破口。」這是少數老左對主張改革的人慣用的一個大帽子，動不動就說敵對勢力，說西化，但這是沒有根據的。他們還說，「主張司法獨立、權力制衡、有限政府，實質是要改變人民代表大會的政體」。誰說要改變人民代表大會制度了？只是說制度設計沒有到位，沒有哪一個人說我們的制度根本不好。我在 1996 年提出了人大制度 12 個改革意見，後來大致被採納，但這些意見沒有根本否定這個制度本身。所以，司法獨立有什麼錯？當初解放區的憲法性文件就提司法獨立。八二憲法起草時，葉劍英委員長代表黨中央主持會議的第一次報告是我起草的，那一次明確寫了司法獨立、民主立法應成為八二憲法的兩項基本原則。「四人幫」審判 [3] 以後，中央叫我起草一篇文章以代表中央說話，後來發表在《人民日報》1981 年 11 月 21 日，題目是《民主法治里程碑——評審判林彪、江青反革命集團》。我們當時總結了 5 條經驗：司法民主、司法獨立、實事求是、人道主義、法律平等，這次審判體現了這五項原則，標誌著我們國家已經走上了依法治國的道路。這篇文章是《人民日報》以特約評論員的名義發表的，是中央很多領導看過後才發表的。為什麼司法獨立就不能講了？現在司法獨立存在的問題最大，這個問題是憲政的要害問題。某個領導或政法委開會統一思想，這是違憲的。因為憲法明確規定，審判權是人民法院行使的，能說人民法院之上還有一個人？某一個機關可以恣意地定一個罪，這不是違憲嗎？趙作海案、佘祥林案都是政法委統一思想的結果。權力制衡，是黨內黨外幹部、人民群眾都意識到的，這有什麼錯？我們的憲法為什麼要設置國家機構這一章？主要是為了限制政府的權力。總理，國家主席乃至常委會有什麼權力，都在憲法中列出來，不能亂來，只能有這麼幾條，否則就是越權、非法。選擇一個不受限制、可以任意作為的政府是不得了的。

---

3. 「四人幫」在中國共產黨「無產階級文化大革命」時期，即 1966 至 1976 年形成的政治集團，成員包括王洪文、張春橋、江青和姚文元。

第七，他們說，「在民主、法治、人權取得了歷史性進步的情況之下，再採用 50 年多來我們一直不使用的『憲政』提法，有什麼必要性和實際意義呢？」這兩位教授不知道實際情況。我有一篇文章〈憲政的概念及意義〉（現在還沒有發表），文章的下半節就是給這兩位教授上課。1954 年憲法是受中央委託，劉少奇做的報告，這部憲法的制定總結了中國近百年憲政運動的一個經驗。現任人大常委會委員長吳邦國在十一屆人大期間有過一次重要講話，說 2004 年憲法修改主要是人權保障、私有財產保護等，是中國憲政史上的又一個里程碑。兩個委員長都講過憲政，不是 50 年以後沒有講過。憲政概念的提出沒有西化的背景，不存在這個問題。說我們在座幾位因為受西化的影響今天大講憲政，不是那麼一回事。現在的政治體制需要改革，要把民主、法治、人權、憲法至上這四個理念進一步推進，用一個概念來涵蓋它，這就是憲政。因此，如果說有背景的話，不是西化的背景，是國家發展階段所要求的。我相信 99% 主張在中國搞憲政的學者不是受西化的影響，而是憂國憂民，希望把我們的政治體制往前進一步推進。「政治體制不深入改革，文化大革命會再次出現」，這句話是溫家寶總理在記者招待會上講的，是今年的一個最大亮點，引起國內國際高度關注、高度評價。

第八，他們說，「『憲政與社會主義是否相容』這樣的基礎性問題也沒有解決」。憲政與社會主義是否相容？基本東西大家認可，但在理解上都會有差別，這個認識統一是相對的。按照憲法主張憲政，學者們有基本的範疇，離不開四個基礎性概念。要求概念統一，可能嗎？有必要嗎？所以，兩位教授的說法是不科學的。憲政和社會主義連在一起，我前面已經解釋了，到一萬年以後也是人民當家作主，也是按照規則治理國家，也是權利得到充分保障，一萬年也是這樣，這是未來文明社會的一個重要標誌。

張千帆：剛才李老師用自己的親身經歷正本清源，駁斥了某些學者誤導我們國家領導人的觀點和主張。希望憲政真正成為我們國家的常識，尤其是領導人不要犯常識性的憲法錯誤。下面有請劉作翔教授評議。

劉作翔：很高興有這個機會和大家交流。北京大學和我們社科院法學所有着很深厚的淵源，我們現在工作的地點沙灘是老北京大學的所在地，我們現在的辦公樓就是老北京大學的一個地質館。我最近看到一篇介紹司徒雷登與中國的文章，得知現在的北京大學所在地是過去的燕京大學老址，燕大是由司徒雷登創辦的。

北京大學在中國一直是領思想之先的地方。人們對北京大學有很多評價，但我最看重的是她的領思想之先。我們院子的對面是現在的《求是》雜誌社，雜誌社北邊是老北京大學的辦公樓主樓紅樓，紅樓的後面是五四廣場，是「五四運動」的發源地。北大的傳統是五四後延續下來的一個傳統，包括蔡元培校長提出的「兼容並包」，還有陳寅恪老先生提出的「獨立之精神，自由之思想」，這些一直是北京大學的傳統。

我們今天討論的問題是關於憲政的問題。剛才聽了李老師關於「憲政的科學內涵及其意義」的講座，他從歷史到現實進行了一個梳理。剛才張千帆教授也介紹了李老師。他是我的導師，多年來一直處在思想的前沿陣地。他身上傳承了北京大學領思想之先的傳統，所以他一直很敏銳地關注着前沿性的問題。他剛才給我們講了近 30 年來他對民主、法治、人權、憲政等問題的高度關注，而且他也親身參與了這些思潮的變化、演變的過程。所以，他對某一種思潮、思想或某種概念的前後的歷史演變過程比我們更清楚、更熟悉，我們畢竟沒有經歷過他所經歷的年代。

李老師在憲政問題上最大的學術貢獻，就是剛才他談到的憲政三要素，現在又發展成憲政四要素，即民主、法治、人權、憲法至上。關於憲政的這樣一個理解影響很大。當然，我也一直在考慮憲政三要素的說法。如果把憲政也作為一個概念，憲政、民主、法治、人權如果是四個獨立的存在，它們四個之間到底是什麼關係？是環環相扣的關係還是一個相互涵蓋的關係？按照李老師的理解，要做到憲政，必須具備民主、法治、人權，這樣才能組成憲政的存在。在李老師的理解裏，不管是三要素還是四要素，都是一種涵蓋關係。達到憲政，必須具備四要素，如果沒有這四要素的存在，憲

政是不成立的或者是不存在的。這樣就變成一種涵蓋，即憲政包含了這三個要素或四個要素。

但，是不是還有另外一種理解？我一直在思考這個問題。如果把憲政也作為一個獨立的存在，在憲政、民主、人權、法治它們之間是否也有一個互相影響的過程？這是另外一種思路，不是建立在涵蓋關係上。另外，我們能否認為憲政也是法治的構成部分、民主的構成部分？憲政是否是人權的構成部分，這不太好說。如果說法治國家不是一個憲政國家，能講得過去嗎？民主的國家不是憲政的國家，能講得過去嗎？從這個角度來說，它們之間就成為一個互相制約、影響、照應的關係。當然這裏面有不同的理解。

總的來說，李老師關於憲政的思想，啟發我們來思考中國的憲政問題。

我受他啟發，談一下我個人對憲政的幾個觀點，也是和大家交流，不對的地方希望李老師、王老師、千帆教授以及在座的各位批判。

第一個觀點：憲政是法治的應有之義。

談法治必須要有憲政，沒有憲政，法治是不成立的，這是我的一個觀點。為什麼這樣講？從 1996 年正式提出依法治國、建設社會主義法治國家的命題開始，到現在對法治有很多解釋。但我認為有一個最經典的解釋，法治就是法律的統治。雖然對法治可以做很多分析，但「法治就是法律的統治」是對法治的最經典的詮釋。在中國說法律的統治時，很多人會認為這是西方的經典說法，其實，依法治國就是法治概念在中國的演變，法治變成依法治國，在中國，法治就是依法治國。

現在，在依法治國的大命題之下逐漸向依憲治國推進，至少在理論層面向依憲治國層面推進。依憲治國是什麼意思？就是剛才李老師表達的憲法至上的意思，憲法是整個國家的最高原則和準則，除了憲法沒有別的至上，這就是憲法至上。如果從這個角度來理

解，憲政就應該是法治的應有之義。建設社會主義法治國家，若離開憲政肯定是很難的。所以，在中國法治國家建設過程中，憲政應該包含其中。

第二個觀點：憲政是法治發展的高級階段。

儘管我們説憲政是法治的應有之義，但憲政是法治發展的高級階段。憲政對法治所提出的要求很高，不是停留在法治的初級、低級階段。我們對法治有很多研究，提出了形式法治觀、實質法治觀，等等，有很多爭論。我們對法治發展階段也有不同的理解，譬如到現在為止，中央還認為中國是社會主義的初級階段，那麼初級階段的法治是一個什麼形態的法治？我認為，初級階段的法治，用一個不太確切但比較形象的説法就是低級階段的法治。初級階段和低級階段有相呼應的地方，但在價值評價上低級階段似乎含有貶義，實際就是如此。法治離不開社會的發展階段，離開了社會及其發展階段，法治也就離開了其存在基礎。所以，改革開放三十多年來，中國法治的發展離不開中國社會的發展，這是一個基本的判斷。至於法治能否超前或者超越社會發展，這是另外一個重大命題。有的學者認為，法治作為一種上層建築、意識形態、制度結構，應該能夠超越社會發展階段，但從法治的社會屬性及其特點來講，它要超越於社會發展階段是比較困難的。這又涉及很多命題。譬如，多年前一直討論的超前立法問題，有很多學者認為立法是可以超前的。這個問題很重大，到現在為止還沒有討論清楚。法律能不能超越社會發展階段？有些學者舉出很多例子，舉了當年外資企業法，舉了後來的民告官的行政訴訟法，認為這些法律都是超前立法的典範。但超前是超什麼？是超越社會關係還是超越什麼？法律是對一種社會關係的確認，有了這樣一種社會關係，法律才能對它確認，在沒有這種社會關係的情況下能否制定一部法律，放在那兒，等有了相應的社會關係以後再來調整它？到目前為止還沒有一部法律是這樣的法律。《外資企業法》、《行政訴訟法》等，都是社會關係已經客觀存在了。譬如民與官的關係是自古以來就一直存在的一種社會關係，由於我們的法律滯後，一直沒有解決這個問題，所以後來制定行政訴訟法才來解決這個問題。官民關係不是由行政

訴訟法製造出來的一個社會關係，而是已經客觀存在的現實社會關係，然後才有我們相應的法律來調整這種社會關係。所以，法治的發展不能超越社會的發展階段，這是我們應該考慮的問題。

為什麼說憲政是法治發展的高級階段？這和現在對中國法治發展的現實狀況的判斷相聯繫。我們現在的法治是初級階段的法治，發展水平較低。僅從立法層面上看，儘管 2011 年全國人大宣佈中國特色社會主義法律體系已經形成，但還是處在初級階段狀態。我們的法律缺口還是很大的，法典化程度還很不高，像民法典這樣的重要法典還沒有制定出來（當然對中國走不走法典化存在爭議），所以不能對我們的法治現狀給予太高的評價，社會的發展階段決定了法治是初級階段的法治。

說憲政應該是法治發展的高級階段，大家可能會說，照這麼講現在就不能提憲政了？我覺得不能這麼理解。憲政體制和狀態隨着法治的發展應該不斷向前推。憲政是一個實踐狀態，也是一個不斷發展的狀態。這樣一種制度實踐狀態要有前提和基礎，沒有這些前提和基礎，光喊這些東西是沒有用的，也是不現實的。這些年我悟出來一個道理：我們不可冒進，中國的改革是漸進式的改革，中國的法治也是一種漸進式推進的法治，憲政也應隨着法治的推進不斷完善。有沒有一個理想的模式？可能在每個研究者的腦子裏都有自己的理想模式。但不管按照哪一種理想模式，不管是有還是沒有，現實的狀態都不是我們理想中的狀態。所以，我提出憲政是法治發展的高級階段。高級階段的標誌是形式法治和實質法治的高度結合。現在能夠做到的是形式法治，就是依法辦事。當然，這並不意味着對法律本身不提出價值要求，譬如良法問題，形式法治也要有良法，但形式法治主要強調的是依法辦事、按規則辦事。中國在法治方面面臨的問題很多。最近兩年我一直在思考，發現中國現在規則意識的缺乏是一個最嚴重的問題。我們的規則無處不在，但不守規則的行為和現象也無處不在，很多人間悲劇和災難都是由不守規則引起的。譬如火災、瓦斯爆炸等等，原因很複雜也很多，但有一個共通的原因，就是不守規則。形式法治主要強調遵守規則，依法辦事，到了一定階段我們可能不滿足於這樣的依法辦事，就會對法

的內核提出更高的要求，也就是現在所講的良法善治，這個法必須是個好法，必須是個良法，且良法得到很好的實施。

溫家寶總理在今年人大會議的記者招待會上講了「政令不出中南海」，現在許多政策貫徹不下去。原因是民主機制用得不好，許多決策是拍腦袋拍出來的，是首長意志。有一個人寫了一篇文章，主要觀點是：即使是一個錯誤的決策，如果是通過民主的方式做出的，那麼在貫徹落實時就會順利得多，決策的執行效果會好得多。我看到這個觀點以後，不能接受，這涉及民主理念。如果一個錯誤的決策貫徹得愈順利，落實得愈好，對人民的利益損失愈大，帶來的損害也愈大。這就涉及立法，如果立法立的是一個壞法，壞法執行得愈好，所產生的法律效果也就愈糟糕，這不是我們所期望的法律效果。這樣似是而非的觀點我們要鑒別，表面上看這位作者似乎是在推崇民主，要民主化，要科學化，但實際上在這種所謂民主化的決策機制之下所決策出來的東西是一個壞東西，很多東西打着民主化、法治化的旗幟，做出來的東西對人民利益都是有損害的東西。這樣的案例很多，有時間可以再討論。所以，中國對憲政，包括法治的發展階段，還是應該有一個客觀的評價。

第三個觀點：憲政的核心內核是對權力的配置和制約。

憲政的核心內核到底是什麼？李老師講了三要素、四要素。憲政有其核心內核，就是對權力的合理配置和制約，以及對公民權利的最大化保護，能保護到什麼程度就保護到什麼程度。儘管這樣講，我個人還是認為，憲政概念有其關注的核心點，核心點是對公權力的配置和制約。這並不是我們不重視人權這一塊，但憲政最關注的是對公權力的合理配置以及對公權力的制約，這是憲政所要關心的最主要問題。憲政這個概念就天然地包含着權力制約的深刻思想。要制約權力，首先有一個前提，即必須對權力進行合理的配置，只有對權力進行合理的配置才能夠對它進行有效的制約。我們這些年研究權力制約，發現當出了問題以後對這個問題進行追究時，找不到相應的法律依據，也就是說權力配置本身有問題。

　　權力合理配置包含哪些層面和要素？在憲政層面，首先是政黨在國家中的地位問題。前幾年我們研究依法執政問題。要依法執政，政黨法的問題是繞不過去的。我們現有的法律體系裏涉及政黨內容的法律只有十多部法律，主要體現在《憲法》上，還有《公司法》、《村民委員會組織法》等法律中涉及基層黨組織的一些條款。依法執政是從依法治國大概念下引申出來的，它被定位為執政黨的執政方略。因此，依法執政是中國共產黨作為執政黨對自己提出的法治要求。通過考察我們發現，在現有的法律體系中，真正涉及政黨的法律條款很少。所以，要實現依法執政，就需要有相應的專門針對執政問題的法律條款。當然，現有的整個法律體系都應該是依法執政的法律依據，這是毋庸置疑的，但還應該有關於依法執政的專門法律，這涉及政黨在國家生活中的地位問題。我們的執政黨向國家權力機關推薦人選，修憲建議由執政黨提出，法律草案、建議、修改草案由執政黨提出，法律依據在哪裏？依據現在沒有，我們給了它一個名稱叫「憲法慣例」或者「政治慣例」，但這樣一直下去是不行的，必須有相應的法律來解決這些重大問題。中國共產黨執政是一個非常特殊的現象，所以要用法律來規制。權力這麼大，但只在憲法中規定了四項基本原則和中國共產黨的領導是不行的，在具體的法律操作層面也應該有規定，但沒有。所以，這樣的問題繞不過去，即政黨的地位問題。

　　與政黨的地位密切相關的一個問題是，「政黨的權力是不是公權力？」用憲政、法治這樣一種觀點來判斷，政黨在國家政治生活中不應該是一個公權力的存在，政黨就是政黨。馬克思、恩格斯的國家學說、列寧的國家學說以及鄧小平的思想，在這點上始終沒有退過步。這幾年學術界有「黨政一體化」的提法，還有一些學者提出「執政黨權力是公權力」這樣的命題。他們有一些論據，譬如黨委書記兼人大主任（在各省和少數民族地區），還有黨委系統的工作人員納入公務員，等等，他們以這些作為實例。但事情都在發生變化，去年年底有一篇報道，這個報道沒有引起太多的重視，即四川省開始試點市縣一級黨委書記不再兼任人大主任。這樣的變化我們要關注。過去在黨委書記兼任人大主任時，有一套合理的論證，有一套

充足的論證，現在黨委書記不兼任人大主任時，也有充分的論證，也有一套說法。這些都值得我們關注。我們談這些問題，是想搞清楚一個問題：政黨（包括執政黨）的權力不是國家權力。這是馬克思主義國家學說的核心觀點。鄧小平同志的思想是很解放的，但在這點上始終沒有退過步。黨管黨的事情，黨不能直接干預國家，黨不能代替國家、政府，不管是在他過去 30 年代的文章裏還是在後來的《黨和國家領導體制的改革》的講話裏，這一點表達得都很充分，即黨的權力不能代替國家權力。

此外，還有政府的地位和權力問題，議會的地位和權力問題，等等。議會的權力就涉及人民、人民代表的權力。現代國家的大多數都實行間接民主制，實行代議制民主形式。中國的人民代表大會制度也是間接民主制，類似於代議制民主。我們的人民代表大會制度是人民代表代表人民行使權力的一種方式。我們說，議會的權力和地位實際上是指人民的權力和地位，因為人民代表是人民一級一級推選出來的，代表人民去行使國家權力。所以，議會的權力不僅僅是人大的，實際上體現了人民在國家中的權力和地位。還有法院的地位和權力問題、檢察院的權力和地位問題、軍隊的權力和地位問題，所有這些都涉及權力的合理配置問題，這是憲政要解決的重大問題。在合理配置的前提下相應地對權力進行制約。制約非常重要，現在所有的腐敗歸結起來就是權力制約不力或沒有制約造成的，導致愈來愈嚴重的問題。

人權這一塊也應該是憲政的關注點，但相比較而言，憲政更為關注的應該是權力的合理配置和權力制約問題。

第四個觀點：憲政的基礎應該是民主制度和法治的完善。

憲政的基礎應該是民主制度和法治的完善，它們互相照應。民主制度怎麼來？民主制度和憲政有沒有關係？憲政制度設置好了，民主制度相應也是好的，因為它們兩者分不開。在某種意義上，憲政裏有民主，民主裏有憲政。但我們理解民主，有民主的側重點，理解憲政，有憲政的側重點。憲政的基礎或者憲政發展到高級階段的前提是民主制度和法治的完善。

第五個觀點：憲法的實施關係到憲政的實現問題。

憲法的實施問題、憲法的權威問題是直接關係到憲政是否在一個國家真正實現的大問題。這兩年關於憲法實施問題的討論，以及前幾年關於憲法司法化的討論，其實和這個有關係。王磊教授是這方面的專家，可能有更精彩的觀點。對於憲法和憲政的理解，我的觀點是：憲法是一個文本，憲政是在憲法文本下的制度實踐。過去毛澤東同志對憲政有一個概念。他説，什麼叫憲政？憲政就是民主政治，這是毛澤東對憲政的解釋。

我們現在對憲政的理解是，如果説憲法是靜態的，憲政是在靜態的憲法文本指導下的一種國家制度實踐。憲政是一個動態的過程，是要在政治生活裏體現出來的，在經濟生活、文化生活、社會生活中都要體現出來的，不然不足以為憲政。所以，現在有一種帶諷刺意味的説法：中國是有憲法無憲政。什麼意思？憲法是一個文本，憲法不能夠變成一個活動的狀態。當然這不完全對，因為我們的整個制度運作還是按憲法運作的，現在的問題是憲法能否在司法層面適用。現在不能説一點憲法的實踐都沒有。政府的權力，法院、檢察院的權力，從最終來源上講都是來源於人民，即人民主權，但從法律文本上來講是來源於憲法，沒有憲法的明確授予，法院、法官有什麼權力判決一個人死刑、無期徒刑？譬如張三是審判員，他的權力哪兒來的？是同級人大任命他為審判員，這樣他才有資格去法院行使審判權。憲法所規定的制度在中國不是一點實踐都沒有，中國整個制度都是按照憲法在運作。現在的問題是，當出了問題以後，譬如違憲、憲法權利受到侵犯，能否通過司法的渠道或者類似於司法的渠道解決？

在李老師的啟發下，談了以上個人觀點，沒有做深入思考，錯的地方希望大家批評。

張千帆：剛才劉作翔老師對憲政做了很精彩的評論，關於憲政和法治的關係、憲政的核心、憲政和政黨之間的關係都做了很有啟發性的闡述，有些觀點可以進一步交流。下面歡迎王磊教授評論。

王磊：由於時間關係，我就簡單評論幾句，把時間留給在座的同學與李老師互動。李老師和劉老師是我非常尊重的學者，李老師的很多觀點推動了我們國家民主與法治的進程。我記得李老師對法治（法制）是刀「制」還是水「治」有過闡述，強烈主張水「治」，法律不僅僅是制度。他在很多會議場合的發言給我留下了非常深刻的印象。

我贊成李老師和劉老師的觀點。這裏我突出強調一點，剛才李老師講的，憲政如果有背景，應該是吸取文革的教訓。我在這一點上做些發揮，談談憲政的中國意義。我們有四部憲法：五四憲法、七五憲法、七八憲法、八二憲法。從憲法的歷史來看，憲法有沒有阻止得了獨裁者，有沒有阻止得了政治運動，有沒有阻止得了政治狂熱？這是憲政的意義。如果阻止得了，憲法發揮作用，人民權利和自由能夠得到比較好的保障；如果阻止不了，憲法就停留在紙面上，沒有得到真正的實施，那只能是一個憲法的文本。五四憲法怎麼樣？沒有阻止得了大躍進、反右，50 年代後期就發生了各種政治運動，乃至於到後來發生了十年文革。七五憲法同樣是推動着政治運動，因為強調了「以階級鬥爭為綱」，強調「無產階級專政下繼續革命」。76 年打倒「四人幫」以後是七八年憲法。七八憲法仍然是一個主張無產階級專政繼續革命的憲法，搞了「兩個凡是」，沒有把國家的主要任務轉移到經濟工作上。所以，80 年鄧小平在考慮修改七八年憲法。我們知道，打倒四人幫時也是採取特殊手段把問題解決的。所以，回過頭看，五四憲法、七五憲法、七八憲法實際上都沒有能夠很好地阻止中國式政治運動。八二憲法實施到今年是 30 周年，回過頭來看這 30 年還不錯。30 年之後怎麼樣，我們將拭目以待。謝謝大家！

張千帆：感謝王老師簡短的富有激情的評論。下面是互動時間，大家針對幾位老師的問題或者想法可以利用這個機會提出。

> 提問：我想問李老師一個問題，憲政三要素之間的關係是什麼？它們的工具屬性更強，還是目標屬性更強？

李步雲：關於憲政三要素之間的關係，我認為，民主、法治、人權是並列的，它們有交叉。譬如司法獨立，既是民主體制下分權與制衡的產物和表現，又是法治的一個原則，同時是人權的一個內涵。但這三個概念有很多區別。我把民主概括為一個原則四個內涵。第一，人民主權，主權在民。人民是國家的主人，這是根本的原則和原理。第二，公民政治權利和自由。第三，程序的民主。第四，民主方法和集中。法治和人權有交叉，基本是一個平面的東西。三個要素相互聯繫，不可分割，整合在一起叫憲政。沒有民主就不可能實現真正的法治，沒有人權保障就不是好的法治，民主沒有法治作為保障也是不可能的。三者相互依存，但是也有區別。

你還提了一個非常重要的問題，工具和目的問題。憲政、法治既是目的又是手段。法律作為一個手段，是認識世界、改造世界的工具，它比個人說了算好用。因為法律督促社會，有自己獨立的規劃、教育等社會功能，因此是改造世界的工具。但法治是文明的表現，一個國家沒有法治是談不上文明的，因此，在這個意義上，它又是一種目的。人們要在法治社會裏生活，需要法治文明、公平正義得到保障。憲政也有這個意思。民主既是手段也是目的。我們有一陣總說民主本質上是一種手段，不是目的。這句話是錯的。民主既能督促社會，又能把大家的積極性調動起來參加建設。更好地實現效率、實現分配正義是人們的願望，是根本利益所在。所以民主和法治既是手段又是目的。

> 提問：作為中國憲政的專家，你對中國憲政前景是什麼樣的態度？是悲觀還是樂觀？如果是悲觀或樂觀，原因是什麼？

李步雲：問題非常好，我是樂觀的。1987年我作為訪問學者在哥倫比亞大學訪問時，美國有一個著名的政治學家在暑期舉行了一個全美教授研習班，請我去做一個報告。當時，我提出了世界未來16字方針，16個字可以概括未來的走向和特點：和平共處，和平競賽，制度融合，文化多元。隨後，這個老兄請我吃飯，挨着我

作陪。他說，昨天胡耀邦下台了，你對中國民主的前途怎麼看？我沒有做任何思考就回答我是樂觀的。為什麼？四條理由。第一，民主、法治、人權、自由、平等、博愛是全人類共同的價值追求，是全中國 13 億人的根本利益所在。任何政黨、任何個人今後不敢違背這個意志。第二，市場經濟不可逆轉，相應的變化是「大國家，小社會」變為「小國家，大社會」。第三，對外開放不可逆轉，政治經濟文化融為一體，世界沒有中國不行，中國沒有世界不行，想走回頭路走不通了。第四，與再次改革密切相關，未來的領導人一定是一代勝過一代，因為他們會更有知識，更了解世界，更沒有歷史的包袱。沒有歷史的包袱非常重要。今後的領導班子究竟怎麼樣，也許是開明的。歷史的趨勢不可逆轉。由於這四個理由，我對中國的憲政是樂觀的。道路可能是曲折的，但前途一定是光明的，希望就在年輕一代身上。

> **提問：我提兩個問題：第一個問題，這一個月時間裏，我看了八二憲法，覺得序言很長，序言應該規定什麼？第二個問題，從領導人角度出發，什麼原因導致他們對憲政這個概念有所顧慮？**

李步雲：這位朋友提的問題很重要，在我們的憲法裏有很長的序言，序言引起過很大一陣風波。是否要把四項基本原則寫進去？很多人堅持要把這個東西去掉，因此受到很多的壓力與批評，這是一個問題。還有一個爭論，序言裏要不要把鄧小平理論、江澤民的「三個代表」寫進去？2003 年 6 月 13 日在人民大會堂開會，有一位憲法學家說可以寫，也可以不寫。我的回答是，看來三個代表不寫進去不行了，但個人的名字絕不能寫，不要出現「江澤民」這個名字。當時早就定了。全世界都是這樣，有憲法序言和沒有憲法序言的都有。可以有，也可以沒有，關鍵是哪些內容應該寫進去，哪些不應該寫進去。寫領導人的名字，以後怎麼辦？憲法裏得有多少人啊？把江澤民寫進去，把胡錦濤、科學發展觀寫進去，這豈不是沒完沒了了？像個憲法嗎？

　　第二個問題，為什麼有些個別領導人害怕憲政這個概念？我覺得主要還是被王一程講的這些東西給迷糊住了，理論水平不高，缺乏遠見卓識。蔡定劍編了一本書《走向憲政》（書名是我起的），我們正在憲政這個路上，希望未來進步快一點，但要快一點取決於四個因素：第一，政治家的遠見卓識和膽略；第二，實務工作者的職業操守和良心；第三，法學家的獨立品格和勇氣；第四，廣大人民群眾政治意識的覺醒和抗爭。

　　張千帆：時間關係，提最後一個問題。

　　提問：中國憲法更偏向於實用的態度，而不是把憲法當作一個
　　　　　目的性、價值性事物。憲法缺乏價值觀，人們缺乏對憲
　　　　　法的信仰，憲法沒有神聖性。在中國很多人對毛澤東思
　　　　　想非常崇拜，但缺乏對憲政的信仰，其根本原因是什
　　　　　麼？

　　李步雲：你提的問題很好。我們現在應該提倡樹立對法律的信仰，更應該對憲政樹立一種信仰。西方經過二、三百年的努力，憲法的神聖性已經在廣大人民群眾中和執政黨中樹立起來了，而我們對法律的信仰特別是對憲法的信仰是缺乏的。因此，要在人民群眾裏、執政黨裏樹立起憲法至上的理念。如何樹立起對憲法的信仰？我同意他們兩位的觀點。前不久我還給中央建議關鍵的問題是違憲審查制度。憲法本身都沒有權威，老百姓怎麼會認為憲法有權威？《南方周末》做了一個「60年‧60人‧60問」活動，我在其中回答了一個問題，我回答的是建立違憲審查制度。現在執政領導在位時，如果把違憲審查制度建立起來，就功德無量。

　　樹立憲法權威要從各種方法上提高憲法至上的意識。我曾經在《求是》刊物上寫過一篇文章，談了對2004年憲法修改的認識。第一，黨章規定，除了人民利益，黨沒有自己特有的利益。第二，憲法和法律是黨的主張和人民意志的統一，做到了憲法至上、法律至上就做到了人民利益至上。第三，如果沒有憲法至上、法律至上，

人民利益至上、黨的利益至上可能就是一句空話。所以，只有把憲法至上這個概念放在這裏面，人民利益至上才能落實。三個至上究竟誰至上？產生矛盾怎麼辦？憲法至上以後，就能夠代表其他兩個。

張千帆：大家想問的問題很多，可惜我們要結束了，因為李老師明天一早還要去武漢參加一個會議。這次會議也是紀念憲法 30 周年，本來今晚就要去的，結果被我們邀請過來做講座，再次感謝李老師。

聽了幾位的講座和評論，我也深受啟發。李老師講到，憲政並不是西方的舶來品，而是有中國背景，最近的背景就是「文革」。李老師對中國憲政的前景是樂觀的，這很不容易。像他這個年紀的人經歷過中國的很多坎坷。你們看他思維多麼活躍，像他這樣的人生活在 80 年代之後相對來說是比較幸福的，但是生活在 50 年代、60 年代、70 年代卻是痛苦的。在那個年代，思想愈活躍就愈痛苦。你或者什麼都不說，把什麼話都放在心裏，表面上還得裝出十分忠誠的樣子；或者承擔說真話的代價，甚至給自己和家人帶來殺身之禍。儘管如此，李老師對我們的憲政前景充滿樂觀，甚至比我還樂觀。我基本上是樂觀的，但也許不如李老師表達的那麼樂觀。溫家寶總理在記者招待會上講到，再不進行體制改革，文革可能會捲土重來。我之所以不那麼樂觀，也是因為我最近的親身經歷。溫總理講話後，我給《法治周末》寫了一篇社論〈如何防止「文革」式悲劇重演〉，具體解釋了為什麼政治體制不改，「文革」就會回來。所謂的政改，其實就是憲政，也就是落實憲法規定。汪洋講「烏坎經驗」沒什麼創新，看起來是一個低調的處理，但其實他沒講錯，確實沒什麼創新。我們國家很多事情不需要什麼創新，只要把國家的法律落實了，問題就解決的。所謂的「烏坎經驗」不就是落實憲法和村委會組織法關於選舉的規定嗎？所以不是什麼創新。但就是這麼一篇「政治正確」的文章，卻引來了不少攻擊，這讓我意想不到。當然說好的也有，不過大部分是否定、反對甚至謾罵。很多人居然對文革還有一種戀戀不捨的情節，這讓我非常難以理解。從 1981 年十一屆六中全會的中共對《關於建國以來黨的若干歷史問題的決議》

開始，「文革」就基本上蓋棺論定了，但 30 年之後竟然對這個問題出現了反覆，似乎認同文革者愈來愈多，所以我不是那麼樂觀。

為什麼會出現這樣的現象？為什麼 30 年後「文革」不僅陰魂不散，反而誤解愈來愈深、幻想愈來愈多？當然，這也不奇怪，因為這種現象首先是我們的宣傳導向造成的。為什麼那麼多人會認同「文革」、懷念「文革」？無非是因為這些人根本不知道什麼是「文革」。支持「文革」的網民不知道是什麼年紀的人，80 後還是 90 後甚至 00 後，但我們 60 後至少多少逮住了「文革」的尾巴，大概知道「文革」是怎麼回事。再年輕一點的人可能以為「文革」就是「唱紅打黑」、吃吃喝喝，哪有這樣的美事？歸根結底，造成這種現象的根源無非是執政黨不願直面自己的錯誤，千方百計、迂迴曲折迴避「文革」話題。一方面不希望發生「文革」，因為「文革」是一批紅衛兵「憤青」在「偉大領袖」領導之下對既得利益集團的攻擊，但同時又害怕因為否定「文革」而否定自己的合法性。所以就通過種種誤導宣傳、種種歪曲歷史、種種對真實歷史敘事的限制甚至禁止，不讓人民了解真實的「文革」及其制度根源。曾經一度「文革」是不能談的，不知現在是不是還這麼嚴格。這顯然違背了憲法第 35 條。這是一個憲法問題，是因為憲法在中國沒有落實，所以我們離「文革」愈來愈近了。這難道不是當今需要警示的問題嗎？再不進行憲政改革，說不定就改不了了，因為離「文革」太近了，就好比你已經站在懸崖邊上了，想退已經晚了，往後一仰反而掉下了懸崖。我想這是一種諷刺，為了迴避「文革」卻把「文革」給請回來了，最後讓它成為自己的掘墓人。

李老師給我們的啟示不僅僅是學術上的，李老師的人生對我們也是一種啟示。我建議北大學子要向李老師學習，當然非北大學子也要學習，學習他說真話，不說假話。中國現在有大量的假話、空話、廢話，產生了大量的「五毛」、「憤青」和所謂的「精英」。這些將是中國憲政的最根本局限，因為人民不行了。前幾年我比較樂觀，因為我看好人民是推進改革的基本動力。現在則是謹慎樂觀，因為目前的制度不僅造成了官員腐敗，而且也造成人民的不理智，

這樣問題就更加嚴重了。當然，現在還沒有到不可救藥的地步，但是如果我們還不警覺、還在假大空的環境裏隨波逐流，那麼終有一天會萬劫不復。你不一定要把所有的真話說出來，李老師剛才也有所保留，也比較謹慎，但至少要像他這樣不說一句假話。我們今天生活的環境不是李老師生活的 50、60 年代，說句真話不會殺頭，也沒有誰拿個槍頂着你的腦袋強迫你說假話。如果在這種相對寬鬆的環境下還不能憑良心說話，只能是我們自己的問題，自己做人對不起自己。

李老師今天講到，自己的一生有值得驕傲的、可以書寫的亮點。這是一種很好的感覺，我希望我們每個人在回顧自己一生的時候都能有這種感覺。我認為，中國目前最大的問題還不是制度問題，而是人格問題。無論是官員還是百姓，中國人的人格實在太渺小了。憲政是什麼？憲政就是要讓每個人變得更偉大！

四
言論自由及其憲法邊界

時間： 2015年9月28日
地點： 北京大學法學院

主講人

吳思： 著名作家、歷史學者。1957年生於北京，1982年畢業於中國人民大學中文系。曾任《農民日報》、《橋》等報章雜誌的記者及編輯，《炎黃春秋》雜誌社原副社長、總編輯。著有《潛規則》、《血酬定律》等書。

洪振快： 歷史學者、專欄作家，長期為新京報、南方都市報、財經網等多家媒體撰寫專欄，曾任《炎黃春秋》雜誌原執行主編，「狼牙山五壯士名譽案」的當事人。他已出版的著作有《講武論劍》、《官心民意》、《亞財政》等。

周澤： 1969年生於貴州開陽，北京澤博律師事務所合伙人、律師，原《法制日報》記者、中國青年政治學院副教授，2006年被《南風窗》評選為「為了公共利益年度人物」，2008年被《南方人物週刊》評選為「我們時代的青年領袖」。

張千帆：我們平時邀請國際一流學者來這裏做講座，來的人經常寥寥無幾。但是一看到「吳思」這個名字，大家都趕來了！今晚非常高興請來大名鼎鼎的歷史學者吳思老師。《水滸傳》裏有一個吳用，「智多星」吳用。説是「無用」，其實最有用。吳思説是「無思」，其實是最有思想的。吳思兄寫過好幾本學術類的暢銷書，他創造的一個概念在法學界耳熟能詳，那就是「潛規則」。大家都聽説過這個概念，我上課經常用這個概念，尤其跟老外上課，因為老外不明白為什麼中國的法律總是不管用，用他的「潛規則」概念能解釋得非常清楚。你看他不是咱們法學院的，卻對中國的法律、法學產生了一種顛覆性的影響。我們搞了一輩子法學，原來中國的法律都沒有潛規則有用。

吳思先生不僅是一位學者，也長期擔任《炎黃春秋》的社長和總編。過去我們有過多次合作，印象最深的是 2012 年底通過炎黃舉辦研討會，發佈了《改革共識倡議書》，那天發佈的時候，我的開會自由稍微受到一點「口頭限制」，所以只能一頭一尾在會場上閃了一下，整個過程都是吳思兄主持的。他多年主持《炎黃春秋》這本雜誌。這個雜誌大家都知道，以澄清歷史真相為主，發表了大量膾炙人口的文章。吳思作為總編，對中國言論與新聞自由的現狀和困境一定有很深刻的體會。很遺憾的是，以他為首還有在座兩位原先的主力，都已經離開了雜誌。原先是他們給我們舞台，現在該我們給他們平台，讓他們有機會發表聲音。

今天有兩位評議人：第一位評議人著名維權律師周澤。周律師原先也是學者，就在離我們不遠的中國青年政治學院做老師，後來單幹，獨立出來做專職律師。記得他出來的時候，我當時還發表了點不同意見，有點不放心，但是他自信滿滿，而且他確實用自己的成績證明了選擇的正確性。我認為他是中國目前言論自由和名譽訴訟方面最出色的律師，辦理過很多影響深遠的案件。一個可能是最早讓他成名的是代理北京作家謝朝平的案件，他寫的是陝西三門峽移民問題，結果被陝西省「跨省追捕」，抓起來了。我還記得很清楚，當時就在北大陳明樓六樓會議室開了一個關於謝朝平的研討會。快結束了，他風塵僕僕從現場趕過來參會。不久，他就把好消

息帶給我們：謝先生取保候審了，這在中國就意味着沒事了。還有一個訴訟是海南的劉福堂案，他是海南環保方面的維權鬥士，為海南環保做出了很多貢獻，但被壞人陷害。中國經常出現這樣的事情，好人常常被掌握公權力的壞人陷害。這次又是周律師出面，最後判的緩刑。最近的一起案件是記者劉虎，劉虎實名舉報工商總局的副局長，結果身陷囹圄，查了將近一年都沒查出問題，前不久無罪釋放。這一次檢察是徹底放棄，而不是取保候審這樣的照顧臉面的做法。據我所知，這在此類影響性訴訟當中是第一次，都是周律師代理的案件。兩年前的貴陽小河案搞得有點大，當時組織了上百名律師跑去研討，可能被有的部門認為帶有「示威」性質。當時也請了一些學者，包括我和衛方，但是都被「打招呼」了，沒有去成。今天非常高興能邀請他來，結合自己作為維權律師的親身經歷給我們講解言論的自由和邊界。

臨時增加的一位評議人，與其說是評議人不如說是當事人——洪振快先生。坐在這邊的振快、吳思還有另一位執行主編黃鐘都是「一夥」的，都是老《炎黃春秋》的班子裏的人。振快做事很認真，他在炎黃做責任編輯的時候我就深有體會。我對振快的定位與其說是一位編輯，不如說是一位學者。他對於中國歷史問題尤其有研究，出版過《亞財政》，講的是中國古代的官僚體制和財稅體制。他的文字很嚴謹，甚至可以說有點晦澀，我印象中一篇比較生動的是他好幾年前在南方報系發表的「愛國家不等於愛朝廷」，用中國歷史故事把什麼是真愛國講透了。

振快是一個特別較真的人，喜歡通過鑽研細節來揭示歷史真相。他最近比較「火」，也是因為他較真引起的。他在《炎黃春秋》發表過一篇文章，黃鐘是責任編輯，講的是「狼牙山五壯士」。五壯士英勇跳崖，我們小時候讀語文教科書都是這麼寫的。和黃繼光、邱少雲等教材故事一樣，這個故事後來也受到了民間的質疑。振快「好事」，還專門跑到狼牙山，去考證五壯士跳崖的地點，究竟是不是從教科書說的那個地方跳下去的，還是從另一個地方跳下去的？是「跳」下去的還是「溜」下去的？跳崖之前有沒有吃過村民的蘿蔔？此類追問讓《人民日報》不得不刊登一篇文章，論證這個蘿蔔

到底是「野生」的還是農民種的。振快的調查讓某些人不高興了，結果就遭到了左派的謾罵。他再次較真了，起訴謾罵者。作為報復，別人也起訴他損壞「五壯士」的名譽。

所以今天我們到這兒談言論自由，不是泛泛地去討論憲法理論，因為這個問題已經討論過很多次了，而是從歷史故事這個特定的角度去切入。我們不是來探討「五壯士」到底有沒有拔過蘿蔔、蘿蔔是野生的還是家養這類細節問題。對於我們憲法學者來說，問題極其簡單，那就是這個事兒能不能說？是不是教育部欽定的教材定了性，說「狼牙山五壯士」是烈士、是英雄，你們老百姓就別沒事找事、「尋釁滋事」，探討這探討那，美其名曰「還原歷史真相」。一旦你這麼做了，就是「歷史虛無主義」，就涉嫌誹謗、損害英雄名譽。當然，現在問題確實比較多，不僅狼牙山五壯士，還有雷鋒、邱少雲、黃繼光、董存瑞，都有人質疑。我們如何對待這些質疑？面對教科書裏欽定的版本，公民有沒有質疑的自由？質疑不等於否定，也許質疑過後，結論跟教科書完全一樣，甚至比教科書上的還要感人，這也是有可能的。洪振快研究的結果也沒有否定「五壯士」跳崖的事實，而是五壯士的情節也許不像教科書說的那麼英勇，但更加真實，讓我們覺得更加可信，甚至更加親切、更近人情。

因此，第一個問題是我們有沒有這樣的研究自由？如果有這樣的自由，這個自由的邊界到底在哪兒？我們都不是上帝，不是完人，在探討過程難免會犯錯。人家說狼牙山五壯士就是從那個山峰上跳的，你偏說那個山頭太陡，沒法站、不可能。但也許當時不是這麼陡，後來地貌變了。這種可能性很小，但也不能完全排除。也許你在調查過程中確實犯了錯誤，但你的錯誤並不是故意的。在這種情況下，我們有沒有犯錯誤的自由？這種探討是否會損害「五壯士」的名譽？是否可以受到「五壯士」親屬等利益相關的人起訴？如果善意、真誠的錯誤可以免責，明知故犯、知法犯法、將錯就錯，故意捏造出一些故事抹黑英雄，需要承擔什麼法律責任？證明故意抹黑需要什麼事實要件？當然，還有一個問題是在討論過程中，我們需要保持一種什麼姿態？能否隨便罵人？能否要求罵人者

承擔法律責任？我們今天就從這個角度來探討，公民調查歷史真相的自由有多少？邊界在哪裏？

下面首先請洪振快介紹一下這件事情的前因後果！

洪振快：非常感謝北大提供這樣一個機會，讓我能夠跟大家交流一下事情的經過。這裏主要是介紹一下史實，當然也不可能全面地介紹史實，只能講其中的一小部分。另外講講輿論，因為這個案子引起雙方的輿論，我的對立面不是一個人、兩個人，而是一個勢力。

《狼牙山五壯士》，應該說大家都非常清楚，在座的差不多所有人都讀過這個課本。這個課本是在小學五年級上冊。現在在狼牙山旅遊的入口，廣場上有一個課本雕塑，就是根據小學課本原版面雕刻的。大家可以看到課本的左下角有一個說明：本文作者沈重。這是非常關鍵的一個信息，因為這個課本是根據 1941 年 11 月 5 日《晉察冀日報》刊登的「本報特派記者沈重」撰寫的通訊〈棋盤陀上的五個「神兵」〉改寫的。狼牙山五壯士跳崖時間是 9 月 25 日，離 11 月 5 日是整整 40 天。

小學課本傳達給我們的是一個歷史觀念。我們所知道的「狼牙山五壯士」，這是一個觀念，他們在棋盤坨頂峰跳崖了，非常英勇、壯烈，這是在大家頭腦當中的一個觀念。這個觀念有可能完全符合事實，也有可能不完全符合事實。這裏舉一個簡單的例子，民國時期的蔣宋孔陳「四大家族」，四大家族佔有非常大的家產，這個大家都有概念。其起因是原來 1946 年陳伯達寫的《中國四大家族》這本書，1947 年 12 月份，毛澤東在中共中央會議上重新肯定了這點。陳伯達在書中說四大家族的財產有兩百億美元。毛澤東說 100 億—200 億美元。這是一個觀念，現在看起來很顯然不符合事實，因為當時蔣宋孔陳「四大家族」掌握國家壟斷資本的總金額，現在估算沒有達到 100 億美元；國民政府所有控制的財產加起來也沒有到 200 億美元。蔣宋孔陳的家產非常多，長期以來都知道這個事情，大家形成了觀念。但是蔣介石、宋子文、孔祥熙的檔案在美國哈佛大學的胡佛研究所，大家都能看到，顯然這不符合歷史事實，是政治因

素造成的，因為國民黨、國民政府貪污腐敗很嚴重，引起老百姓的憤怒，這是因為政治鬥爭的需要，1946 年開始國共內戰已經在預備了。所以大家了解的歷史觀念不一定是史實，觀念可以被塑造，這在近現代史上是一個非常嚴重的現象。

那麼我們研究歷史，史實考證要有嚴格的史料依據，這個搞歷史學的人非常清楚。這裏我歸納了史學研究運用證據的五條基本原則：論從史出、多重證據法、證據優先性、分辨證據的真偽、注意反證。五條原則當中，對研究「狼牙山五壯士」尤其重要的是第三條，即證據優先性的原則：對同一史事，不同的證據價值不一樣，越接近事件核心的證據價值越高，第一當事人比第二當事人的證據更有價值，直接證據比間接證據更可靠，採用證據時要分析、比較，優先採用價值更高、更可靠的證據。根據歷史考證的嚴格規則，可以對歷史事實進行考證。

在考證狼牙山五壯士的事情上，小學課本的依據是《晉察冀日報》刊登的通訊，通訊是新聞題材，新聞的基本要素是 5 個 W，小學和初中就已經教給我們的，寫記文時間、地點、人物、事件、經過等都要寫清楚，這是一個基本的要求。

現在我們根據新聞要素分析《晉察冀日報》報道。關於「狼牙山五壯士」，我發表了兩篇文章，一篇是 2013 年 9 月 9 日在財經網發的，研究對象是小學課本；然後 13 年 11 月份《炎黃春秋》雜誌登出了那篇文章，叫做〈「狼牙山五壯士」的細節分歧〉，研究對象是新華社報道和《人民日報》刊登的一篇文章（05、06 年的時候）。一直以來，「狼牙山五壯士」的基本內容沒有變。但用新聞要素去分析會發現疑點非常多，幾乎每個環節都有疑點：譬如早上開始戰鬥，那麼幾點鐘跳崖？有一個說法是過 12 點鐘以後就可以撤離了。那麼跳崖時間是 12 點鐘還是下午 2 點鐘還是傍晚？現在他們的回憶材料當中一直有分歧和不同的說法。最重要的地方，也就是跳崖地點，《晉察冀日報》通訊標題是棋盤陀上五神兵，是在棋盤坨頂峰跳崖的。

從人物來看是晉察冀軍區一團七連六班，但公開的報道裏這裏只有五個人。我們知道軍隊的編制，通常一個班有 11 人或者 12

人。那其他人是怎麼回事？我看到材料裏有分歧，有的說法是傷病，沒有來，有的說過程中被日偽軍消滅掉了，有各種說法，但是通訊報道當中只有五個人，沒有其他人。因為人數的問題曾經引起糾紛，差點引起官司。

還有一點，五個人跳崖，三個人壯烈犧牲，另外兩個人被山腰當中的樹枝掛住了，得以生還。現在提供的材料都是回憶材料，沒有檔案。今年 7 月份我到解放軍檔案館要求查閱檔案，因為去年出了一本書，以解放軍檔案館的檔案作為材料出版的一套書，很厚的 5 本，講八路軍抗戰中傷亡的，其中有一份檔案是晉察冀軍區 1941 年各個月份傷亡人數的名單，包括團級、營級、連級、排級，每個月份傷亡多少人都有數字。那套書裏還有不少烈士芳名冊，即八路軍正式戰士犧牲後有登記，有姓名、年齡、籍貫、在哪裏戰鬥、怎麼死的等等信息。我想如果跳崖犧牲的人，如果確實有這麼一回事，檔案中肯定是有登記的。但是去要求查檔案，現在兩個月過去了，沒有回覆。現在大家能公開看到的馬寶玉、胡德林、胡福才三個人，都是畫像，不是照片；兩個生存者，葛振林和宋學義是照片。反正疑點非常多。

我個人作為一個歷史研究者，堅持嚴謹的態度，所以在研究過程中第一步是要查找材料，首先利用國家圖書館幾乎所有可能的館藏，包括圖書、報刊、數據庫、縮微膠捲，還請中國人民大學的朋友幫忙，他是一個檔案學的博士，對文獻方面非常精通，利用了他們圖書館的數據庫，包括讀秀、超星的，還有網絡資料可以下載，反正我利用了所有可能的材料，也親自去了狼牙山一趟，為了追蹤作戰經過，曾經想組織一個媒體調查團，同時邀請軍事專家參與，模擬一下他當天的作戰經過、撤退經過包括路線——我一直想搞清楚這些，但從文獻當中一直弄不清楚。

關於跳崖地點主要有兩種說法：一種是棋盤坨頂峰，一種是小蓮花峰。小學課本上、《晉察冀日報》通訊報道、《人民日報》以及 58 年的電影都說是棋盤坨頂峰。而且關鍵的問題是，1941 年 10 月 18 日晉察冀軍區發佈了訓令，要求「在烈士犧牲地點，建碑紀念」，後來的紀念塔都是建在棋盤坨頂峰：1942 年建成，1943 年被日軍炸

掉了，1958 年拍了電影后，1959 年重修，但文革當中又被破壞掉了，1986 年重修，修建的地點都是在棋盤坨頂峰。但從當時葛振林的部分回憶來看，跳崖地點並不是在棋盤坨；在從 90 年代開始狼牙山當地認為在小蓮花峰，而且現在狼牙山導遊圖上已經確認了這一點。去年黨中央、國務院發佈文件也確定跳崖地點在小蓮花峰。這個是在狼牙山景區入口處的一個導遊圖，狼牙山是五坨三十六峰，紀念塔在當中 [1]，跳崖是在左上角。

狼牙山五勇士陳列館裏提供了一份作戰路線 [2]，棋盤坨在這個位置，棋盤坨的頂峰要再上去的，圖上標的撤退路線是撤到小蓮花峰（左上角）。這裏有一個關鍵問題，即狼牙山五壯士到底有沒有上過棋盤坨？當時《晉察冀日報》通訊說，要把日軍引上棋盤坨，可後來的回憶顯示，他們已經要上去的時候，上面已經被佔領了，根本沒有上去。跳崖之前沒有上去過。從遠景來看，這兩個地方相當遠。從衛星地圖大家可以看到景區入口是東門，從東門上去，纜車可以上到一個地方，再上去是棋盤坨，再上去是頂峰紀念塔，跳崖處是一個很遠的地方。大家注意到右下角很不平整的地方是山峰聳立的地方。這是我站在棋盤坨頂峰紀念塔頂部往北邊眺望拍的照片，山峰聳立，到一個地方只有唯一的一條小路可以過去，不是像大家在操場上想怎麼走就怎麼走，非常難走。

紀念塔有一個觀景平台，有「狼牙山五勇士跳崖處」標誌。

從正面來看，懸崖一側（這也是一個網友拍的），如果是從這裏跳下來的，會有問題：下面可以過去，如果從這裏跳下去，日軍可以看到。我下山的時候，選擇了一條一般遊客沒有去的路，從下面走過去，下山以後才發現是景區的西門。

---

1. 編按：原講座內容講者以圖片說明紀念塔和跳崖的位置，在導覽圖中跳崖位置在紀念塔的左上角，此部分經整理改寫。

2. 編按：原講座內容講者以圖片說明狼牙山五勇士當時的作戰路線，說明棋盤坨和小蓮花峰的地理位置和兩者之間的距離。

這是新設立的小蓮花峰跳崖處。更近一點可以看到是這樣的狀態。這是 2000 年狼牙山景區管委會根據當地村民的意見,根據他們所了解到的情況,重新在這裏設立的標誌。

從北邊往南看的景象,在紀念塔頂部拍的照片中,從遠處看是非常陡峭的。

這是背面,五壯士應該是從背面攀登上去。跳崖地點,真實的狀況是怎樣的?我找到的中央電視台四套拍的紀錄片,當時記者要求攀登上去,但是走到下面那個地方沒有路,上不去了。我聽管理西門的老頭說,現在正在造路、修路(去年去的,現在已經過了一年多),說要修一條路到真實的跳崖地點的路,現在是封山狀態,到時開闢一個新的景點,讓大家旅遊。真實的狀況是這樣的。

還有一個問題引起對方憤怒的,到底是跳崖還是溜崖。當時的主流宣傳和大家印象都是「五人跳萬丈懸崖,三人壯烈犧牲,二人被樹枝掛住生還」。但在葛振林很多口述中多次提到「滾」、「竄」。1995 年《羊城晚報》刊登了一篇報道,採訪對象是狼牙山五壯士所在的一團政委的夫人陳遜,一團政委是陳海涵(後曾任廣州軍區副司令員),夫人是晉察冀第一軍分區戰線劇社的指導員(後曾任廣州市委黨校副校長)。陳遜 1995 年接受採訪時說,三跳二溜,三個人跳下去,兩個人溜下去。這個事情出來以後,葛振林非常不滿,但沒有否定「溜」的事情。

1946 年延安出版了一本書叫《狼牙山五神兵》,是一個說書劇本。這是 1951 年三聯書店重新出版的。這裏面大家看到詩中提到了:「他們三人跌下去,我們兩人順崖溜」,後面又說「宋學義、葛振林溜下崖」。這個可以解決一個疑問,為什麼跳下懸崖沒有死,溜下去比較符合事實。我引用這些說法的時候,引起了很大的圍攻,說我說他們溜下去的。其實我只是引用了當時的說法。

文章發表後引發了官司,首先是我作為作者和責任編輯黃鐘先生起訴郭松民和梅新育。引發官司的是這幾條微博。首先是在 2013 年 11 月 23 日下午由鮑迪克發的。鮑迪克實名認證是《北大商業評

論》的首席編輯。他這個人對《炎黃春秋》一直有意見，看到《炎黃春秋》官方微博上介紹這篇文章後，就轉了這條微博。由於他專門講了文章當中的一個小細節，即關於吃蘿蔔的事情，這條微博就被梅新育轉發，就罵人了，說打仗的時候不能拔個蘿蔔吃嗎？作者、編輯是狗娘養的。梅新育轉發以後，郭松民繼續轉發，說「反對歷史虛無主義，不動這幫狗娘養的就是笑話！」《炎黃春秋》內部有一套規則：所有編輯部人員發表文章要避嫌，我作為執行主編，在我自己主編的那幾期當中是不能發表文章的，我作為編輯要發表文章，都跟普通作者一樣，交由其他執行主編來決定能否發表，我們有一套很嚴格的避嫌制度，這是為了雜誌更有公共性和開放性。後來 11 月黃鐘任執行主編，也任責任編輯。

他們罵了之後，我們為什麼要起訴他們？這是有原因的。郭松民和梅新育代表左派，左派一直以來以罵人為樂，郭松民在 2013 年 9 月 16 日在我起訴他之前就在罵賀衛方老師是「文化漢奸」。今年 9 月 6 日又發了一條微博罵茅于軾老先生是「老賊」，茅于軾老先生這段話說得非常有道理，郭松民罵茅于軾先生是「老賊」。

關於起訴的原因，5 月 13 日在豐台法院開庭當中，我做最後陳述時有說明：通過這場訴訟，希望被告、左派人士吸取四點教訓：第一點，知法守法，做一個合格的公民。任何組織或者個人都不得有超越憲法和法律的特權，不能隨便罵人。第二，希望他們遵守公共道德，動輒爆粗口罵人、污言穢語，是嚴重違反社會公德的，這種行為不嚴懲和追究，會拉低全社會的道德水準。第三，希望他們培養嚴謹求實的學風，遵守公共討論的規則。學術討論的規範是擺事實、講道理，以侮辱他人人格作為辯論手段，將嚴重惡化公共討論的風氣。第四，無論持什麼主張，都要學會尊重他人，學會尊重他人的人格。這是一個基本的法治觀念，每個人都有平等的和受法律保護的人格尊嚴。

這個案子立案、開庭以後，對方的表現是什麼樣的？作為左派陣營是一個什麼樣的反應？

第一，大家可以看到，我發佈立案消息之後他們就開罵了，不僅罵個人，還罵法院，説豐台法院是漢奸賣國賊，要聲討豐台法院。

第二，這是對我個人的圍攻，有個人註冊了微博，把我的頭像和侮辱性的東西搞在一起。還有很多方式，包括漫畫。

第三，在法庭開庭之後，對方在法庭當中的表現也非常有意思。因為是對方罵人，我們的起訴很簡單，你罵人，憲法、民法有規定，人格尊嚴不受侵犯，我們的訴求非常簡單，法庭的要求也非常簡單——辯論焦點就是罵人是否是事實、法律上有何依據？但他們不這樣辯解，而是在罵人的事實上不給你正面的辯解，在法庭上完全不講法，完全政治化，同時在法庭上罵《炎黃春秋》和我個人。海淀法院允許原被告雙方各帶三名旁聽人人，審判過程中對方旁聽人員鼓掌、叫好，在豐台法院對方旁聽人員有一個戴墨鏡被法官制止，庭審過程中對方旁聽人員手機又響了，這些在法庭上都是不允許的，庭審開始前就宣佈是法庭紀律，不得違反，但對方旁聽人員一再違反。在法庭入口聚了幾十人，高喊「打倒漢奸」，我們的代理律師都被他們稱之為「漢奸律師」。法院如臨大敵，海淀法庭門口有特警把門，豐台法院當天有很多警車和警察，我們進入法院之前，旁邊的居民都説今天有什麼事情，怎麼這麼多警車和警察。

第四，開庭以後，極左勢力輿論造勢。5月14日，《環球時報》刊登吳法天的文章。左派網站開始組織圍攻，最賣力的是昆侖策網、紅歌會網、烏有之鄉網刊，在昆侖策網上做了一個專題叫「捍衛領袖英雄榮譽」，有很多圍攻性的文章。6月以後，黨媒和官媒參與圍攻圍剿，包括解放軍報、國防參考、CCTV7、人民日報，沒有點我的名，但是都説是「抹黑」狼牙山五壯士。9月份香港文匯報做了兩個版面的報道幫他們説話。我曾經發微博要求香港文匯報和該報北京新聞中心總編輯凱雷道歉，還在微信群當中點名指責，對他表示鄙視，他不吭聲。

第五，對方也組織了好多次的座談會、研討會等活動，其中在6月24日張木生、楊帆發起了比較大的會議，説是聲討歷史虛無主義，實際上都在討論這個案子。

第六，然後是他們宣佈要起訴我了。根據法律，只有五壯士的後人才能夠維護名譽權。他們認為我發表的文章侵犯了狼牙山五壯士的名譽權，是什麼「惡意誹謗」。他們先是在 7 月 24 日在釣魚台國賓館開會，搞了一個所謂的「維護狼牙山五壯士名譽授權儀式」。對方透露，這個儀式是律師趙小魯和王立華這兩個人實際策劃的。當時授權的是三個人，宋福保是宋學義的兒子，葛長生是葛振林的兒子，還有一個是劉宏泉是當時連長劉福山的兒子，他現在是保定紅色文化研究會的會長。7 月 24 日會議，參加的有 30 多人，除「五壯士後人」以外，還有離退休的軍隊高官，軍二帶、軍三代，以及其他幫閒。當時最主要的發言，指控非常嚴重，譬如「一小撮噪音製造者」、「邪惡勢力」、「犯罪分子」要「繩之以法」、「漢奸」、「文化漢奸必須法辦」、「反軍運動」，等等，這些是他們對我的指控，是毫無事實依據、無限上綱的政治指控。為這個所謂的「授權儀式」，他們事前給媒體發了邀請函，事後發動了宣傳攻勢，不少網站包括門戶網站轉發了他們顛倒是非的東西。之後他們還要搞簽名活動，造勢。

8 月 17 日他們開始遞訴狀，25 日西城區法院立案，說我是漢奸，他們是愛國者。他們解釋「8.17」的意思是「八路軍（8）要（1）起訴（7）漢奸」。9 月上旬，我接到法官的通知，領取訴狀，他們訴訟要求有兩條：第一，判令被告立即停止侮辱、誹謗、侵犯葛振林等狼牙山五壯士的民族英雄名譽。第二，判令被告在《人民日報》、《解放軍日報》、人民網、新浪網等報刊和門戶網向原告賠禮道歉，並向葛振林等五壯士「在天英靈登報謝罪」。「謝罪」，我開一個玩笑，1949 年建國以來有過這樣的罪名嗎？

這個起訴的真正意圖是以此案立威，以後大家不能對毛澤東和民族英雄有任何非議，實際上是要箝制人口，不允許有思想自由、學術自由和言論自由。下面兩條是原告代理人在網站公開的和媒體報道的：一是凡是攻擊詆毀革命先烈的人都必須付出法律上的代價。提請全國人大制定《國家英烈名譽保護法》，使英雄先烈的名譽一旦遭受詆毀玷污時，便提起公訴。二是原告代理律師趙小魯宣稱：對革命英雄，「任何人，不得以任何形式，進行任何玷污、侮辱和誹

謗，一絲一毫也絕不可以，一點一滴也必將繩之以法。侮辱誹謗我們的民族英雄，就是侮辱誹謗中華民族！就是中華民族的敵人！」

這裏我要說一個他們公開的材料，是他們自己提供的資料，已經涉嫌干預司法了。

9月5日，烏有之鄉微博及網站發佈視頻——《王立華：替狼牙山五壯士辯護的過程和目前態勢》，內容為王立華8月14日在延安的一個座談會上的講話，優酷網上可以下載。在這段25分鐘的視頻中，從20分38秒到21分05秒有這樣的內容：「那個國防大學的政委趙可銘上將，原來是狼牙山五壯士所在部隊那個師的政治部主任，後來是國防大學的上將、政委，聽到之後，給相關部門的領導法律部門的最高領導打電話：『你們這個案子如果判反了，你們就是反軍叛國』——就這樣說的」。大家知道，十八屆四中全會強調依法治國，明確領導幹部不能干預司法。今年3月中辦、國辦還專門就此發文，出台細則，領導幹部干預司法要受處理。然而，大家在視頻中可以看到，對方居然敢公開他們涉嫌干預司法的視頻，可見完全是無視中央規定，也不把法律當回事了。

張千帆： 振快的發言已經大大超時了，下面請周澤律師點評一下。如果政府已經通過教科書和文件確定了某一群人是英雄或烈士，還不能受到任何質疑？我是指是對真實歷史的客觀探討，完全沒有惡意。反過來，如果我們在討論過程當中，在觀點、立場語言上有不適當的時候，可能會發表一些比較激進的言論，甚至帶有人身攻擊，這些言論有沒有自由。我能不能指着你的鼻子說你是「漢奸」、「賣國賊」？如果這樣講的話，要不要承擔法律責任？下面有請周律師！

周澤： 洪振快被起訴或者他起訴其他人的這些名譽權官司，從法律的角度來講是很簡單的問題。從名譽權侵權構成的角度來講，從現行的《侵權責任法》還有最高法院若干的司法解釋，應該說是很清晰的。從《侵權責任法》理論上來講也很清晰。侵害名譽權無外乎三種情形：一個是侮辱，另外一個是誹謗，還有一個是揭露隱私。侮辱，大家非常好理解，通常就是用一些侮辱性的言詞。侮辱

體現為言詞，譬如洪振快舉到的那些「狗娘養的」、「漢奸」、「賣國賊」，這些都是侮辱性的詞匯。對這些詞匯的使用，不考慮傳播的信息是否真實，凡是使用這些信息，當然都構成侵權。這屬侮辱性的名譽侵權。還有一類是誹謗。誹謗，簡而言之是故意捏造虛假事實損害他人的名譽，或者因過錯傳播不真實的信息損害他人的名譽，這都屬誹謗的情形；揭露隱私就更簡單。隱私總是真實的，越真實可能越構成隱私。目前涉及到這些案子都與隱私無關。但是似乎侵權的訴訟即涉及到的這幾個案件裏，訴訟的或者未訴的，大家對一個事情的真實性似乎都沒有爭議，給人的感覺，似乎是有的人就怕你這麼說，就不希望你說這些情況，似乎把某些信息的傳播當成隱私來對待。是不是這樣的情況？從洪振快起訴的這篇文章來看，被起訴以後，根據張千帆老師的介紹找我或者他自己想來找我，找到我，我覺得這是很有意思的案子，與我這些年來關注的領域有高度相關性，因為涉及到言論表達、自由的問題。這些年我代理過很多名譽侵權的案子，涉及到侮辱、誹謗的案子，除了張千帆老師舉到的案子之外還有很多。可以說這些年在我們這個國家發生的名譽侵權的案子、可能有點影響的案子差不多都是我做的，譬如當年遼寧西豐警察進京抓記者，陝西警察到北京抓作家謝朝平，寧夏警察跨省抓網民王鵬等等。

張千帆：關於狼牙山，有一個是被判了，好像是行政拘留。

周澤：廣州的一個，是我朋友葛永喜給他代理的，行政拘留，沒有走下去。所以討論這個案子從法律上評價很簡單，但是從我們接觸到的一些案例的實踐來看，似乎又很複雜。有的可能無法從法律的角度進行評價。今天討論這個案子的時候，我想起吳思老師當年被起訴的案子。吳思老師當年寫過一本書叫《陳永貴：毛澤東的農民》，後來被《北京青年報》轉載，結果《北京青年報》和吳思老師被起訴了。很有幸，那是我第一次認識吳思老師。那個案子跟這個案子高度地相似，那個案子裏吳思老師寫的那本書，相關內容都有根據，而且根據很扎實，其中還有中央文件。但就是這樣的，他被起訴名譽權，在文章完全有根據，不存在失實的情況下，但最後法院判吳思老師敗訴了。這是我這些年一直很難理解的事情。吳思

老師這個案子我寫了很長篇的評論，在網上還能搜到，專門點評這個案子涉及到的問題。沒想到過了這些年遇到了洪振快這個案子。洪振快寫這篇文章所涉及到的事實和細節，從他提供給我的證據和今天介紹的情況來看，應該說證據非常充實，他引述的每一個內容都有相應的根據，都有相應的歷史文獻來支持，但被起訴了。對這樣的一個案子，從法律角度嚴格講，我作為他的代理律師，勝訴應該是很容易的一件事情，覺得肯定會勝訴。但最終結果怎麼樣，其實我一點都不樂觀，這是因為之前有吳思老師的案子作為前面的一個經驗，我為這種案子的前途產生了疑慮。

這兩個我結合起來講，說明了什麼問題？似乎兩者有一些區別，因為吳思老師的案子涉及到國家領導人，涉及到國家領導人的一些不堪歷史。對這樣的歷史可不可以說，可不可以去探究，從這個案子的判決結果來講，似乎告訴我們涉及到這些領導的歷史也不可以去探究，無論說的是對的還是錯；說的是錯的當然要承擔責任，說得是對的也得承擔責任。但那個案子發生的時間是 2002–2003 年期間，與今天這個案子的背景或者說社會大的環境有點不太一樣。今天網絡會更開放，對這樣的一個案子，我們的討論可能會很充分。但現在遇到了問題，這個案子不容許討論了，網絡上、主流媒體或者所有的公眾媒體不可以報道被起訴的洪振快先生的聲音，不允許他有辯解。相反我們可以看到各類國家的媒體卻偏偏一邊倒的發表對他的指責和攻擊。所以從這個意義上講，這個案子的結果不樂觀。

說到洪振快的文章，目前所謂左派的那些人對他的攻擊或者評價來看，大家似乎爭論的不是要遵循什麼規則。一般意義上要爭論的是不可以有侮辱性的言詞和誹謗性的信息，我認為基本上就可以了。但是從洪振快先生的個例來看，完全不存在這個情況。如果作為一個名譽侵權訴訟案件，非常簡單，這樣的指控完全不能成立。但是從他們指控的、起訴的內容來看，我覺得完全是一個意識形態的評價，意味着一個表達者你必須接受某個既定的意識形態，不可以有相反的觀點，不可以有相反的立場，即我們這個國家曾經樹立的英雄形象不可以去動搖。就是這樣的一個案子，如果是通過司法

裁判的形式確認洪振快先生敗訴的話，我覺得可能會確立一個比較可怕的先例。也就是説對這個國家，他們説什麼只能是什麼，作為老百姓和專家學者不可以去質疑，歷史學者不可以去探究，這樣會讓社會的很多真相完全地被遮蔽起來。我覺得這恐怕對我們的學術研究是一種很大的災難，以後我們的學術研究，特別是做歷史的研究，只能接受或者官方認定的某種既定事實，不可以有相反的聲音。

這幾年出現的這種傾向特別明顯，包括袁偉時先生、很多關注歷史的專家學者發表對過去的歷史和和歷史事件，呈現出與官方權威定論不太相符的情況，都受到了網絡上一些人士的攻擊。對這種攻擊，洪振快説是左派對右派的攻擊。我不太喜歡左派、右派的劃分，我們生活在世界上應該大家都能夠就事論事地看待問題，或者發表自己的意見進行公開的表達，這就可以了。而從我們目前看到的情況來看，讓我們感到憂慮的是，洪振快先生指為左派這些的人，我曾經研究了他們的言論，真的是蠻不講理的。當然我不太習慣當成什麼樣的派，只是有這樣的群體存在，是很困惑的事情。我覺得我們人應該有最基本的良知和最基本的理性。我覺得他們應該和我們這樣的人應該是一樣的，為什麼差異這麼大呢？這個我特別難以理解，尤其是剛才提到的那些人張口污言穢語。當然也許我在不知不覺中也被貼上什麼標籤，譬如右派、訟棍，我發的很多微博，經常有人在上面污言穢語地罵。這些人在今天已經成為社會的毒瘤。張千帆老師、賀衛方老師都面臨這樣被攻擊的情況。剛才講到的訴訟是基於這樣的現實，是這麼多專家學者面臨這麼多無端的攻擊和謾罵，振快試圖通過司法形式對他們做出一個否定性的評價，在這個意義上我非常支持這樣的做法。雖然我自己也面臨這樣的侮辱、謾罵、攻擊，我總是認為他們的侮辱、謾罵、攻擊，大家都能看到，他們是什麼品種的人大家都會去做評價，所以我不以為意，但是我仍然認為洪振快老師的起訴很有意義，我作為他的代理人，會認真地應訴。但目前感到憂慮的是沒有説話的平台，在法庭上説什麼可能都沒有意義，最後仍然判我們敗訴，而且判我們敗訴以後沒有任何公開的平台發表自己的意見和主張。我想對這樣的現實，應該引起我們大家的警惕。

張千帆：周澤律師把言論和名譽權之間的界定解釋得簡單明瞭。侮辱、誹謗、揭露隱私三種言論在法律上不能允許，中國不能允許，世界上其他國家也是如此。就事論事的歷史探討哪個都夠不上，因為洪振快關於「狼牙山五壯士」的文章非常理性平和，不涉及侮辱任何人。當然，有人可能會認為，你對我的探討本身就是一種侮辱，怎麼能探討英雄、領袖呢？他們應該是無可質疑的被套在光環裏，任何想要揭開光環的企圖都是一種「侮辱」。我想絕大多數人都不會這樣去界定「侮辱」。再說「五壯士」進了教科書，應該屬「公眾人物」，公眾有權利知道一個真實的歷史版本。

關於誹謗，對方對事實問題好像不是太在乎，並沒有提出有力的證據反駁這篇文章提出的論點，而且國家文件已經肯定了文章中的某些結論。即便結論確實錯了，只要不具備實際惡意，也不應構成誹謗。因為「五壯士」是公眾人物，實際惡意是檢驗是否構成誹謗的國際通行標準。最後是隱私，當然也不可能涉及隱私，我想沒有哪個英雄是把「隱私」作為英雄事蹟吧。公眾人物的各方面也需要公眾檢驗，其實也不存在什麼「隱私」。

由此可見，歷史的研究——平和理性、就事論事的研究——應該是有自由，但像剛才周律師講的，在中國這種研究恰恰沒有自由。不僅國家可能會限制你，而且社會上的某些非理性勢力也可能通過比較粗暴的方式干擾你，給你帶來很多的困擾。如果說在這種情況下，法院不僅不支持理性的研究，還去支持非理性勢力，完全把法律給顛覆了，像吳思老師講的「潛規則」一樣，我們從應然的層面上應該是以這種方式理解言論自由和名譽權之間的關係，但實際上法院則很可能是反其道而行之。這樣做會有什麼後果？歷史研究的探討和言論的自由發表對於這個國家來說有什麼樣的重要意義？下面有請吳思老師做一個總結性的發言！

吳思：最後最難的話題交給我了。案例已經介紹得很清楚了，周澤律師從法律角度對案子的評論也說得很清楚，但周澤的感覺是這個案子可能要輸了，這就該輪到我講了，講「潛規則」。

　　要講「潛規則」得先把今天的話題提一下。今天要說的是「言論自由及其憲法邊界」，憲法邊界是多少呢？憲法說公民有言論出版自由（憲法 35 條），假定這個邊界是 100 平方米，這就是憲法給我們規定的言論出版自由的邊界。那中國的言論出版自由的實際面積是多少？這是一個很複雜的結構。我先介紹一下中國複雜的言論出版自由的結構，然後再具體評論這個案子。

　　打個比方，我在礦泉水瓶擺了一本書，呈現傘形結構。這就是中國複雜的言論出版自由結構。

　　更準確地講，這個是言論出版自由，今天我們主要討論的是出版自由。因為說什麼話好像問題都不大。現在有一個內部掌握的說法，我們辦媒體的熟悉：「思想有自由，研究無禁區，出版有紀律」。思想是自由的，沒人管得住，愛想什麼想什麼。研究也沒禁區，但你們發表，媒體把關人要掌握好邊界，這就涉及到自由的邊界問題。現在給大家描述中國的言論出版邊界及其複雜結構。

　　最上層，你們看到，這本書，假定這就是憲法，憲法規定言論出版自由的面積為 100 平方米。真有 100 平方米嗎？大家都知道沒那麼大。那實際是多少？憲法之下應該是法律，憲法的第二級應該是法律，第三級是行政法規，第四級是部門規章。所以第一級，100 平方米就不談了，談第二級，法律。

　　中國沒有新聞法，這是一個麻煩事。當年想立法，陳雲同志聽說了，就發表了一個意見，說當年我們和國民黨鬥爭的時候，就鑽了它新聞法的空子，現在我們還是不要新聞法，想怎麼管就怎麼管，更主動。所以這個法就沒立。我們辦媒體都希望有，哪怕新聞法是一個管制得很厲害的法。我們都知道中國歷史上春秋時代鑄刑鼎，鑄刑鼎被評為歷史的進步，因為貴族們把它給鑄到鼎上了，大家都看得見，不能想怎麼管就怎麼管。歷史家對它的評論是：限制了統治的任意性。中國現在的媒體管理相當任性，所以我希望鑄刑鼎，有一個新聞法，但實際上還沒有。

　　目前出版行業所有的最高層級的法規是國務院頒佈的《出版管理條例》，即行政法規。也就是說，憲法之下的第二級空缺，憲法

之下直接就是行政法規。行政法規就相當於瓶蓋這麼大，大幅度縮小，假設縮小了 40 平米，還剩 60 平方米，勉強說得過去。要是訂得太難看了，明顯違憲。所以實際的《出版管理條例》是 60 平米。這個條例涉及內容管理和准入管理。准入管理，就是誰可以進入出版領域。內容管理，就是言論邊界問題。今天主要談言論邊界，准入管理只交代一句：中國在新聞出版領域建立了主管主辦單位制度，也就是說，只有達到一定行政級別的單位才有資格申請辦媒體。換句話說，公民的出版自由權利，被替換為申請單位的資格。

我們接着說內容管理。出版條例還要有實施細則，具體到出版物，在內容方面，可以說什麼和不可以說什麼，這方面有新聞出版總局頒佈的重大選題備案辦法管着。只要是重大選題，就必須備案。這是第三級，憲法第一，行政法規第二，部門規章就是第三級。第二級，出版條例有一條有關備案的條款，大意是，在內容管理方面建立備案制度。所謂備案，本來是相對審批而言的，就是報上去，告訴你我要發了，就完了，無須得到批准。但是在重大選題備案辦法中，也就是「部門規章」之中，增加了一條，說備案文章必須得到回覆之後才能發表。也就是說，沒有得到回覆不得發表。這是部門的自我授權行為，違背了上位法，更違背憲法。在實際操作中，我們報上去一篇文章，必須得到書面回覆，同意發表，我們才能發。加了這一條之後，備案制就成了審批制。現在實際管理我們的就是第三級，瓶子上最細的這段脖子，以名義上的備案制度，以對備案制度的獨特解釋和操作方式，悄悄收緊了出版自由的邊界。

什麼叫重大選題？我給你們背一遍，總共 15 條。還是概括地說吧：重大的黨史問題、國史問題、軍史問題，涉及到歷屆四副兩高以上的領導人的問題。「歷屆」是從陳獨秀開始，「兩高四副」是副總理以上，副主席、副委員長，「兩高」最高法院最高檢察長。剛才說到陳永貴，副總理，就在這個管理範圍之內，就算重大選題。然後還有民族問題，宗教問題，與蘇聯東歐和國際共運有關的問題，以及其他涉及社會穩定的重大問題。

像《炎黃春秋》這樣的雜誌，幾乎每一篇文章都涉及重大問題。

判斷重大與不重大的邊界也非常模糊。據說，在這個辦法制訂的時候，中宣部的一個領導召集會議徵求意見，黨史研究部門的一位領導質疑，說這個辦法沒法執行。諸位想想，如果某一篇文章提到周恩來，提到毛澤東，可能只有一個自然段，或者一句話，應不應該報備？算不算重大選題？怎麼掌握？如果都報備，怎麼審得過來？聽了這個質疑的人，說你真是書生氣十足。平時我們可以不管，睜隻眼閉隻眼，但我們要管的時候，隨時可以拿出依據來。也就是說，這個辦法陷所有人於罪，讓我們戴罪生存，管理部門想抓誰就能抓誰。於是這個重大選題備案辦法就把言論出版自由縮小到 10 平方米。

請看，第一級憲法 100 平方米，第二級出版管理條例縮小為 60 平方米，第三級重大選題備案辦法縮小為 10 平方米。這就是言論出版自由的三級結構。

但是諸位都知道了，這 10 平方米是沒法執行的。我們每個人都被迫戴罪生活。你可以犯多大的罪呢？看你膽子有多大，如果膽子小點，一般的報刊領導人要繼續升遷、繼續進步，要求自己比較嚴，自我約束比較強，但再強也不可能不違規。怎麼辦呢？常規的辦法是，儘量不要說違背中央精神的話。要和黨中央保持一致。當然要做到這點還是不容易，譬如說憲政就是違規了。民主、憲政都是敏感詞，「憲政」這兩年變得非常敏感，你們這個行業就是敏感行業。

張千帆：你們也是。

吳思：我們沒這麼敏感，談歷史談到歷史虛無主義的程度才敏感，你們談憲政，怎麼談都非常敏感。但是我們知道，社會主義核心價值觀：「民主、自由、平等、法治」全在裏面，那麼，怎麼和中央精神保持一致？你們誰能掌握好？運用之妙，存乎一心。這就是總編輯必須掌握的分寸。

其實，只要不是以談風花雪月為專業的雜誌，只要進入人文社科領域，再小心謹慎的人也知道，不能局限在那 10 平方米之內。在那 10 平方米內沒法活、報刊沒人看。於是，常規的尺度是，把言論

自由擴展為 30 平方米。這是第四層。這一級不是部門規章，而是潛規則。

第五層也是潛規則。比較猛的雜誌、比較猛的報紙，譬如《南方週末》、《炎黃春秋》、《財經》，有時候膽子比較大，領導人的官場進取心不那麼強，覺得這個位置挺好，可以施展身手，那就可能把這個邊界從 30 平方米擴大到 40 甚至 50 平方米。

再放開一點，第六級，第六層，就是網絡。誰都可以開個微博，人人都可以辦個媒體，這叫自媒體。網絡一誕生，各項關於媒體准入的規定就不夠用了。不能把每個開博客發議論的人都拉入主管主辦單位體制，也無法給他們發職業資格證書。自媒體管不過來了。於是自媒體的實際邊界就擴展到 60 平方米、70 平方米。但肯定不到 100 平方米，如果達到了 100 平米，就沒有網絡敏感詞了，也不會封網了。

這就是中國言論出版自由的結構，怪模怪樣的，頂着一個大帽子，然後層層縮小，縮到最小，再逐級擴大，總共六層，是一個奇形怪狀的結構。但這就是中國言論出版自由的真實結構。

洪振快說的這個故事發生在哪兒？發生在第五層和第六層，先發生在猛報猛刊的這一層，然後發生在網絡這一層。猛報猛刊登出來了，有人管嗎？沒人管。這篇文章是 2013 年 11 月份登出來的，我 2014 年 11 月離開《炎黃春秋》，這篇文章，在這一年之內沒有受到過任何批評。如果有批評，通常都是在兩個月得到反饋，如果是非常猛的，半個月就會得到反饋，電話過來，什麼出事了，來一趟。我就到那兒去，讓我解釋怎麼了，我就介紹經過，該寫檢查寫檢查，該整頓的整頓。但是這篇文章沒有任何問題。在重大選題備案辦法裏，這篇文章所涉及的問題，夠得上重大的黨史問題、軍史問題嗎？狼牙山五壯士，五個人跳崖了。他們究竟在什麼地方跳的，爬上來之後吃沒吃蘿蔔，算什麼重大的軍史問題？

去年發生了一件事，也是軍史的問題，炎黃春秋發表了志願軍衛生部部長寫的一篇文章，題目是「細菌戰是一場虛驚」。抗美援朝的時候，中國指責美國打細菌戰，發起了國際調查，弄得美國軍

界最高的領導人非常尷尬，他一下飛機就有人打橫幅，說你們是瘟神、打細菌戰。他賭咒發誓地說沒有。志願軍衛生部部長去世前兩年給我們送稿，意思是沒有細菌戰這回事，他是當事人，他說我不把這事說出來，死不瞑目。活的時候就放不下這個事。給我們，我們不敢發，因為這涉及到跟朝鮮的關係，所以又是一個敏感領域。後來跟朝鮮關係比較正常了，我們就發了，發了以後，總政找到我們這個行業的領導，要我們說清楚。很容易說清楚，蘇聯檔案公佈以後，海外都知道沒這回事，我們還在中央人民電視台說美國打細菌戰，這不是睜着眼睛說瞎話呢？戰爭期間鬧也罷了，現在還這麼說，是無知還是故意？這不是讓中國媒體和政府包括軍方的威信掃地嗎？這才是重大的軍史問題。

狼牙山五壯士問題顯然沒到這個級別。當然現在成問題了，你們看到國慶節閱兵第一方陣是狼牙山五壯士方陣，恐怕就是這篇文章鬧出來的，這個事被激成的重大的軍史問題，本來不是。登該文章的時候，猛報猛刊也沒有犯規，官方並沒有吹犯規。這時候出現的是什麼故事？一些革命群眾在網上喊，在網上罵娘。說犯規了，要管一管。他們要把猛報猛刊從 40 平方米壓縮到 30 平方米。於是開始了這麼一場博弈。

諸位看到的狀況是，在整個中國複雜的言論出版結構中，在第五層級的邊界上，出現了新的邊界之爭。革命群眾要把猛報猛刊的邊界打回去。如果這個案子判完了，就會讓其他的報刊在這個領域謹慎一點。但這只是間接的後果，意料之外的影響。這個案子本來並不是革命群眾與雜誌社的博弈。革命群眾想拉上雜誌社，但是這事與雜誌社無關。最初是洪振快告人家，告人家罵娘，本來是簡單的罵娘案，他想起訴的是罵娘黨，說中國有一批罵娘黨，要把罵娘的語言從公共言論空間清除出去。動機很好。但人家要變被動為主動，不局限在名譽權的官司裏，而是打大仗，打政治仗，譬如「你們這個案子，如果判反了，你們就是反軍判國」，這樣一來，這個案子還是罵娘案嗎？成了政治事件。連法官都成了叛國分子

本來，在第六層網絡世界上，一個簡單的邊界問題出現了，那邊罵娘了，這邊就想打罵娘案的官司，如果這麼打，對方就輸定

了。所以對方要把案子變成他們有可能贏的案子，那就不談第六層邊界上的罵娘問題，大談第五層邊界上的政治問題，説是反軍、是叛國，是歷史虛無主義。所謂歷史虛無主義怎麼定義？歷史虛無主義的定義就是忽視黨的偉大光榮正確，單説黨的缺點和不足，那就是歷史虛無主義。

張千帆：質疑也是。

吳思：對，現在要用歷史虛無主義這種模糊的政治罪名，把40平方米、50平方米的邊界繼續壓縮。

最近兩年來我們的意識形態有偏紅的趨勢，多次談到共產主義。如果熟悉黨史，就知道在1986年中共中央有一場爭論，當時胡耀邦要推出社會主義精神文明建設的決議，鄧力群要求決議中寫上一條：以共產主義思想為核心的社會主義精神文明建設。那時候剛剛改革開放，大包乾發生了，民企正在出現，共產主義是什麼意思呢？要公私合營嗎？所以胡耀邦和趙紫陽聯名給鄧小平寫信，意思是不要談共產主義，一談共產主義就會有不同解釋，容易混亂。鄧批示同意了。1986年之後，中國報刊上就不專門談共產主義了，鄧力群的主張被壓下去了，但最近兩年不然，一再提共產主義。這種偏紅的趨向，就是這場邊界爭奪的意識形態背景。

我已經介紹了言論出版自由的複雜結構，又介紹了在第五級和第六級言論邊界發生的這場爭奪，雙方的意圖，策略，以及可能出現的後果。

我覺得這場官司打贏的希望不大，我當時比你的證據有力得多，情況比你簡明得多，都輸了。而且對方製造的政治壓力還沒這麼大，還偷偷摸摸的，我都輸了。現在呢，第六層級和第五層級這兩條邊界被對方攪混了，不那麼簡明了，政治壓力也鬧得那麼大，這都是不利因素。

當時我輸的時候，賀衛方祝賀我，「你才賠了兩萬塊錢，就寫入中國法制史了，我很想多花點錢寫進去。」他非得堅持我賺了。按照賀衛方的説法，你可能也會賺了。但我覺得即使洪振快賺了，對

中國來說仍然是一個損失，是一個很令人遺憾的事。即使是純粹地算政治賬，這個政治得失也非常複雜。譬如說純粹從政治上判這個案子的輸贏，究竟是利大還是弊大？如果周澤是管政法的頭，你怎麼判？

我要是你，可能會有複雜的政治權衡。

我想，首先這個事情的事實沒什麼大問題，就是五壯士自己說的話，怎麼吃蘿蔔，怎麼拔起來又摁回去，最後又怎麼想這想那的，這種事在戰爭中太正常了。譬如看《吳法憲回憶錄》，當年長征的時候他是主力團的政委，就說到搶糧食，不搶糧食怎麼活？一路走過去，又沒地方收稅，怎麼吃飯？戰爭有戰爭的邏輯，戰爭的邏輯極其嚴酷，對於將領來說最重要的是打勝仗。活下去，打贏了。《孫子兵法》談將領的缺點是什麼，居然說，將領愛民就是缺點，如果光想着愛民，什麼都照顧老百姓，就會讓敵人抓住你的缺點。林彪元帥就沒有這樣的缺點，他在圍困長春的時候，就是不讓城裏的老百姓出來，就是讓老百姓吃糧食，讓守軍的糧食加速消耗，最後守不住城。據說幾十萬人出了城都不許離開，就在城前待着，讓裏面的人看見，不再往外跑，在裏面消耗守軍的糧食。林彪元帥沒有不符合戰爭邏輯的缺點，所以不斷地打勝仗。如果說解放軍官兵不是按照《孫子兵法》的邏輯去作戰，婆婆媽媽的，究竟是表揚還是批評他們？這個事情就有點複雜了。

再複雜一點，現在有人質疑跳崖地點的事，還有吃蘿蔔問題，在我看來，這些都不足以損害狼牙山五壯士的形象，他們在跟民族的敵人殊死搏鬥，但也沒有迂腐到跑不動了、餓得不行了，或者要渴死了，不肯從地裏拔一根蘿蔔吃。迂腐成那樣，那個軍隊還能作戰嗎？在和平時期還有緊急避險的法律呢，為了生命安全，在緊急關頭，侵犯他人的某些權利並不違法。另外，明明可以受傷溜下去，非要跳下去摔死嗎？這不是有病嗎？他們寧可冒着摔死的危險也不願做俘虜，已經很讓人佩服了。按照西方軍隊的常規，投降也是無可指責的。中國軍人能夠做到這一步，已經很讓人敬佩了。不僅不構成形象損失，甚至更可親可信。讀者並沒有期待每個士兵毫無瑕疵，都是聖人，設身處地，將心比心，心悅誠服，這就很好

了。如果經過質疑，以前有缺陷的歷史事做了一點修改，不僅五壯士依然可信可親，還會讓大家覺得整個黨的說法可信，面對任何質疑都認真澄清修改，這個黨的可信度如何？如果你是政治局委員怎麼權衡這個事？明明知道這個修改能夠增加對歷史述的可信度，增加對黨的實事求是精神的可信度，非得摁住不改，然後判質疑者輸？這在政治上是得還是失？一小得，一大失。贏了一個小案子，失去了自己的信譽，失去了自己述的歷史的可信度。所以，即使在政治上算帳，也是得不償失。用更大的錯誤彌補一個本來微不足道的小錯，算什麼政治決策？

但很可能中國的政治人物犯這樣的錯誤，這不是他傻，而是他在那個位置上，怕擔責任，怕遭受別人的攻擊，被迫幹這樣的事。這是體制的毛病，人人都是代理人，都不肯為大局承擔風險，「甯左勿右」，最後因小失大。目前最大的政治，可能就是四中全會的那個承諾——依法治國，老老實實的依法治國。別打政治仗，就談法律。讓周澤去打，他贏了，洪振快贏了，黨也贏了，就那幾個罵娘的輸了，這不是好事嗎？如果洪振快輸了呢，除了大局的政治損失之外，法院也輸了。獨立審判輸了。如果審判沒有受到政治干預，那就是法官在邏輯上出了問題，真讓人家攪暈了，在專業水平方面輸了。

最後總結一下。這個複雜的言論出版自由結構，不是其中內部人一般說不清楚。這個兩頭大中間小的六層結構，除了那層憲法之外，每一層的邊界都是潛規則。潛規則是有層級的複雜結構，不是簡單的「潛規則」三個字就能夠說明白的。

另外，這本來是簡單罵娘案，現在被告動用了政治策略，很有可能這個政治策略使原告輸，但是案子輸了，其實反而贏了，進入歷史記載了。反過來，贏的人其實大輸。

張千帆： 感謝吳思先生給我們講解了言論自由「潛規則」非常複雜的結構。結構還是簡單點好，即便對於黨史來說。黨史大家能不能探討、能不能質疑，這確實關係到執政黨可信度的問題。黨史總不能純粹靠謊言堆起來吧，總歸要有些真實的故事。振快的文章

並沒有否定「狼牙山五壯士」，其實是很「正能量」的東西，還不像有些比較激進的質疑，完全否定，譬如前段時間流傳邱少雲的「燒烤」，據說現在「燒烤」也變成一個敏感詞，大家沒事別去吃燒烤，免得「尋釁滋事」。我們教科書中的歷史沒有必要那麼「高大上」，但需要更加接近真實，讓我們覺得更加可信，進而讓其他不那麼可信的東西也變得更加可信一點，對執政黨也沒什麼不好，可以變成一件雙贏的事情，我還是希望最後能夠出來一個雙贏的結果。當然，諸位坐在這兒的人比較悲觀，按照現在的架勢好像要輸，輸了對洪振快個人未必不好，但是從我們憲法專業來說，對於中國的出版和對於歷史真相的探討卻是不可承受之重。

下面還有一點時間，可以有一個比較簡短的互動。問題和評論都不要超過 3 分鐘。

> 提問：吳思老師，我想提一個問題，你說到第四層的時候提到了富強、民主、文明、和諧、自由、平等的社會主義核心價值觀，又提到了共產主義概念重新被提出來，這兩個東西已經有矛盾了，你怎麼看待怎麼解釋？

吳思：錢鋼（香港大學中國傳媒研究中心的主任）研究中國言論的時候，提出了語象的概念，他用研究氣象的方式研究語象。那麼什麼是陰晴？他用了顏色的比喻：深紅色、淺紅色、淺藍色、深藍色。深紅色是毛澤東的語言；當代黨的文件的語言是淺紅色；西方經濟學的那些語言是淺藍色；多黨制、三權分立、軍隊國家化就是深藍色的語言，黨絕不能說這些話。在這個分類裏，共產主義就是深紅色的語言，民主、自由、法治、人權，這個在深藍和淺藍之間，快到深藍色了。社會主義價值觀 12 個詞、24 個字，都說是核心，其實這裏有因果關係，不是都是核心的，不在一個平面上。譬如愛國，我們為什麼要愛這個國呢？奴隸制國家或者法西斯國家，我們要愛它嗎？因為這個國家是自由的、民主的、平等的、法

治的，我們才愛，也就是說，愛國是果，前面幾條是因，存在因果關係。再譬如富強，一個奴役大眾的國家富強嗎？有自由、法治才能夠富強。和諧，不斷搞階級鬥爭怎麼和諧？民主自由平等才能和諧。如果這樣把因留下，把果刪去，剩下的作為核心的核心概念，恰好是所謂的普世價值，即近乎深藍色的東西。一個是深藍色、一個是深紅色。

看四中全會或者三中全會的決定，基本上是淺藍色的語言，三中全會的核心詞就是一個：提高市場經濟的純度。而四中全會的核心詞用一句話表達，就是依法治國。這都是淺藍色的語言。但看到一些領導人批示、談什麼東西，脫口而出，不僅是淺紅色，經常冒出幾句深紅色的話，譬如共產主義。我們看到的就是這樣一個矛盾的現實，是中國現實領域的矛盾狀態，這個矛盾的狀態從十八大以後開始到現在。

第二是如何理解這種複雜和自相矛盾。看看老大在美國講的那些話，大量的是藍色的，很多是淺藍色，甚至有一些深藍色的話。在國內講話則不然，不時就有深紅色的。我也是知青這一代，當年他們當大隊書記的時候，我也在一個山溝裏當大隊副書記，我很熟悉先進知青的語言，當大隊幹部的知青語言。我聽他說的語言非常親切、非常熟悉，好像我當年脫口而出的話語一樣。那是我們 70 年代形成的底色，這個底色在我們那一代人普遍存在。但是現在要談論社會問題，要分析中國經濟，用我們那一套底色的語言就沒法談，討論都沒法討論。那是社會主義政治經濟學的一套話，你們大概都沒有學過，一大二公，計劃經濟，那一套語言根本沒法分析現在的經濟問題。要談論經濟問題，以經濟建設為中心，一定要用討論市場經濟的那一套語言，即淺藍色的語言。這種理性與底色和情緒、傳統與現實和未來，自然形成了矛盾。我就這麼理解當代意識形態的矛盾：一批人，而且是身居高位一批人內在矛盾的反映。傳統和未來走向的矛盾的反映。在我們這個改革或過渡時代，無法形成一種長期穩定的意識形態，只能在兩級之間搖擺。

> 提問：吳思老師，你零幾年的時候經歷了一場敗仗，現在洪振
> 快老師即將面臨一場敗仗，這十幾年來，你認為中國的
> 法治是停滯不前的還是退步的，中國的法治還有多遠？
> 我剛才聽你的話有點消極，但我們學法律的有點理想主
> 義，能不能送一些話給我們這一代人，讓我們有一些堅
> 持走下去的動力。

吳思：評論中國十年的法治進步或者退步，第一線的人才能評論得來，讓我評論中國的言論、中國的媒體，我能評論，我內行，法律上的請周澤回答。

說鼓勵的話太容易了。我覺得三中全會和四中全會做的承諾，也就是淺藍色的東西，不是某個領導人的一時偏好。我們知道，中國最在乎的是經濟發展，如果經濟失速了，財政危機了，社會動盪，政權穩定性就可能出問題，這是性命攸關的事。與就業、經濟發展關係最密切的是民營企業，如果民營企業大規模的用腳投票、移民，或者消極觀望，這個國家 30 年積累的市場經濟精英，人人都不幹活，中國的經濟就不會樂觀。怎麼樣調動他們的積極性，是政府熟悉的思維方式。

第一個辦法是開放更多的領域，讓民企進去，也就是提高市場經濟的純度，這個可行。提高司法的獨立性，換句話說，讓他們安心：我不搶你的東西，你別跑，好好幹活。我覺得這兩個承諾都是可信的。如果走偏了，開始搶東西了、剝奪了，很快帶來的結果就是社會動盪。這個大方向可能出現偏離、搖擺，甚至偶然地走回頭路，但是要提高法制水平和市場經濟的純度，這個方向沒問題，未來 7 年內就會有成績，也就是承諾到期的日子，2020 年。

周澤：作為一個一直在法律實踐第一線的律師，要評價十餘年來中國的法治是進步還是退步，我感覺是一個很困難的事情。從律師執業的角度來講，從我們過去做案子和今天做案子的遭遇上進行評價，這個不能簡單地從這些年來國家出台了多少法律和某個領導說了多少話來評價是進步還是退步的。如果僅僅從社會法治理念、

國家發了多少文件，強調依法治國、出台了多少法律的角度來講似乎是進步了。但是實際上，即使沒有出台這些法律，在十幾年前的背景之下，存在的一些問題，沒有後來的法律就是不可以解決的嗎？就是不可以通過一個相對比較公平、公正、合理的方式來解決的嗎？好像也不是這樣。所以在這個意義上講，從立法的變化、領導講話這些看不出這種進步，我們只能是從司法實踐或者我們經歷的一些情況做一些審視。似乎從我們的經歷角度來講，如果從律師角度來講，有很大的進步，我們很難想像在十幾年前會出現像今天大家所看到的那樣，包括我們這樣一類的律師被大家貼着「死磕」標籤的律師，也很難想像這些律師經過他們自己的努力、艱苦卓絕與司法機關的「死磕」而帶來的改變，這些是十幾年前不可想像的事情。從律師角度而言有很大進步。到今天，整個律師群體都有一種堅定的維護當事人的合法權益，為法律公正地死磕，這似乎形成了一種風尚，尤其在今天，至少是近幾年來呈現出這樣的狀況，雖然針對真實世界存在的狀況，從最高法院、最高檢等部門似乎有一些疑慮，甚至打擊死磕律師的氣象，今年好像也抓了很多律師，在對這些律師進行報道和評論的時候，提高到了「死磕」一詞，似乎是對我們律師群體體現出一定要政治的趨向。但我們又看到當這些律師群體反彈的時候，有官方媒體站出來說，我們不是要打擊這些死磕律師，而是希望這些律師依法死磕，表現出的是這樣的輿論。但我想無論官方怎麼表態，今天律師已經形成了這樣的覺悟，已經幾乎不太可能回到以前那樣的狀態：面對公權力唯唯諾諾的狀況。律師界所呈現出的狀況會逐步地推進法治的進步，如果這些年我們的法治有所進步的話，一定是律師通過自己的努力或者死磕換來的，包括法律規範的改變。我們做的很多案件，裏頭呈現出的問題，我們在法律規範上、司法解釋上都有一些具體體現，以至於我們的司法解釋、法律條款，叫做某某條款。譬如小河案，我們曾經組織若干律師在那裏打，把司法機關存在的種種問題充分記錄，後來在司法解釋裏明顯出現了針對小河案的問題，叫「小河條款」，還有王興律師做的王剛案子裏被驅逐出法庭，後來可不可以再回去，這叫「王興條款」。在現在的法律司法解釋裏有很多這樣的東西，我想這些某種意義上都算法治的進步，這些法治的進步與律師的努力分不開。這是從律師的角度而言的。

如果從司法機關、司法人員的角度來講，我覺得我看到的進步非常微小，從十幾年前我們法官判吳思老師的案子可以這麼案，今天的法官仍然可以這麼判，從這個角度講，我們沒有看到更多的進步。當然，如果是十幾年前吳思老師的案子是在今天這樣的環境之下，譬如輿論的環境或者網絡中的環境，也包括我們這樣的律師天天扭着他們搞，結果有沒有可能有所改變？未可知。包括當年我們明顯感覺到判決不公正的案子，我們琢磨琢磨，有沒有可能改變？也有可能。這些判決看起來都是司法機關做出來的，我有時候在網上曬一些案子，把今年的成果公佈一下，很多人認為我是搞營銷、宣傳，其實找我的人多得不得了，忙都忙不過來，沒有這樣的意思，曬這些都是是想給律師同行鼓鼓勁，給司法機關一些暗示，說這些案子這麼判了也沒什麼，給大家一些鼓勵。我想在律師的推動之下，司法機關司法人員的觀念也在逐步地改變。如果從他們的角度來講，也是需要我們來推動的，但是推動不僅僅是律師自己的努力，也包括我們在座的各位在網站上對律師的關注，對律師所辦理這些案子的呼籲、推動，包括我說的小河案源源不斷地有網民圍觀，童之偉教授、秋風教授都去了，這是大家努力的結果。如果大家期待我們的法治有所進步或者取得更大的進步，我希望學法律的朋友們，以後畢業加入到我們的隊伍來，向我們學習！

鄧峰（北京大學法學院教）：問個問題給洪振快先生，你第一個案子起訴的時候是怎麼想的，有人罵你是漢奸或者什麼，我們每個人在網上，不說張千帆老師，包括我以及很多很平和的人出來講話，大家知道有五毛黨，有被收買的，他們這樣講的時候是暴露自己，是自絕於一般人，這沒有什麼讓你通過法律的聲音、讓他道個歉就實現糾正社會風氣的目標呢？這個社會風氣從來都是這樣的，這是第一個，我覺得對你比較負面的評價是沒有做好，是不合理、不講道理、來罵你，這根本無法討論，譬如學生說鄧峰老師的課聽不懂，這是對我非常嚴厲的攻擊，不知道你當時怎麼想的。

洪振快：關於起訴的目的，前面提到，在豐台法院我的最後陳述中有四點。就我個人來說，認為做人要有正義感。這個正義感首先體現在面對這種情況——前面也提到對賀衛方老師、茅于軾

先生一再地辱罵，他們代表了一種勢力，這個勢力完全不講道理的——從我個人來說，作為一個知識分子有義務出來挑戰一下這樣的狀況，至少讓他們知道懂點規矩，討論公共話題就得擺事實、講道理，不能以辱罵的方式，不能侵犯憲法、民法賦予公民的人格尊嚴權利，讓他們培養一點法治思維，這是我起訴的原因。如果他不是罵我我沒資格起訴，賀衛方老師、茅于軾先生或者年紀大了，或者不屑與他們計較，但對我而言看不下去，賀衛方老師、茅于軾先生被人罵成漢奸，我作為旁觀者實在看不下去，讓人憤怒，有點正義感都會感到憤怒。現在很多事情，左右之間的分歧非常大，要討論、要達成共識，至少要守公共規矩。這是我原來的設想。所以我在豐台法院說，這場訴訟具有公益性。

提問：剛才吳思老師說新聞自由，我自己觀察，發現咱們中國的新聞自由有一個真空地帶，從建國以後，周總理通過文匯報發表過很多東西。現在中國的這種情況下，很多國家的一些精英在香港或者在別的地方發表一些跟自由比較大的東西，會否影響國內的一些東西？或者咱們當局對國內人在國外發表文章的人是否有限制，是否會處分你在國外發一些東西？

吳思：這取決於那個人是什麼人。譬如說鄧力群在香港發了《十二個春秋》，這邊不讓發，給扣了，相關出版社遭到過刁難。《炎黃春秋》社長杜導正，出了一本《趙紫陽還說過什麼》，此前出了一本趙紫陽口述的回憶，這兩本書都有人找到門上，要求別出。杜老說你願意處分就處分，我 70 年的黨齡，如果為了這個事開除黨籍，無上光榮。說到這個份上，人家也沒辦法。《炎黃春秋》另一位同事楊繼繩的《墓碑》也不讓出，說十七大之前別出，他答應了，十七大後就出了。出了以後，敏感一段，過了一段就過去了。總之，真正影響人身自由的、損害作者實際利益的，譬如扣除養老金的，開除的，在體制內的這些人，我不知道有誰遭遇過。但會有人警告他們，會打招呼，聽了就聽了，沒聽好像也沒什麼大不了。但是我不敢說都是這樣，也可能有的地方有大不了的事，但是我沒有聽說。

> 提問：你剛才說的聽習主席講話是你那個時代的知青體系，非
> 常清楚，底色是什麼顏色的也非常清楚。過了一些年，
> 這些人總會老掉、總會下去，再過幾十年都是我們這代
> 人，那我們這代人的顏色，跟主流稍微有所偏差，你預
> 測，到時候我們這些人跟他們會產生巨大的反差，還是
> 跟他們一樣，他們學生時代所形成的理論和心裏的想法
> 會帶到他的位置上，影響中國的政治。

吳思：你說的是 50 年之後？假定是 30 年、40 年，你說的問題
不用那麼長時間就可以解決，也就是十七八年的事，說不定更短。
你們 30 年之後再出場，解決當代核心大事就輪不到你們了，中國的
轉折式變化可能不是在三五十年之後，當然你說哪一天，咱們只能
說個大勢，誰都不知道究竟在哪一天。但是，中國經濟的減速是不
可避免的，隨之而來的財政困難也是不可避免的。這些事情處理得
好，十多年以後發生；處理不好，十年八年就會發生。如果中國的
經濟出了大問題，如果中國的財政捉襟見肘，老百姓要他們已經承
諾的社會保障和社會福利，到時候中國會出什麼事？在定期選舉國
家，無非是沒有兌現承諾的黨下台。但我們中國這就是體制問題。
這是一個不穩定的制度，特別怕不穩，所以老維穩，老維穩說明難
以持續，需要很大的能量維持住，如果能量不足了，沒那麼多錢
了，動盪卻加劇了，怎麼辦？我覺得這些事情在十年、二十年之間
會發生。

那時候，按照世界各國的轉型慣例，按照亨廷頓的說法，有三
種轉型：第一種是政府主導改革。第二種是體制外的民間主導，那
叫革命，推翻現在的，上來一批新人。第三種是雙方力量都很強，
民間和官方談判，譬如南非非國大和白人政權，譬如波蘭雅爾斯基
政府和團結工會。

中國的轉型可能是哪種？以中國強大的官僚集團的力量，很可
能是官僚主導的轉型。這種轉型我們在台灣看到了，在俄羅斯也看
到了。而且我們在看到這些的時候，發現了一條規律：所有政府主
導轉型的，對歷史問題無一清算，台灣沒有清算、俄羅斯也沒有清

算。這是一個定律。面對轉型，現在最擔心的不就是清算嗎？一說貪官污吏，百分之七八十的比例，這麼大的歷史債務、歷史的包袱怎麼解脫？只要政府主導轉型，這些都是壞賬，一筆勾銷，這是多麼大的誘惑？而且，那時候局面會愈來愈困難。控制不住了，何不撈取最後一把？所以，中國的轉型，在我看來會水到渠成，也會比較順利，但那是質量不高的轉型，就像蘇聯那樣，轉型以後磕磕絆絆，但是一定會轉。

至於具體的意識形態問題，意識形態與經濟發展的關係，意識形態方面的偏差如果干擾的更重大的事，就會迫使人重新調整意識形態的調子。意識形態調整調門最容易了，吹口氣就能調了。

提問：《狼牙山五壯士》小學課本的事情我已經慢慢淡忘了，但是今年國際關係學院在新生開學典禮上邀請了國防大學將軍講大閱兵和方陣，其中特別講到了狼牙山五壯士的方陣，說子彈打光了，跳崖了，日本鬼子看到了，表示了很大的讚賞。我覺得有這樣幾個事情：第一，內容判斷，內容判斷之前說一個源頭判斷，洪教授所考證的東西，這些材料都源自於我們的公開報道或者正面的報道，這些源頭的東西學者可以考證得到，沒有問題。從內容上來說，大家也不存疑特別的異議，但最主要的判斷在於動機的判斷，我們在座的人不算，就算精英社會中極少的一部分，用民意的觀點想問題，對狼牙山五壯士跳崖的事，全中國有多少人希望他們集體跳下去的？民意的東西很重要，上層的決策來源於民意，上層總是希望能代表更大的民意，對於洪振快老師，如果將來判他敗訴了，最大可能是因為他的提法沒有順應的民意，儘管尊重了可能的真實。研究無禁區，宣傳有紀律，有一些東西有口徑在裏面，如果支持洪振快教授的結論，帶來的後果是什麼？小學課本《狼牙山五壯士》的事情是文學離不開政治性，只宣傳一下而已，想宣傳正義性。今年9月份我聽國際關係學院將軍的報告中突出顯

示出來了，他說如果一個民族的人公開地去反對他們民族最崇高的人物和事蹟的事情，等於是投敵叛國。這句話我覺得說得挺嚴重的，我也覺得說得很好。如果洪振快老師到時被判敗訴，他的失敗不是他個人的失敗，因為高層總是喜歡從後果考慮問題。

提問：接着剛才這位同學的發言我說兩句，我是搞文學的，大家知道原來有一部作品，譬如《江姐》，剛開始的時候是另外一個故事，後來愈來愈複雜，愈來愈細節，最後變成一個很動人的故事，事實上證明它是假的，但是人們喜歡，這就是他所說的民意。這裏面有一個問題，把事實文學化甚至神化，甚至神化裏面的民意有多少值得尊重的空間？一個不值得尊重的民意要尊重嗎？結果必須用甜蜜的東西維持，維持了十年，用甜蜜的觀點把真實的觀點壓下去，這樣的民意太脆弱了。

洪振快：我覺得剛才提問說的民意，有幾個問題：一是民意不可驗證。我贊同他說的全民公投機制，如果公投一下，結果我洪振快不順應民意，那判我敗訴我完全接受，可是沒有經過這樣的公投，他們就說自己代表民意，那憑什麼？這是沒有道理的。二是既然講民意，那至少得先把事實擺給大家看，也允許我有反駁的權利。如果沒有給我反駁的權利，不許反駁，也不讓我有先把所知道的事實告訴大家，然後說宣稱自己代表民意，這是難以令人信服的。三是老百姓有知道真相的權利，了解歷史真相，可以說是最大的民意，讓大家知道真相，大家都能自己評判是非，知道什麼是該尊敬的，什麼不值得去尊敬的，是真正的英雄，大家自然尊敬，可是為何不允許老百姓先知道真相？而且連探求真相的權利的都沒有？連這點民意都不尊重，談何民意？

鄧峰：今天有各種不同的主張都很正常，到北京大學討論一個最基本的東西，即你要講真話，不要把這裏當成宣傳工具的地方，這是我們這個地方學術的規矩，你要講話就得為你講的話負責任。

張千帆：北大雖有圍牆，但向所有人開放。剛才這位提出的問題可以變成很高深的哲學問題，即柏拉圖提出的「高貴的謊言」。在某種意義上，我們不要否認，任何國家都需要神話，任何國家都生活在某種神話之中。有的人甚至認為美國立憲也是一個神話，苛求百分之百的真實是不現實的。尤其對於兒童教育，我們不能把現實存在的種種醜惡告訴孩子，這樣對他們的身心成長不利。但另一方面，我們確實生活在現實世界，至少個性成熟的成年人不可能成天生活在高大上、不真實的甜蜜之中。這種人為製造的「甜蜜」最後要讓我們付出代價的。就在最近的歷史上，顯然我們為此付出過巨大的代價，從「大躍進」到「文革」，本質上都是因為沒有言論自由，因為沒有言論自由帶來說謊話、相互欺騙等各種各樣的悲喜劇，讓人民付出慘痛代價。在當代，後極權已經製造不出這麼一部宏大的史詩，但各個角落都在為沒有言論自由而付出代價。

所以言論自由很重要，這是老生常談，不用多說，從周澤律師代理的案件就可以看到。謝朝平反映了三門峽的移民問題，五十多年過去了，人家的問題沒有解決，把這個問題壓下去，不得發表，好像我們這個民族生活得挺好、挺甜蜜，但卻不知道這個群體半個實際還在流離顛沛當中。如果沒有海南的劉福堂呼籲、反映環境污染的問題，我們可能對海南的環保一無所知。當然，海南環保問題已經比較明顯，我經常看到海口的天氣並不比北京更好，可見已經在沒有言論自由的環境下為發展付出了代價。只有更多的言論自由，才能讓這個民族走向更加理性、健康的發展之路。

因為這個，振快的訴訟有他的意義，雖然我也有點同意鄧峰老師所說的，言論自由問題應該主要在言論自由層次本身得到解決。他罵娘，大家都知道他是「罵娘黨」，聽眾就給他貼了一個「低素質」標籤，也許這就夠了。這樣就把全部的信心寄託於我們的聽眾、我們的讀者，認為我們有足夠的素質對不同的言論做出鑒別。我現在在網絡上不是很活躍，但知道中國網絡的情況沒有那麼樂觀，網絡討論的質量並不高，往往一個本來很嚴肅、很平常的問題會招致各種各樣無端無厘頭的攻擊。這部分是因為政府不僅不保護正常言論的自由，而且雇用「五毛」、水軍造成各種各樣的刻意誤導，造成

很多話題無法正常討論下去。譬如洪振快這樣的言論本來是對歷史故事很正常的質疑，卻馬上招致人身攻擊。在這種情況下，通過司法稍微維護一下網絡秩序，有時候還是有必要的，我指的是純粹的爆粗口，因為罵娘這種言論——如果還算言論的話——沒有任何價值，可以管一管。我是一個言論自由的「原教旨主義者」，說這些話的時候當然也知道管制言論所帶來的風險，由政府部門包括法院來管言論，有可能適得其反，不該管的瞎管，該管的反而不管。我們只是希望法院能夠按照憲法常識處理「狼牙山五壯士」訴訟，不僅保護正常探討的自由，而且能幫助淨化網絡語言環境。當然，即便針對罵娘這種低俗言行，也不能嚴厲處罰，而只能點到為止，要求停止謾罵、賠禮道歉。

我很高興，今晚我們能在這裏心平氣和地討論歷史事中的言論自由。原來我還有點擔心，怕有些不理性的人利用這個機會攪局，但今晚來了這麼多聽眾都很理性，也讓我們對中國社會的言論自由更有信心。對方在這件事情上顯得不夠理性，不僅爆粗口罵娘，而且也顯得沒有憲法常識，想採取法律手段封別人的口。圍繞「狼牙山五壯士」等歷史故事的爭議其實很簡單，因為這個問題的憲法原則很簡單：憲法保護公民說真心話，但顯然不保護罵人。面對這種爭議，我們都應該回到憲法。生活在一個國家的人可以有分歧，但是對法律尤其是最高法律必須懷有一種真誠的敬畏。這份真誠不分左右，不是說只有「右派」才需要言論自由，所以才主張言論自由；左派就不需要言論自由，所以就可以反對言論自由。現在有些人似乎只要緊跟「主旋律」，就掌握了公權力，想怎麼使就怎麼使。我想實際情況並不是這樣的，左派的言論有時候也會受到打壓，也同樣需要言論自由的憲法保護。

從大的方面講，沒有言論自由的國家不只是會出現狼牙山之類的爭議，而且肯定會產生很多物質上的後果，「大躍進」、「大饑荒」、「文革」都是例子，整個民族都付出了極為慘烈的代價，這裏就不多說了。所以我想左右雙方還是應該理性一點，坐下來心平氣和地達成一個共識，那就是不論我們的立場是什麼，我們都應該支持憲法、支持言論自由，同時也要求國家去保護言論，尤其不要動

不動希望通過國家的力量讓對方閉嘴，除非他是在侮辱、誹謗或披露隱私。説髒話在我們看起來根本算不上言論，罵娘或無厘頭罵誰是「漢奸」，對理性的公共辯論沒有任何價值，完全是「負能量」。法院有義務改善我們的言論環境，尤其保護像洪振快這種有奉獻精神的人──他的境界比我這樣的平常人高得多，那種地方除了旅遊之外我根本不會去，他卻為這件事自己花錢買票坐車來回折騰，為的是我們有一個更加真實的歷史故事。

中國人特別重視歷史，都説「以史為鑒」，但只有質疑的自由，才有歷史的真相。對歷史真相的自由探討對於這個民族的現在和未來都很重要。我們今天沒有時間去討論這個問題了，但是用一句話總結，切勿把理性質疑當作「歷史虛無主義」；壓制言論自由才是最大的歷史虛無主義，或者説是「歷史虛假主義」。

五
網絡言論的法律界限

時間： 2013年9月18日

地點： 北京大學法學院

主講人

童之偉： 1954年生於湖北武漢，法學博士，現任華東政法大學教授、憲法學學科帶頭人，中國憲法學研究會副會長，曾任武漢大學副教授、中南財經政法大學教授、上海交通大學教授、美國哥倫比亞大學等機構的訪問學者。

劉仁文： 湖南隆回人，中國政法大學法學博士，中國社會科學院經濟學博士後，北京大學社會學博士後，現任中國社會科學院法學研究所研究員、創新工程首席研究員、刑法研究室主任、博士生導師、博士後合作導師。

章立凡： 1950年出生，著名近代史學者，主要研究北洋軍閥史、中國社團黨派史、中國現代化問題及知識分子問題等，發表《風雨沉舟記》、《都門諦居錄》、《長夜孤燈錄》等文史作品，編有《章乃器文集》。

張鳴： 1957年出生，浙江上虞人，政治學博士，博士生導師，曾任中國人民大學政治系主任，代表作有《共和中的帝制》、《武夫治國夢》、《鄉土心路八十年》、《鄉村社會權力和文化結構的變遷》，還著有一些歷史文化隨筆。

張千帆：大家好，歡迎大家在中秋節來臨之際來到公民憲政講壇第 19 期。今天的題目是「網絡言論的法律界限」，這是最近比較熱的題目，今天晚上是多學科切入。簡單介紹一下幾位主講老師：童之偉老師是憲法學方面的專家，華東政法大學法律學院教授、中國憲法學研究會副會長、上海市憲法學研究會會長；劉仁文老師是社科院法學所的研究員、刑法研究室的主任；章立凡老師是著名的中國近代史學者；張鳴老師是中國人民大學的教授、博士生導師。相信大家對這幾位老師都比較熟悉，他們是相關學科方面的專家，也是網絡資深用戶，我就不多說了，下面把時間交給童老師。

童之偉：今天特別有幸跟劉仁文先生、章立凡先生和張鳴先生一起來講講這個問題。我是這四個人中間唯一做憲法的，這個問題主要是一個憲法問題，所以主辦者安排我先講一講。我原本自己寫了一個稿子，題目叫《追責網絡違法言論的一些界限》，今天在這裏談談我在這方面的主要觀點。

對於這次整治網絡違法言論，首先我得說這有相當的必要性。網絡上確實有很多發表違法言論的行為，還有不少坑蒙拐騙的情況。但在做這件事的時候，我們看到有兩個主體在合作操辦，好像是以公安部門為主，宣傳部門在配合，我看到的是這樣的格局。在他們操辦這個事的過程中，我注意到一些現象：治理網絡違法言論總的來說是暴風驟雨式的，有點運動式執法的感覺。眾多媒體報道，這個夏秋之交，全國集中整治網絡謠言：河南省兩月內查辦涉網案件 463 起，批捕 131 人；武漢破獲掌控 312 個大 V 的造謠公司；內蒙古嚴打網絡傳謠，抓 52 人，行政拘留 21 人；浙江省查處網絡造謠等違法犯罪案件 67 起，刑拘 2 人，治安處罰 46 人，關停網絡賬號 207 個；等等。從報道看，全國各地還普遍為此成立了領導小組。

另外，我們研究法律的人尤其關注的是其中有些偏離了法治軌道的情況。譬如說，把道德問題與法律問題不分，歷來屬於社會公德或道德層面的問題，現在被作為違法甚至犯罪來對待。譬如，有

人調侃了狼牙山五壯士[1]，說了一些有損他們英雄形象的話。這確實不對，但這屬於社會公德等道德層面的問題，結果他們卻被行政拘留，作為行政違法來處理。還有，秦火火（編按：中國網絡紅人）談論和調侃雷鋒，有貶低雷鋒的意味，這很不好。但是，且不說後來有人舉證他的說法是有根據的，就算完全是憑空捏造的，這也還是一個社會公德問題。但這次把他發表這些言論的行為，不僅定性為違法，還作為犯罪證據提出來。在這次整治言論違法的行動中，同樣的情況在全國估計不是少數，只是披露不多而已。總體來說，這次是把違法與不違法的界限、道德與法律的界限嚴重混淆了。

再說違法的性質或程度問題。因為運動式的執法[2]，追責往往較法律的規定加了碼。如果是一般行政違法，按道理應當適用《治安管理處罰法》。但這次違反《治安管理處罰法》的行為也被作為犯罪行為追究刑責了。這樣的事例相當多。抓秦火火是依據兩個罪名：非法經營和尋釁滋事。對此我的結論是：他在尋釁滋事罪名下的所有行為都不構成犯罪，其中要麼是一般的道德問題，多數只能算違反《治安管理處罰法》，且可能有些事由於時效和程序方面的原因已不宜處罰。

還有一個問題，就是把一般的民事侵權劃為刑事案件，這樣的事比較多。譬如秦火火針對張海迪、羅源兄弟以及李雙江夫婦的那些話，應當說還是民事侵權。被侵權者如果自己認為名譽權受到侵害，應該自己出來通過司法路徑追責，但此次秦火火的這些言論被公安機關當做犯罪證據提了出來。這樣的做法比較明顯地偏離了法治軌道。劉虎實名舉報的情況，性質與這個差不多。當然，依法律規定，疑似被侵權者可以提出刑事自訴，但他們畢竟沒有提。

前面說到的那些違法或不違法的情況，按當時有效的法律並不構成犯罪。為了把這些原本不算犯罪的行為入罪，一些掌權的機關

---

1. 狼牙山五壯士指抗日戰爭時期在河北易縣狼牙山為抵抗侵華日軍跳崖的五名國民革命軍第八路軍戰士，包括共產黨員馬寶玉、葛振林、胡德林、胡福才、宋學義。

2. 運動式執法指執法機關為解決某一領域內突出存在的問題而通過集中優勢人力、物力，採取有組織、有目的、規模較大的執法活動行為。

和部門想出了一個辦法，就是曲解《刑法》第 293 條關於尋釁滋事的規定，把裏面講到的「公共場所」擴大到虛擬的網絡上。「公共場所」裏的「場所」二字，顯然是指實體空間中具體的地方，譬如馬路、廣場、商店、賓館，扯不到網絡的所謂「空間」上。任何執法機構都無權根據自己的想法曲解刑法來追究公民刑責。可能大家會說，現在「兩高」通過的司法解釋本身沒這個規定。是的，文字上避開了，但說明中還是把網絡說成了「公共空間」，以便往刑法的「公共場合」上靠。

這次反網絡言論違法還有一個現象是「一鍋舉」。「一鍋舉」的做法是，不管是失德問題還是違法問題，也不管是行政違法、民事侵權還是刑事犯罪，往往綁在一起。這是非常粗糙的執法行為。依法治國很需要學問，有些人在這方面沒有必要的知識，就採用了這種「一鍋舉」的做法。被「煮」到這口大鍋裏的行為，固然有不少涉及違法乃至犯罪，但也有不少僅僅是違反主流道德的行為，有的甚至是沒有任何過錯的言論發表行為。譬如，河北省清河縣一女子網上發帖，問「聽說婁莊發生命案了，有誰知道真相嗎」，就被行政拘留 5 天。她發這個貼沒有任何過錯。按照我的研究，「一鍋舉」的鍋有大小兩口：「一口大鍋」，把有違主流道德、行政違法、民事侵權的行為「煮」在一起，以尋釁滋事罪論處；「一口小鍋」，把某些正常發表言論的行為和違背主流道德的行為籠統地「煮」在行政違法的「鍋」裏，作為違反治安管理的行為處以行政拘留。

追責網絡違法言論，應該在現存憲法和法律秩序下進行，否則有些問題的處理現在看起來很有力度，但實際上不能形成穩定的制度。事實上，現在有些做法是由公安出面，幫助名人大腕來維護本來應該由他們自己出面維護的民事權利，如名譽權。這次以尋釁滋事罪名刑拘秦火火，追究他的一些疑似犯罪行為，包括他造謠中傷了張海迪、李雙江、羅源兄弟等人，這是典型的由公安主動出面幫別人追究名譽侵權的刑事責任，根本就於法無據。

對侵害名譽的情況，中國法律規定了追責路徑。名譽疑似受侵害的受害人自己如果在規定的時間內向公安控告、報案，公安可以依據《治安管理處罰法》調查處理，一般最多就是處以行政拘留

和罰款。受害者還可以依據《民法通則》等法律向法院提起名譽侵權之訴，或者依據《刑法》提起誹謗罪的自訴。如何維護自己的權利，這得由感到受侵害的人自己做決定。根據《刑法》規定，只有幾種後果特別嚴重的情況才能由公安機關啟動立案偵查程序、刑拘犯罪嫌疑人。現在的種種做法，其實都是由公安代表整個官方出面，背離法律規定的追責路徑，主動幫名人大腕維護名譽權。人們難免要問：公安不惜動用刑事追責方式，主動出面幫名人維護名譽權，普通公民的名譽權受到侵犯時，他們是否也會主動出面這樣做？這樣越俎代庖所依據的是哪部法律的哪個條款？答案恐怕只能是無法可依。

正如有些官方媒體所言，公權力機構現在所持的理念是，不能讓大小 v 一夜之間把張海迪、李雙江、羅源兄弟和馬某某那些人一輩子贏得的榮譽、一輩子積累的財富摧毀。這個理念無疑是正氣凜然的，但他們唯一沒想到的是，世界上維護正義的事情不能都由警察做，法治在維護正義方面是強調分權的，其中首先是要劃分動用公權力與個人行使權利的界限。法律規定應該由受害者自己出面追責的，警方不能有選擇地包辦代替。因為這樣做不僅越權，也勢必侵害另外一些人的合法權利。長此以往，警方自己也忙不過來。所以可以肯定，這只是搞運動，是不惜違法追求震懾效果的措施，不可能長期做下去。

我知道大家都關注最高人民法院、最高人民檢察院 9 月 9 日發佈的司法解釋。現在就談談這個話題。不客氣地說，我認為「兩高」的這個司法解釋違法，也不符合憲法的規定和精神。做出這個判斷的理由是充分的。首先「兩高」違法越權解釋法律，其解釋應屬無效。多部現行有效的法律明確規定，凡是屬於法律、法令條文本身需要進一步明確界限或作補充規定的情況，只能由全國人大常委會進行解釋或立法。「兩高」只能對具體適用法律的方式方法問題做出解釋，不能涉及實體性問題。將《刑法》第 293 條的「公共場所」的界限擴大到網絡言論領域，不是一般性地擴大了刑法所說的「公共場所」的界限，而是擴大到了荒謬的程度。網絡被稱為「虛擬空間」只是一個比喻，其實並不是任何真正的空間，正如我們常說的

頭腦「空間」一樣。退一步說，即使不論這個司法解釋違法無效的問題，其效力也不應溯及以前的行為。不得制定溯及既往之法的法治原則，完全適用於這裏。

同樣「兩高」這個司法解釋實質是越權進行刑事立法，而且其規定的入罪門檻相當低，據此官方幾乎可以將其不滿意的任何言論發表行為入罪。如果這樣做下去，不僅憲法確認的言論自由的範圍受到極大壓縮，罪刑法定的原則也被破壞了。這就難怪一些官員現在談及網上言論時，絕口不談保障言論自由，只談打擊謠言。言論自由是憲法規定的公民的基本權利，這點最重要。

另外，「兩高」開了用司法解釋公然限制公民基本權利的惡例。公民基本權利是經全國人大全體代表 2/3 多數通過的憲法確認的。如果「兩高」都能制定規則將行使基本權利的行為入罪，那基本上就等於否定了憲法的權威和效力。可以說，將尋釁滋事罪的適用範圍從實體空間隱蔽地擴大到網絡言論領域，違背了憲法和人大制度的基本原則。如果「兩高」如此越權行事而沒有受到全國人大方面的監督遏止，那只能再次表明人大制度缺乏憲法規定的功能。

時間有限，關於網絡違法言論的追責問題，我概括四個簡單的論點：

1. 追責應本着法律與道德相區分的原則來進行，道德的歸道德，法律歸法律。法律與道德是相通的，可以相互轉化，但在中國屬於國家立法權管轄的事項，其他機關或部門無權擅自做主。

2. 追責違法言論，公權力機構要謹守職權界限，不可違法擴權。具體要求是：違反治安管理的行為適用《治安管理處罰法》；對待名譽侵權則尊重民事法律規定的處置路徑；對符合《刑法》規定的行為，才追究刑責。

3. 警方應該自覺地嚴格執行現行法律，不應曲解《刑法》，自行其事，更不應該違反憲法規定，無原則地對上配合或相互配合，變相搞合署辦公。

4. 筆墨官司應筆墨解決，不要動輒訴諸公共暴力。現在一個很值得商榷的做法是警方愈來愈多地介入思想學術和言論領域，這不利於中國形成創新型社會和提升國際競爭力。為什麼做不到筆墨官司用筆墨解決呢？現在到了該提出諸如「筆杆子的歸筆杆子，槍杆子的歸槍杆子」的呼籲的時候了。

我個人感覺，國家在規範公民言論發表行為方面，迫切需要依據憲法立法，需要繼續推進新聞法的制定。

劉仁文： 童老師剛剛講的觀點我基本同意。他是研究憲法的，我是研究刑法的，我講幾個意思，有些地方稍微補充一下。

第一，刑法的一個基本原則是罪刑法定，法無明文規定不為罪，法無明文規定不處罰。過去有類推，如果發生了違法行為，刑法沒有規定怎麼辦？可以比照刑法中最類似的條款處理。1997 年《刑法》的最大功績是廢除了類推，確定了罪刑法定。罪刑法定要求執法機關在法律沒有修改之前不能突破法律的框架，這是一個基本的原則。

現在討論跟今天話題有關的內容。在打擊網絡犯罪方面，很多問題值得斟酌。其中最典型的例子就是童之偉教授所講的，把網絡「公共空間」未經過法律修改就解釋為「公共場所」。對於一般的謠言，目前刑法是不作為犯罪來處理的。目前法律明確規定制裁謠言的可能就是《治安管理處罰法》。該法第 25 條規定，散佈謠言，謊報險情、疫情、警情或者以其他方法故意擾亂公共秩序的，可給予治安拘留等處罰。這裏，「謊報險情、疫情、警情」是明確的，關鍵是「以其他方法故意擾亂公共秩序」又給靈活解釋留下了巨大空間。對這種兜底條款的解釋，必須與前面明確列舉的幾種情況在社會危害性、主觀惡性等方面具有相稱性，而不能作無限制的擴大解釋。按照《治安管理處罰法》，一定要是「謊報」，主觀上是故意的。如果基本事實具備，就不能説是謊報，只能説沒有準確把握。基本事實就是這麼回事，你還要求他信息那麼準確嗎？官方有時候都做不到信息準確。

刑法中對散佈謠言的規定，就是所謂的製造傳播恐怖信息罪。「9•11」事件弄得美國人心惶惶，這時我們修改了刑法，增加了這個罪名；汶川大地震後，司法解釋又把該罪擴大到重大的疫情、流行的傳染病等領域。總而言之，即使按照目前法律和有關司法解釋的規定，從《治安管理處罰法》到《刑法》，打擊網絡謠言的範圍都有嚴格限制。這裏面最有爭議的是目前查處的幾個案件，也就是童教授所講的。「尋釁滋事罪」在刑法上列舉了幾個行為，其中跟網絡公共空間最接近的是「在公共場所擾亂社會公共秩序」。「公共場所」的刑法解釋約定俗成，不能超出已經約定俗成的常情常理，這樣大家都能理解。如果作為普通民眾或者作為刑法學者，大家覺得過去不是這麼解釋的，現在卻這麼解釋，這就有問題。當然，現在有人說擴大解釋是可以的，類推是不容許的，然後發明了關於擴大解釋與類推的很多理論。回到現實中，大家還是要遵循普通常識和常理。如果從專業人士到普通的社會公眾，大家覺得將「網絡公共空間」突然解釋為現實中的「公共場所」，超出了平常的理解，這就是不能接受的。

剛才童教授講，網絡在中國是一個亂象。確實亂，一會兒網絡反腐，一會兒又打擊網絡傳謠。網絡本身是一個新的東西，法律總是要回應社會現實，那麼經過立法機關、民意代表的論證和討論，如果大家覺得這個事情確實要作為犯罪來處理，不是不可以，但要經過立法。立法就要慎重一些，會有步驟地工作，不會那麼倉促地出台。立法有一個基本原則：從舊兼從輕，不溯及既往。除非按照新的法律比過去處理得更輕，否則不能溯及既往。這是刑法上明確的原則。司法解釋就不一樣，是對法律的解釋，就可以溯及既往，後果不一樣。這是第一點，還是要貫徹落實「罪刑法定」這個刑法上最基本的原則。

第二，刑法干預言論的界限。現在刑法中大家普遍公認的原則是，刑法是懲罰行為的，不懲罰思想和念頭。理論上非常明確：言論自由是憲法的原則，刑法只打擊現實中的行為。但問題的複雜性在哪裏？言論在一定的情況下可以被當作刑法中的行為來處理，譬如恐怕任何國家對於煽動帶有暴力性內容的言論都是要作為犯罪

來處理的。這個問題的複雜性還在於，一個國家在不同階段，因為實際情況的變化，對言論的處理也不一樣。譬如，今天下午我看了一個材料，說俄羅斯在梅德韋杰夫總統時期把誹謗罪從刑事犯罪改為民事侵權，但到普京當總統時又說還得用刑事定罪。即使在同一個時代、同一個價值體系中也可能不一樣。譬如，歐美對言論自由的保護力度在各個國家也有區別。美國在保護言論自由中確實做得不錯，但德國對於言論自由在刑法上就有所限定，鼓吹納粹本身就是犯罪。我想說的就是，我們要經過利益的衡量，可能確實在我們所處的時代，刑法對某些言論有必要干預。這倒不是說可以侵犯憲法上的言論自由，因為言論自由還有一個原則，就是行使自己的權利時，還有義務不能危害公共利益，不能危害他人的利益。所以，我的意思是，在某些特別需要的情況下，言論可以被作為刑法上的行為，受到刑法的規制。但開這個口子要非常地慎重，否則得不償失，這個立法就適得其反了。所以還得要考慮，只有根據比例性原則、利益衡量原則，經過特別認真的科學論證後，如果覺得有必要，刑法才可以考慮非常慎重地進入言論領域。

第三，網絡誹謗問題為什麼很難討論？可能這個事情像童老師說的，如果涉及名人或者社會影響大了，事件可能就轉為刑事了，否則可能就是民事。這裏面很重要的一個問題是，民法與刑法的界限有時候不那麼清楚。什麼是情節嚴重？什麼是社會影響惡劣？這個問題別說在網絡誹謗領域，在現實中的誹謗犯罪方面也沒有得到很好的解決。這是一個困惑。

第二個困惑是，現實中對誹謗的自訴和公訴一直很難區分。《法制日報》的一個記者到東北報道，內容涉及縣委書記。刑法中的誹謗罪原則上是自訴罪，可這位縣委書記命令公安去抓這個記者，為什麼？因為誹謗罪的第二款是公訴罪：嚴重危害社會秩序和國家利益的除外。這就給解釋留下了很大空間，什麼叫「嚴重危害社會秩序和國家利益」？我與展江教授討論過，他主張學習英美國家，將誹謗作為民事案件。我想中國還達不到這一步，但我同意把誹謗罪完全作為自訴罪，沒有必要作為公訴罪。這次司法解釋還規定了一個「嚴重醜化國家形象」的罪狀。寬容對國家領導人的誹謗，顯示了國

家的自信和寬容，難道這樣就危害了國家利益和社會秩序？不是。如果國家領導人真覺得受到傷害，可以去法院起訴。普通老百姓可以，國家領導人也可以，不正顯示了國家法律很平等嗎？認為自己受到誹謗者去法院起訴，將誹謗罪作為自訴罪，這樣比較好。所以我的意思是，可以有限度地保留刑事誹謗罪，但將其完全作為一個自訴罪，沒有必要將其設為公訴罪。

最後，現在打擊網絡誹謗、打擊傳謠，我覺得要反思。為什麼？現在很多人不相信官方發佈的消息，只信謠言。不管政府說的是真的還是假的，老百姓都不相信，只信小道消息。這時候官方要深刻反思。像關於王立軍（編按：前重慶市人民政府副市長）那種「休假式治療」的消息，老百姓不信官方，就只信「謠言」。這個問題靠刑法打擊謠言絕對不是治本之策。官方應該實行信息公開，以公開為原則，保密為例外。中國恰恰相反，國家《保密法》很發達，卻沒有公民個人信息保護法。關於政府信息公開，法律都沒有，只有一個條例。在現代國家，公開是原則，保密是例外。我就講這些！

章立凡：剛才兩位都是法律專家，他們講了很多非常專業的問題。我就從一個網民的角度談談我自己的感受和困惑。

首先談第一個感受。當局提出 7 條底線、出台了「兩高」的司法解釋以後，就不斷有網友提醒我：就是給你們「量身定做」的，章老師你可千萬小心點。但我心裏很坦然。為什麼？我是做歷史研究的，我所寫的有關歷史的微博都有出處。每寫一條微博都像做一篇文章那樣，有一個觀點，先要查查出處在哪兒。從 2009 年開始發微博到現在，基本上遵循這個原則，即我所發的歷史類微博必定有出處，如果在史實上有爭議就不發。不斷有人指責「章立凡你造謠、你誣衊、你誹謗」，我說，「那好，請你們大家檢舉我，哪一條？誹謗了誰？」到現在為止，還沒有哪位就我提出的條件，能夠成功地檢舉出一椿。所以，我在新浪的信用分一直保持在 80 分。

第二點，我覺得司法解釋出台，對我而言比較好。為什麼？因為經常有一些匿名的網民在網上對我或我的家人進行人身攻擊，我

也經常檢舉他們。這種人身攻擊的情況在「兩高」司法解釋出台以後也出現過。後來我就貼了一條警告：你們要注意了！現在我開始搜集你們誹謗的證據，這一條對我進行了誹謗，請大家趕快轉夠 500 次。很快就轉夠了 500 次，我就向新浪管理層 @ 老沉（陳彤）他們提出：現在已經轉夠 500 次，請你們提供這個 ID 的個人信息。之後這個 ID 所發的誹謗微博就消失了。我跟他們講明白，「兩高」的司法解釋也可以為我所用，這是一把雙刃劍。有人說現在是「大 V 們的黃昏」，他們紛紛在撇清自己，我從來沒有撇清自己，也沒有必要撇清，因為我所說的都是有依據的，我也可以用這個規則來要求其他人。我認為，有規則比沒有規則好。前些時候記者採訪我，談到 7 條底線，我說我願遵守這 7 條底線，就在這 7 條底線的基礎上發言。因為我認為這 7 條底線是大家的共同底線，就是《憲法》第 35 條規定的公民言論自由和其他自由。如果大家都站在憲法角度發言的話，是沒有問題的。

當然我也有我的困惑，即「公域」和「私域」如何劃分的問題。兩位法學專家用很專業的語言講這個問題，現在我用我的專業語言講這個問題。我們知道，嚴復是上世紀思想界的先驅。他翻譯了彌爾（John Stuart Mill, 1806–1873）的《論自由》，把書名譯作《群己權界論》，講「群」和「己」、「公」和「私」的區別，提出「公域」和「私域」的區別。公域講「權力」，私域講「權利」；公域講「民主」，私域言「自由」。所以，「群」與「己」的關係要搞清楚，不能用公權力來干涉私域的事情。我剛到新浪微博開博時，也有一些言論上的衝撞。有人跟我建議：這個人老罵你，拉黑他。後來我們有一個討論：拉黑算是怎麼一回事？當時有不少人認為，新浪社區也有「公域」和「私域」之分。新浪社區的廣場屬於公域，站在社區廣場往四周看，有這麼多的個人主頁，個人主頁是個人的私域。人家提示我：如果有人冒犯你，你可以把他拉黑，因為他侵犯到你的個人權利。當時我比較認同這個觀點，由此就有了一些思考，覺得發帖就相當於在自家的花園裏擺花；瀏覽就是隔着花園籬笆看花；跟帖相當於過路人評論；如果加粉了，就是說我迷上了你家的花了，你家的花種得真好；互粉了，是請你到我的園子裏，我也可以到你的園子裏去，大家切磋花藝；還有一種是拉黑，拒絕某人入內，不歡迎

你。我覺得這裏似乎有公共空間和私人空間的分別。站在微博社區廣場上向四下看的時候，可能看到各家都在那兒擺花，你對哪個有興趣，可能跟他有交集，這時候可能有屬於公共空間的一些交流。但在一般情況下，每個人在自己的領域裏擺什麼樣的花、種什麼樣的草是他自己的事。我這個説法從法學角度看不一定很專業，只是我自己的一種感受。昨天晚上我突發奇想把這條貼了出來，然後新浪邀請我説，「這個話題還沒有，你可以來主持這個話題」。所以，昨天晚上我正式把「微博的司法解釋」做了一個話題。這個話題怎麼來的？在 2011 年金山公司訴周鴻禕案 [3] 中，北京一中院對「微博」有個定性：「微博作為一個自由發表言論的空間，可以以個人視角通過隻言片語，表達對人和事的所感所想，為實現中國憲法所保障的言論自由提供了一個平台。」平台有一定的公共空間的性質，但又有很多個人的觀點在上面。所以，我覺得這裏面有一個「群」、「己」的界限之分。這個問題我想得不是很清楚，如果各位有興趣可以一塊討論，到底什麼是「群」、「己」界限，什麼是「公域」、「私域」，公權力在私領域裏如何對待私領域所提出的個人觀點，這個問題我希望有討論。

另外，我覺得還是要認識到時代的進步。過去是一個完全封閉的、信息壟斷的社會，在那裏最後完全沒有言論自由了。80 年代改革開放帶來了思想解放，我們獲得了一定程度的言論自由，但時緊時鬆。到了 90 年代中期，互聯網進入中國以後，每個人都有可能成為自媒體，打破了信息的壟斷，而且也改變了信息傳播的走向。在這以前是自上而下的信息傳遞。自從有了互聯網和微博後，很多人用智能手機在現場實時發佈信息。這説明現在一個小人物可能最先得到最重要的信息，信息的傳播走向已經改變了。由於科技的進步，信息壟斷已經不可能再持續。這是一個非常大的進步。在這種進步之下，開歷史倒車是沒有出路的。封殺言論，可能會使一些蓄積的能量轉入地下，不論是正能量還是負能量，總之是一種能量。

---

3. 2013 年 7 月 22 日，北京市二中院確認周鴻禕涉案 7 條微博言論構成對北京金山軟件有限公司的名譽侵權。判決要求周鴻禕停止侵權及刪除微博中的相關文章，並在各微博首頁向金山公司公開發表致歉聲明；另賠償金山公司 5 萬元。

這種能量一旦轉入地下，沒有公開宣泄的渠道，蓄積起來會很危險，會導致一種不可預見的爆發。歷史上有過非常多的先例表明，大家都不説話了，這個國家一定危險。這點需要我們政策的制定者特別注意。

那要警惕什麼？我認為，規則是必須的，但是規則必須是良規則。有規則比沒有規則好，我願意在有規則的言論環境中發言，我認為這是非常理想的事情。良規則是什麼樣的？我認為，需要保護多數網民或公民的言論自由，而且這種規則應該是經過廣泛的討論，能夠被多數人所接受的東西。也就是説，在公域之中是要講民主的，私域是要保障自由的。在這種情況下還是要區分什麼是真話、什麼是謠言，要警惕利益集團借追查謠言的機會打擊説真話。習近平主席講得非常好：「有則改之，無則加勉。」對此我寫了一條微博，提出需要界定「無則加勉」這四個字：「無」指的是不是謠言，是不是誹謗？「加勉」能不能等於「加罪」？這些界定非常重要。要保障言論自由，要歡迎大家提建設性的意見，要發揮正能量，首先就要保證説真話的自由。把批評者打成或逼成反對者，這是非常愚蠢的政治。現在的困惑就在於很多規則非常模糊，可以任意地加以解釋，這樣所有人都沒有安全感，會增加非常多的負面情緒，對於國家的未來和公民的生活、言論環境非常不利。

張鳴：我在政治學系，一直做歷史研究，跟章立凡老師是同行。章老師説他是一個網民，而我是一個邊緣網民，因為我在一年前被新浪給踢出來了，好不容易攢了 30 多萬粉絲。被踢出來也是因為某些人誣衊我、給我造謠，我很生氣就走了。走了後，新浪把我的號給銷了。我想，一氣之下離家出走，還會回來的，結果回不來了，門封了。很奇怪，「兩高」這個司法解釋出來後，我對照一看，覺得自己已經成了罪犯了。因為有一條規定，在公訴案件中，嚴重損害國家形象，而且轉發達到了 500 次，可以追究刑責。我看我在幾個網上的帖，轉發數有的是 6,000 多，有的是 7,000 多，有的是 10,000 萬多，幾乎每條都超過了 500，而且 90% 的帖都可以解釋為「損害國家形象」。你説攻擊國家領導人是損害國家形象，那麼攻擊支部書記不算嗎？也算。這是中國邏輯。很多人勸我收收吧，我

說已經很嚴重了，再多也是不痛不癢。這可能也是做出司法解釋的人所始料未及的。

前面三位討論法律問題，我覺得這次不是一個法律問題，實際是搞了一場標準的政治運動。但又想給這個政治運動安一個法律的帽子，可又沒有法律的帽子，怎麼辦？就編一個草帽扣上，然後在帽子上寫着「法律」或者「司法解釋」幾個字。哪有這樣的司法解釋，讓警察可以隨意、無限制地自由裁量？為什麼給他們那麼大的權力，我們國家還叫法治國家嗎？這有問題。

現在搞這些運動，抓所謂的網絡謠言、詐騙。網絡就是有這些東西，像社會一樣，社會有什麼網絡就有什麼，一點不奇怪，而且並不比社會存在這些東西有更大的危害。整治必須在法律的範圍內。但現在用心不在這兒，打擊這些網絡謠言和網絡詐騙，實際上是沖着總發表言論「損害國家形象」的人，把所謂的詐騙、謠言跟這些人聯繫在一起，跟所謂網絡大 V 聯繫在一起。主要是打一場意識形態的攻堅戰，把講憲政、講公民社會、厘清歷史轉化成為「損害國家形象」。

很多人談論雷鋒，不是質疑雷鋒本身，而是質疑雷鋒是否有炒作。中國很多英雄形象都有水分，因為我們從那個時代過來，知道每個形象都會經過包裝，都會拔高。你要說雷鋒是個好同志，可以，但你把其中的水分擠了，不能說我質疑這個也不行，而且現在把這些質疑也算作是「損害國家形象」。甚為可氣的是，現在談論大人物，說他不好，也算損害國家形象，說你誣衊歷史，說我們歷史不是這樣的。我說有根據，他們說有根據也不行，有根據那叫「歷史虛無主義」，我這沒根據的是歷史真實主義。政治不是法律，現在的政治是上下的嘴皮子，說你是什麼就是什麼，通過這種方式挽回形象。關鍵是失去了民心，失去民心意味着你做得不好，做得不好就做好一點嘛。你把民眾的嘴封了以後，你的形象就能回去了嗎？

一個小網民，這有什麼關係呢？你大度一點就沒有什麼關係。我不知道他們為什麼要這麼做，通過這種方式來挽回「形象」。其實，他們曾經有過非常輝煌的意識形態爭奪戰的戰績，也就是在抗

戰時期，1940 年延安成立了一個憲政促進會。這個會成立時五大常委都去了，然後就在黨報上宣揚主張民主、主張憲政、主張自由，甚至歌頌美國民主。國民黨就在 40 年代那幾年裏敗得一塌糊塗，沒話說，好像共產黨講自由與民主了，你就不好講了，甚至連清廉都不好講了。現在這一場網絡謠言整治運動實質上就是一個政治運動，而且核心思想就是階級鬥爭。那敵人在哪兒？就是把國內的這些人當敵人，而且中國從上到下就有一批人聽到要抓人了、要殺人了，興奮得不得了。我覺得這是民族很可悲的表現，這樣的話我們就沒救了。

張千帆：童之偉教授補充 5 分鐘時間。

童之偉：沒有什麼太多要補充的，張鳴老師說到了，湖南有一個網民在網上誹謗國家領導人被行政拘留。後來我專門把這個案例找來看了，應該說這個網民的行為很不禮貌，但不算太過分。民事方面的問題基本上是平等主體之間的人身關係和財產關係。毫無疑問，處理這方面的問題，制度上要真正體現人與人之間的平等。其他法治國家和地區在這方面有很多好例子。譬如，克林頓（Bill Clinton）當總統時，寶拉．瓊斯（Paula Jones）控告他性騷擾，這是民事案子，對總統可以起訴。這個官司使克林頓很尷尬，結果庭下和解，賠了 85 萬美元，事情就了結了。這是普通公民告當總統的公民。當高官的公民告普通公民也一樣。還有一個例子，李登輝當時是剛退下來不久的原台灣最高領導人，某女士說他把數千萬美元運到了美國。對此，他提起刑事訴訟，這是刑事自訴的例子。最後，那位女士誹謗罪成立，被判了 3 個月的監禁。還有台灣的陳水扁，有人指認他贈給巴拿馬女總統百萬生日美金，說這是遮羞錢。陳當時是在職的台灣最高領導人，也只能提起民事訴訟，且結果是並沒有打贏這場官司。最近韓國的總檢察長被本國大報頭版爆料說他有私情，其私生子在美國讀小學。如果這發生在中國，警方肯定馬上維穩，抓了爆料者。可是，韓國那個總檢察長只能提起刑事自訴或民事訴訟，警方不會違法介入這種事情幫他抓人，最後他的選擇是辭職。我們要依法治國，建設社會主義法治國家。現在很多人總是想着謀特權，名譽權事件自己從來不出來起訴，都等着警察

找藉口違法辦案，幫他維護名譽權。這些人還不是真正掌大權的，真正掌大權的更是靠警察。甚至掌小權的也是這樣，如上海某區一個副區長，就一個副局級幹部吧，也不自己出來維權，也是等警察去抓人的。更有意思的是，在所有這些情況下，警方人員都不負他們所望，出面抓了人，接下來極可能還會定罪判刑。警察是國家公器，要防止家丁化，對這樣的做法，他們要檢討、反思。不僅是他們，我們大家都要反思這類現象。

張千帆：謝謝童之偉老師提供的案例。下面進入提問環節，希望各位提問題儘量簡短。

> **提問：**現在有人提出我們進入了憲法和政治的二元結構模式，在各方面政治起着主導作用，經濟方面也以政治為主導。我想問，在未來發展中，如何看憲政建設與政治之間的關係？

童之偉：在我們國家講憲政建設，我講得玄了一點，把憲政分為泛憲、社憲，這是為了吸引大家的眼球，讓它有一些爭議，能夠討論一下。憲政的問題，肯定是我們面臨的一個大問題。今天中國的憲政建設最實在的內容，就是要在明確執政黨權力範圍的基礎上制約其權力。限制執政黨的權力從憲法和黨章上沒有任何問題。憲法序言最後強調，各政黨都必須以憲法為根本活動準則。《憲法》第5條也講，所有政黨都必須遵守憲法和法律，違反憲法和法律的行為必須予以追究。黨章也規定，黨要在憲法和法律範圍內活動。權力過分集中於黨委和黨委書記個人的情況，一直是我們政治體制改革要解決的基本問題。依照憲法，明確和限制黨權是實施憲法不可缺少的內容。黨領導或執政，那麼它到底有哪些權力，應該清楚。憲法有一個基本的原理：對公權力行使者來說，憲法列舉的權力才有，沒列舉的就沒有。所有立憲國家都這樣，憲法、法律先要寫清楚執政黨有哪些權力，然後寫清楚這些權力按照什麼程序運用，寫清楚黨與國家機關之間如何互動，以及與選民之間又是什麼關係，等等。當然，還有司法獨立、憲法監督等要兌現。如果能開始做這

些事情，憲政就有希望。事實上，我們研究憲法的人大多數也是朝着這個方向在努力。憲政建設對中國來說是特別現實的問題。

> **提問：目前網絡對於毛澤東的評價很多，請問應該如何評價毛澤東？另外，從法理上講，如何實現《憲法》的序言和其中的一些基本原則，不知道學界的看法是什麼？**

　　章立凡：第一，對於毛澤東的評價，80年代中共已經做出一個《關於建國以來黨的若干歷史問題的決議》，至今有效。這個決議徹底否定了由毛澤東錯誤發動的文化大革命。這麼多年來，關於毛澤東的這項錯誤，中共中央沒有新的說法，在這個問題上不應該存在爭議。但我也注意到，長期以來文化大革命的歷史被有意遮蔽起來，關於文革的話題一直是個敏感的問題，文革的研究以及有關書籍的出版也都受到嚴格的掌控。我想這是基於這樣的原因：如果全盤否定毛澤東，就有一個執政黨的合法性問題。因為毛澤東帶領執政黨建立了新政權，如果把新政權的締造者給徹底否定了，就產生了一個悖論：執政黨的合法性何在？我個人覺得這個問題不難解答。因為歷史是一個長過程，不能說他的某些錯誤，今天礙於某種原因就不能提了。我覺得真正把毛澤東的錯誤講清楚，有利於中國的長遠發展。現在有很多歷史遺留下來的問題，譬如領導權力過分集中、決策不透明等。長期處於無競爭狀態下的執政，體制外沒有其他的黨派可以和執政黨競爭，導致執政黨內部鬥爭的激化，才有了文化大革命，這是由於消滅外部競爭才導致的內部權力鬥爭。文化大革命和毛澤東的錯誤，有非常沉重的歷史教訓。如果想要避免重蹈文革的覆轍，需要把這個問題講清楚。

　　第二，在評價毛澤東的問題上，錯誤肯定不是他一人犯下的，也有當時的體制和領導層本身的問題。具體到毛澤東這個人和他的思想，我覺得應該有一個公正的歷史評價。首先把他從神還原到人，然後從人的角度分析他的一生，功過如何，這不難得出結論。文化大革命摧毀了中國幾千年以來的文明、傳統道德和人性，這種損害對民族來講是非常深重的，應該被歷史記載。希望我的解釋能引發大家的思考。

童之偉：我也講幾句，回答第二個問題。首先我想說，憲法原則和序言問題是一個經常被提到的問題。關於序言部分，我講兩個有共識的觀點。第一，一般的陳述性語言沒有規範效力，如果是規範性語言，那是有效力的。憲法序言的最後一個自然段是規範性的，單獨有規範效力。一切政黨都必須遵守憲法，憲法是國家根本法，具有最高的法律效力。還有一些原則性的規定，譬如黨的領導這個問題，憲法沒有直接規定全體國民必須擁護共產黨執政，它只是比較委婉地表達了這個意思：中國共產黨將繼續領導。這也就是繼續執政吧。這是 1982 年憲法修改的指導思想，不是一種行為規範。所以，我經常聽到有人說，憲法落實言論自由，那麼黨的領導怎麼辦？其實這兩者之間沒有衝突。參加制憲的人，包括當時的高官、學者都是這麼看的：只要實施憲法的具體條款就實現了黨的領導，黨的領導就是體現在憲法正文的具體規定中，沒有獨立的、抽象的黨的領導問題，不能把兩者對立起來。

再說憲法基本原則。所有的憲法原則中，最重要的是兩條。一是基本人權原則。即使後來沒有修憲，1982 年憲法也是貫徹了這個原則的。二是國家的一切權力屬於人民。沒有其他憲法原則的重要性能超越這兩個原則。當然，大家也講到了憲法第 1 條關於我們國家性質的規定，這是社會主義原則，也算是一個憲法原則。憲法原則結合具體規定發生效力。在憲法原則與具體規定並存而又有理解上的分歧時，具體規定優先適用。在具體規定不明確時，原則可以起到拾遺補漏的作用。在制憲過程中，憲法基本原則對後面的條款有指導作用。一般來說是這麼理解的。

> **提問：**我覺得大家總是拿別的國家的文明和中國進行比較，這種做法不是很科學。到底什麼辦法是治理這個民族最好的辦法，很難形成共識。我最近發現「雅虎中國」這個網站沒有了，不知道怎麼回事，希望老師們分析一下。

劉仁文：你提到治理中國很難。我聽了張鳴老師的意思，張老師特有才，但他的表達跟我和童之偉老師的表達有點區別。我們這個國家、這個社會、這個民族有很多問題，這個不用迴避。但哪個

國家沒有問題？美國有冤假錯案，歐洲也有。當一個人被國家公權力控制的時候，他也是非常脆弱的。所以，關於刑事司法，整個人類都還面臨許多困惑和難題。我總是覺得中國現在至少在進步，別人即使比我們好得多，那也是別人的。我們還是要致力於怎麼使我們自己的社會更美好，這還是有辦法的，還是有希望的。

張鳴：我跟你想得一樣，希望社會更美好，但不希望公權力把社會的美好破壞，變得不美好。

提問：張鳴老師提到經濟方面在改革，而目前在網絡上出現的輿論氛圍明顯是收緊言論自由。在這樣的情況下，有些學者猜測，中國是不是在打左轉向燈卻向右轉？可能這個表達不準確，僅是一個比喻，就是說改革派為了推進改革，不得不在意識形態上向保守派妥協。你對這個問題怎麼看？

張鳴：我比較認同你的觀點。這個時代已經到了十字路口。現在意識形態、言論收緊甚至警察抓人的狀況，對經濟改革是一種非常大的傷害，會造成人心惶惶。企業家最關心的問題是他們的成果，他們要發展經濟，他們的財產需要有正常的保障。不僅要有法，在中國政治大於法律，有法律保障首先要有政治保障。如果沒有人敢投資，中國經濟就會下行不會好轉。我想應該考慮這個問題。

六

「重慶模式」與中國法治前景

時間： 2011年6月10日

地點： 北京大學法學院

主講人

童之偉： 1954年生於湖北武漢，法學博士，現任華東政法大學教授、憲法學學科帶頭人，中國憲法學研究會副會長，曾任武漢大學副教授、中南財經政法大學教授、上海交通大學教授、美國哥倫比亞大學等機構的訪問學者。

何兵： 1964年生於安徽巢湖，北京大學法學博士，現為中國政法大學法學院教授、公共決策研究中心主任，中國案例法學研究會副會長，全國律協憲法與人權委員會委員。

斯偉江： 1970 年生於浙江諸暨，畢業於華東政法學院法律系，上海大邦律師事務所合伙人、律師，李莊案「漏案」辯護律師，南方人物週刊2011魅力50人候選人，華東政法大學兼職教授，同濟大學兼職講習（案例教學）。

張千帆：歡迎來到本期講壇。我知道同學們都在忙着複習考試，所以趕着給大家舉辦這個學期最後一次講座。大家也許知道，如果不出意外的話，李莊明天就出來了。李莊案案情前後跌宕起伏，這個案件可能到此結束了，但是它已經成為我們法治的一個標誌，甚至有的律師把李莊案第二季的撤訴比喻為法治中國甚至是人類良知的一次「勝利」。李莊案結束了，但是它帶出的所謂「重慶模式」還在轟轟烈烈地進行着。對於「重慶模式」，各方見仁見智。重慶人民似乎高興得很，但是其他地方尤其是法學界、律師界對它頗有微詞。「重慶模式」是否能構成一個模式？是否可能成為一個可持續的模式？它的利弊究竟如何？它對我們中國的法治會帶來什麼樣的影響？中國司法改革進行了十多年，今後究竟這個路會怎麼走？今天我們請到三位嘉賓來跟我們一起探討這個問題。

很不巧的是，今天我們的主講人臨時缺席，我希望是暫時缺席。童之偉教授在上海遇到暴雨，因天氣原因飛機誤點，我們希望他能夠在我們講座結束之前趕到，跟大家見面。非常抱歉，這實在是屬於不可抗力。

但是我們其他兩位嘉賓也非常出色，一位是大家應該都很熟悉的中國政法大學法學院教授、副院長何兵教授。何教授近年來對於司法改革很有研究，我們的觀點立場不一定百分之百吻合，我們也曾經在一起交流過、過過招。我不知道李莊案過後，他的觀點是否有所改變，所以今天也非常盼望聽到他的高見。

另一位是中國的著名律師——可能現在是中國最著名的律師，上海大邦律師事務所合夥人，華東政法學院的兼職教授，斯偉江律師。大家都知道，斯律師是李莊案第二季的辯護人，為李莊案的成功撤訴立下了汗馬功勞。大家可能在網上看到，他寫的辯護詞非常精彩。

下面就有請何兵教授給我們做講座。

何兵：本來我是來做評論人的，是來打醬油的，但報告人沒來，我就變成賣醬油的了。今天的題目是「重慶模式與司法改革」，這個題目非常好。我們在說「重慶模式」時，主要應該討論重慶的

政治改革模式，因為經濟模式和司法改革沒有太大關係。重慶否認自己有什麼模式，但是對於重慶的「做法」或者說「搞法」，我們確實很關切。李莊案中，大家挺身而出也好，振臂一呼也好，都從不同角度出來說話。李莊案在一定意義上，是一種人治和法治的公開對決，相當於當年的「七君子」案[1]，涉及這個國家到底要走什麼樣的路線。

「重慶模式」，按照他們的話說就是，一個「唱紅」、一個「打黑」，一個「掃黃」，「顏色治國」。唱紅就是讓大家唱紅色革命傳統歌曲或新近創作的歌曲。治國和唱歌有什麼關係？我們歷來強調治理一個國家，不能靠一種手段，要多管齊下。法治是一個方法，德治、樂治、禮治都是方法。所以，治國和唱歌還有一點歷史淵源。

重慶要求唱紅歌，或者叫革命歌曲。我今天帶來一本書，叫《革命歌曲大家唱》，1964 年版本。到底什麼是革命歌曲？我拿了這本書一查，革命歌曲第一首是《國際歌》，我估計紅歌會一般不會唱這個。最後一首叫做《發抖吧！暴君》：「看天上一片昏黑，風暴在猛烈地吹，看天上一片昏黑，風暴在猛烈地吹，但太陽就在雲後，發抖吧暴君，自由萬歲！發抖吧暴君，自由啊萬萬歲！」

這是真正的革命歌曲。真正的革命歌曲有幾個特徵。第一，宣揚一種仇恨，這是一定的。因為只有宣揚一種仇恨，你才能產生革命的熱情。所以，歌詞第一句是「看天上一片昏黑」。革命歌曲的再一個特點就是「暴力」——「風暴在猛烈的吹！」革命的底色就是基於仇恨，基於暴力，在短時間之內改變世界。這是革命歌曲的底子。現在到處唱革命歌曲，包括我們中國政法大學也在唱革命歌曲。他們其實在瞎唱，唱的不是真正的紅歌。唱的是什麼呢？人大的張鳴教授說是「粉歌」。革命歌曲裏，有一些歌唱祖國的山河，這是哪個國家都有的。再有一些是頌歌，歷史上有頌聖的歌曲，「毛主席啊，我們無比熱愛你」等等。

---

1. 1936 年全國各界救國聯合會執行委員沈鈞儒、章乃器、鄒韜奮、史良、李公朴、王造時、沙千里等抗日七君子被南京國民政府逮捕的事件。

古人認為，不同的音樂產生不同的效果。不是什麼音樂都能唱的。國家指導人民唱歌，首先要選好音樂。《論語》裏說，「興於詩，立於禮，成於樂」。古人認為，音樂選得不好，能把國家唱沒了，這是古代的樂治理念的一部分。《泊秦淮》說，「商女不知亡國恨，隔江猶唱後庭花」。據說《後庭花》是衰歌，國家就是因為唱這首歌，被唱沒了。其實，宗教也強調音樂的教化作用。教會裏都有唱詩班，教育人的心靈。所以，唱歌與治國，不能簡單說一點關係沒有。但是宗教歌曲有一個特點，強調「愛」，強調愛的奉獻，強調感恩，這是它的主旋律。而大家看納粹歌曲，它們以戰爭為歌頌對象，歌頌暴力。

文革的時候還打擊唱黑歌。我們剛才說到黃歌和紅歌 [2]，還有一種歌叫做黑歌，是知青唱的歌。知青到了鄉下，沒幾天就想家了，想媽媽，就唱起了「黑歌」，譬如《留戀南京》什麼的。紅歌有《工農兵聯合起來》、《當兵就要當紅軍》、《紅色娘子軍》、《草原上的紅衛兵見到毛主席》、《大海航行靠舵手》、《爹親娘親不如毛主席親》、《工人階級必須領導一切》等等，這就是紅歌。

現在武漢的灑水車也唱紅歌，到了工廠，就放工人的歌。現在到處唱紅。江西紅歌進食堂，紅歌進監所。四川在監獄裏面，讓犯人唱紅歌，唱《團結就是力量》。你看了照片會笑噴的。你說，讓犯人唱《團結就是力量》，他們不是愈唱愈來勁？

唱紅歌成本有多大，大家算一算。按照重慶的官方說法，紅歌傳唱 10.4 萬場，參加人數 8,000 萬。一場雜費 1,500 元，10.4 萬場就是 1.6 個億；參加人次 8,000 萬，一次的誤工費、路費算 30 元，就是 24 個億；還要補助重慶衛視 1.5 個億，加起來一共 27.1 個億。這是最基本的費用。一般單位組織唱紅歌，還得補貼。唱完紅歌還要吃頓紅飯什麼的。

---

2. 紅歌，即紅色歌曲，在中國因政治因素定義流行歌曲而產生的稱呼。紅色在政治象徵革命及共產主義。因此，紅色歌曲與中國共產黨緊密相關。

大家看，現在創作的紅歌《我要去延安》：「風清清、天藍藍，我要去延安。先登寶塔山，再看南泥灣，我要去延安。先聽安塞鼓，再看山丹丹，我要去延安。先去楊家嶺，再看青棗園，我要去延安。先喝羊雜湯，再吃黃米飯，我要去延安。」你説，這是什麼革命歌曲？這是腐敗歌曲，這是非常小資的生活，聽完了、看完了，還要喝羊雜湯，還要吃黃米飯。所以，唱紅關鍵不在於你唱什麼，關鍵是，我要你唱什麼，你就得唱什麼。如果你真去延安，你會發現，那個地方天是灰的，延河沒水了，根本不存在水藍藍、天藍藍，你去後會很失望的。這就是我們的學生在唱的紅歌。

這反映什麼問題呢？當下中國舊的信仰已經破了，新的信仰沒有建立。所以，對於如何整合國家的意識形態體系，執政黨比較困惑，試圖通過恢復革命傳統來整合。而在互聯網時代，這是根本不可能完成的任務。互聯網最基本的特點是真相暴露，一切以事實為前提。在沒有互聯網的時代，「風清清，天藍藍，我要去延安」，唱了就神往了，想像很美。但現在，一坐飛機就去了，去那兒一看，寶塔有點斜，周圍的房子很高大，寶塔不好看。

有人説，李莊的審判叫「法律的春天」，我把它叫做「春天的故事」。重慶剛開始打黑時，第一次我在央視説，堅決支持重慶打黑。黑社會會滲透到政法系統，因為黑社會一定要軟化合法暴力機構才能為所欲為。到了李莊案，央視又把我請去了。我是個做律師的，有一個特點就是反應比較快。中央電視台做節目有個特點，就是上台之前只告訴你有這麼個事，你去説説，現場再看片。那天上去一坐，先看到放小片，看着看着我就覺得不對勁。犯人説，李莊給我眨眨眼，我猜，他讓我做偽證。我當時覺得出問題了。人家眨眼，是生理現象，怎麼能説是暗示你？央視的主持人是很有水準的。上台之前跟我説，何老師今天穩着一點。我説我知道，在你這兒，不可能不穩，這是必須的。所以我很穩。我的結論是這樣：根據目前的證據，我不能斷定李莊犯有偽證罪。那是留了一個口子的，如果你有新證據，另當別論。結果，第二天看到重慶華龍網上大量網文批何某：何某人是有錢人的狗腿子……。李莊是有錢人，你幫有錢人説話就是錯誤。文章不討論其他的東西。我以前就聽説有五毛，

李莊案讓我見識了五毛。他們在帖子上罵，我不高興。結果到賀衛方的博客上一看，罵他和罵我的一模一樣，連標點符號都一樣！打黑任何時候都是必須的，應當支持的，但黑打不行，打壓批評意見更不行。後來我反思，重慶為什麼出現這些問題？主要是運動治國思路所致。大家想，一個檢察院一年如果只能辦五百起案子，今年忽然要求辦兩千起，而《刑事訴訟法》不會因它而修改，那麼公檢法一定面臨怎麼樣在短時間內立案、結案的問題。本來要五天才能搞清楚的事，必須在兩天之內搞定，法外手段就出來了。

現在想通過唱紅來解決幹部思想作風問題，我不大相信能辦得到。你發現，李莊案公安辦錯了。公安唱紅歌唱得那麼火，竟然把案子辦錯了！花那麼多時間唱紅，不如花點時間學法。這是我的一個結論。

第二點，還是剛才説的只打黑不行，要防止運動化。至於説重慶的司法改革，我覺得好像並沒有什麼創新的東西，而且經過這個審判以後更發現了問題。剛才張老師説，很想知道我通過李莊案對自己的司法民主化觀點有沒有修正。我跟張老師和賀老師在司法改革的方向上有分歧。他們認為司法要職業化，我認為法官要職業化，但是司法要人民化。通過李莊案，我更堅定了我的想法。你看一看，當重慶的事一出來，職業法官和檢察官，哪一個能頂得住的？你怎麼能指望司法共同體抵抗那麼大的官僚共同體？目前司法改革出現問題，根本就不是何某人所説的司法人民化導致的，而是司法政治化導致的。

在某一次內部會上，我把有關問題直接説了，指出「三個至上」是非常不謹慎的口號。中央提「三個至上」，他們心裏以為黨的事業至上，黨的中央事業跟黨的地方事業是一致的。但他們沒有注意到，中央事業是中央事業，地方事業是地方事業。地方黨委會以黨的地方事業來否定或扭曲黨的中央事業和國家法律。重慶打黑過程中的司法表現説明什麼？説明中國的司法改革走司法職業化沒戲，一定要走法官職業化和司法人民化。我跟大家講，如果只有一批職業法官搞司法改革，一點戲都沒有。什麼是司法改革的真正動

力和來源？人民。人民才是推動歷史的真正動力。要做大做實人民陪審制，做實司法民主。大家想，現在的司法是民主的嗎？我個人覺得，黨應當調整司法改革的思路，這是最主要的。我就先講這麼一點。

張千帆：聽何教授的演講一般都是視覺和聽覺雙重享受，而且大家要知道，何兵教授今天是帶傷上陣，他把腰給扭了，但還是到我們這兒來跟我們做交流，非常不容易。不過我覺得，你講司法職業化的路「沒戲」這個結論還是太快了一點，可能沒有足夠時間展開。何教授一直是主張司法的人民化，其實我們早先在一起切磋的時候我也說過，我們的目標未必有衝突；何教授並不反對法官職業化，如果說司法人民化就是指陪審團制度，我認為也是可以的，只不過陪審團這個東西很複雜，不一定符合當今中國的「國情」。就在你講的時候，我腦子裏面閃過一個問題：如果在中國搞所謂司法人民化，譬如說在李莊案搞一個陪審團，弄六個人、九個人或十二個人來審判李莊，會是什麼結果？在我們中國目前的條件下面，可不可行？這幾個人到底是誰？全部是重慶人民嗎？在目前這種格局下面，讓重慶人民審判李莊，審判北京的律師，北京人民能信任他們嗎？我想這是一個需要思考的問題，何教授也可以在我們結束之前作出回應。

據我來看，這跟我當時的預言完全一樣，重慶就是一個例子。我們當時在燕山大講堂切磋的時候還沒有李莊案，還沒有重慶模式。我當時就說，所謂的司法民主化、司法大眾化是一個偽命題，我還是主張這個立場。看重慶唱紅打黑搞得轟轟烈烈的，是不是很草根？從某種意義上有點民粹？但是這個跟何教授所說的司法人民化一點關係也沒有，人民至多是個工具或玩偶。在我看來，在我們可見的將來，司法人民化才「沒戲」，根本不可能。當然，司法職業化這條路也不容易走，但是可能比司法人民化還是容易一點。

我的閒話到此為止，下面有請斯偉江律師。

斯偉江：很榮幸，我也是很久沒有出現在這種場合了。我記得我是去年3月份回國，曾經上海交大請我去做個講座，結果講座通

知貼出去第二天就給我打電話說，斯律師你怎麼那麼「敏感」，有關部門來找了，你明天能不能講得稍微保守一點？我說沒問題，我一向很保守。再過一天說，斯律師，看來這個講座只能推遲了。我說推遲到什麼時候？回答是：「無限期推遲吧！」

再過半年左右我也不能上電視了，我原來經常會去我們上海電視台發表時事評論，後來也不行了。我一直不知道什麼原因，可能跟我五年前搞獨立候選人有關係，也有可能跟我在上海做的一些案子有關係。但是總的來說，我從出國回來到現在沒有做過任何講座。李莊案結束之後也有人請我去講。因為他還關在裏面，我怕我講着講着他又出不來了，所以我也不願意講。這是第一點。

第二點，何教授講的東西還是很有趣的，但是我一直想睡覺，因為這兩天沒睡好，昨天在火車上也沒睡好，我是順便到這兒來講的，主要是來北京立案。我一直在跟李莊案的法官也說，跟公司也說，我其實不是一個刑辯律師，我是智慧財產權律師。為什麼讓我去做這個事呢？這個故事說來話長，但是從這個過程裏面可以看出一點端倪，即中國公民社會的一個雛形。第二次審判的時候，辯護律師理當是陳有西，他請了魏汝久律師去見了李莊，說你先去會見。他跟魏律師怎麼認識的？是通過全國律協下面的憲法與人權委員會，他是副主任，魏律師是委員。魏律師可能正好覺得律師一個人會見不行，他又拉了一個人，就拉了楊律師，楊律師是北京市憲法委員會的。這條路走下來，大家注意到，都還在正常的範圍當中，就是通過律師協會聯繫的。接下來魏律師見李莊時，李莊寫了三個委託書，一個是張思之，一個是魏律師，一個是我。我跟他怎麼認識的呢？就是江湖上的事情了。

《律師文摘》每年給張老搞一個祝壽會，每年都在北京搞，我經常吃飽了沒事兒幹就跑過來參加這個會議，就認識了李莊，認識了一幫很敏感的人。他為什麼會知道我是做刑事的呢？我是一個智慧財產權律師。2008年的時候，我又被一個北京律師拖下水，他那年手頭上有一個非常敏感的案子。有人組黨，是南京師範大學的一個教授，這位律師拉我去做那個案子。那個案子的整個審判都是秘密的，離法院幾百米外就戒嚴了。中國的法官有一種習慣，如果你做

無罪辯，被告人在他手裏會重判。我曾經給我的初中同學辯護，原來取保候審，我們做了無罪辯護後，他被判了重刑，出獄了也不願意來見我。所以，無罪辯護是有風險的。那個大學教授說他肯定是無罪的，他媽媽是作家，也說他兒子是無罪的。當時開庭前一天，另外那位律師被抓了，沖進來 8 個武裝員警把他抓住了，把我留住了，我不知道什麼原因，可能是因為我長的比較帥吧。

開庭的那天如果是公開審判的話，那是一個非常好的案子，因為辯護理由完全在憲法範圍之內，這是一個政治性的案子。你要組黨，人家說不能組黨，說你不是「合法組黨」。我說，你先告訴我怎麼合法組黨，他們回答不出來。你讓他們學法，何教授學了最多的法，何教授也說不出怎麼樣「合法組黨」。浙江 1999 年的時候就有人要合法組黨，他們到民政廳申請登記，民政廳說，我們這裏只管社團，不管政黨，你到公安局去吧！他們去了公安廳，一定是一鍋端。

我寫了一個辯護詞，在憲法範圍之內把我們的當事人組黨是合法的、無罪的這個理由講得比較好，我覺得比我在李莊案的辯護詞還要好，但是那份辯護詞是不能傳播的。魏律師看到了，就向李莊推薦了我。所以，如果沒有他欣賞我，我也不會給李莊案辯護。張老也反對我去做，說我這個人性格太自由了，怕我被重慶抓去做文章。後來李莊家屬見我的時候，魏律師去取證，中午跟我見面，跟家屬見面。關於後來的過程，可能今天出版的《南方週刊》會有比較詳細的記載。陳有西開始找京城律師了，因為他覺得這個事情他自己又想辦又不想辦，然後就覺得應該是有北京律師挑挑擔子，就找田文昌、許蘭亭。大佬們不願意插這個手。其實我覺得李莊案一點風險都沒有，跟我們的組黨案相比小菜一碟。後來北京大佬不願意擔任辯護人。陳有西說，重慶兩個員警找到他，讓他把兩篇文章刪掉，他也有點不願意再去。最後沒人了，智慧財產權律師就只能上了。

這個倒過來也說明，其實在中國做刑辯真的不需要技術，只需要勇氣。這個話有一定道理，雖然也不是全對。因為所有的證據都是公檢法搜集好了，然後你律師去取證，你去取證的話，你找什麼

證據？你如果找檢察院找過的證人，如果證人反了，只要檢察院再把他抓進去肯定又翻供了，誰都不是鋼鐵戰士。證人翻供了之後，問他誰教你的，他說律師教的。所以，你只要取證，你就有風險，因為你的證人、你所有的這些證據，檢察院都可以去找，找來之後只要反了你就是褻瀆了刑法，你就是李莊。所以我對李莊說，重慶選擇你是沒有錯的，法庭上我都是跟他們這麼說的。為什麼呢？他自己在法庭上自稱是全國取證最多的律師，錄音錄影最多的律師。這是一個非常敬業的律師、非常勇敢的律師。上海大部分刑辯律師根本不敢會見證人。所以，刑辯需要勇氣就是這個道理。

李莊進去還有另外一個原因。我就跟他說，你這個人脾氣太臭了，做律師在這麼一個大局面下，很無奈的環境下，你要跟人家對着幹，指着公安罵，說你這個人是刑訊逼供的人，你給我滾。誰受得了？重慶本來就是打黑，就要找一個人來殺雞儆猴，正好找一個外地的李莊。所以，他是一個很典型的敬業律師，當時幾個家屬包括被判死刑的人都說李莊是個好律師，因為他確實是幫他們努力去辯護，去取證。這是刑辯律師的悲哀。所以後來我說，刑辯律師不敢上，當然不能怪他們。後來，跑來一個智慧財產權律師，還好這次沒事兒了。

這個案子的過程已經體現了中國律師在體制外的湧動、聯繫，已經有一點公民社會的雛形了。說到法律職業共同體，這個在中國是不存在的，因為我們的檢察官、法官和律師不是師出同門。在日本，成為法官、檢察官和律師之前，一個人有兩年的實習期，實習完了以後再來考，在這兩年中是有一個共同體的感覺。我們是沒有，我們司法局管着自由散漫的散養土雞，關在裏面的鴨反正跟我們有點品種不一樣，每天都是餵飼料的，不能隨便出籠子的。

剛才講的「三個至上」，其實是對肖揚路線的一種反動。王院長上去之後，我們內部都叫他「首席大法盲」。他講「三個至上」還是很聰明的，其實是拿政治來壓法律。你講政治還是講法律？落實到最後，黨委書記們問法院院長們，你是講政治還是講法律，你要講政治就聽我的，要講法律你就聽自己的，那你自己看着辦。這個

東西你別說，很管用的。絕大部分院長說，我當然講政治了，我怎麼也是黨的人，就像何兵說「我是黨員」，黨性高於法律性。所以，這個東西是管用的。何兵前面講的我都接受，只有最後一點我是不接受的。

人民是誰？哪個是人民？你們是人民嗎？人民是個虛幻的詞，毛主席就說人民希望我怎麼樣怎麼樣。人民在哪裏？有選票嗎？有票決制度嗎？人民是一個可以肆意玩弄的概念，這個東西就是糊弄人的。所以，在你沒有努力靠制度讓人民發聲音之前，說人民化是不可能的。而且說到陪審團制度，日本已經第二次搞陪審團制度了。我今年去日本，跟日本刑辯律師聊，得知日本第一次陪審制度失敗了，後來他們覺得這個東西還是要用，就繼續，又重新來。陪審團制度出來以後，很不徹底。他們跟我們不一樣，他的人民陪審員和法官的人數是不一樣的，也不像美國那樣完全是由陪審團決定。日本用了這個之後，有點水土不服。所以，陪審團這個東西在中國是猴年馬月的事情。

總體來說，學者最好做學術，因為我觀察到，一幫學者到了重慶，待不到半個小時就全部跑光了。於教授跟我說，我覺得這個地方馬上要發生民變了，趕緊走，再不走我們都是有責任的，我們都要坐牢的。我說，我沒覺得這樣，農村的民變變不到哪裏去，城市才有可能變，因為人太多了。要亂都是在縣城亂，像今天的利川縣城。所以，那天整個學界觀察團只有我一個人在這個村待到天黑才走。所以我覺得，學者最好還是做學術，我們是幹髒活兒、累活兒的。這個真的是我的肺腑之言，否則的話學者被人罵了都不知道。

本來我就是評論人，再評論評論重慶的模式。我在一年多前就寫過好多評論重慶的文章，其中可能流傳比較廣的就是重慶在下一盤大險棋。我當時評論經濟形勢、政治模式是返祖現象，返祖現象什麼時候發生？就是經濟發生某種危機的時候。這是最安全的改革，最難的改革是往前走。如果我們搞票選，前提就是你要冒着自己被抽空的風險，因為你自己不是漂流上去了，你搞票選人家就把你篩掉了，這是最難改的。外面有一批激進分子說你改的不夠，裏

面的積極分子說你叛黨叛國，這個是最難的，所以現在改革改不下去是有道理的。大家沒有破釜沉舟的決心是改不下去的，重慶模式是往回改的模式，沒什麼，它還是在我們現有的模式範圍之內。重慶司法也是如此，李莊案無非是舉國矚目而已。

上上個星期，湖北計程車司機遊行示威罷工，也被定兩個罪，根據庭上的證據根本定不下去。所以，你把重慶這種叫做「模式」，哪一個地方沒有這樣的事情？都有，無非是重慶把它集中起來了放大了，就這麼一回事。因為整個司法體系是公安主導的。我們國家有一句話叫做公安做菜，檢察端菜，法院吃菜，這就是重慶的吃食段子，其實這個有來源。

本質上哪一個地方不是重慶？一樣的。所以，重慶這個李莊案到底是誰的勝利？陳有西說是法治的勝利，我當然也是這麼說，但是這個裏面都是有私心的。什麼私心呢？說實話，我們也真的不知道到底什麼原因，在中國的司法中，三個法官說了不算，真正說了算的是院長、檢察長、公安局長、政法委書記、市長、書記，他們拍一個板，下面的人都會執行，沒有一個人擋得住，除非你說我這個烏紗帽不要了，甚至這都擋不住。我個人覺得，證據本身的問題肯定是這個案子撤訴的主要原因，因為他們沒有料到還有一段錄音在，在李莊兒子的移動硬碟中。因為李莊用自己的電腦、自己的硬碟，不知道這個東西就在他兒子這裏。所以，拿出錄音後，他們覺得很被動。既然有這個東西，你就不能抓我了，那不是我搞的。當然，在第一次開庭結束之後，我感覺到他們要對這個證據下毒手之前，我又回上海取了兩份證據，對公安找的證據，我又重新找了一遍。這兩個證據在手裏當然也是冒風險，因為他們如果找到別的證據就會反過來搞我。我覺得做事情是這樣的，你如果想好風險，也願意承擔風險，你去做了，求仁得仁。如果你沒有想到風險，你去做了，碰到風險你會哭的。很多人這樣，包括這次，有些人在網絡上發言，膽子很大的，一抓進去就在那裏哭，他們沒有想到風險會那麼大。但是這個風險我想過了就這樣，我想李莊都被抓了，如果再抓李莊的律師，戲演的太大了，我回家後要成天跑中央電視台了，根據現有證據，斯偉江是不構成犯罪的。這句話是公道話。

　　還有，這樣的管轄也是問題。李莊的合同詐騙案，一點證據沒有，他們就是根據合同詐騙案把李莊抓起來了。照他們的邏輯，全中國、全世界都可以管。我可以虛構一個罪名，說小布殊你在我們重慶幹了點壞事，我要把你吸收過來，你在伊拉克的罪，我也要吸收過來。這絕對是胡鬧，這真的是胡鬧。還有取證，上海有兩個律師作了證，對李莊不利，後來我們去找這兩個律師，兩個律師嚇壞了，他們說自己曾被叫到司法管理處，被告知「你如果不這樣弄，就把你帶到重慶去」。南方男人膽子很小的，冷兵器時代都是北方人徵服南方人。我在這裏說，我們律師界的空間是由北京律師拓展的，北京律師在此犧牲了很多人，很多人執照沒了，很多人被抓進去了，南方「犧牲」的不多。所以，確實是如果沒有前面的同志衝鋒陷陣，沒有他們做大量的敏感案子，中國律師的空間不會有那麼大，空間真的是一滴血、一滴淚擠出來的。「一坨屎」的案子也是為言論自由做的犧牲，接下來還會發酵，沒有那麼容易。你看徐武（編按：「被精神病」患者）現在也放出去了，這就是典型的「圍觀」效應。當然「圍觀」有個最大的問題，就是不能持久，中國是一個熱點太多的國家，每天都可以出現。

　　你說現在沒有「主義」，我覺得現在最大的主義就是拜物主義，都要成功。什麼成功？就是物質上的成功，精神上的成功，搞個博導，學術包工頭，帶一批博士，賺錢，做項目，跟我們律師一樣了，一個合夥人帶幾個助理把項目弄來賺錢。這是一個不爭的現實。所以，中國沒有一個職業說出來是大家肅然起敬的。教授，白天是教授，晚上是那個。官員更不用說了，城管、院士甚至諾貝爾獎獲得者，都不能獲得一個一致的崇敬。那種一致的崇敬沒有了，任何人都沒有多少道德感召力，不管什麼職業。其實，對於重慶模式，哪怕全中國都罵它，但只要某些人、周圍的人認可就夠了，「人民」是由一小部分人代表的。你信不信，何教授搞一個人民黨試試看，你敢嗎？不敢。你敢搞個司法黨？這個也是不敢的。所以，在我們這種幹實務的人看來，我覺得「重慶模式」沒有很大的變異，它只是把某些東西放大了，使它們變得更醜陋了。一個猴子在那裏，本來大家看不到它的紅屁股，它如果一下跑到紅綠燈上去，我們就看到了，基本上就這麼一個道理。其實，很多地方在偷偷地運

作重慶模式。經濟上也是這樣的，經濟上主要是依靠廉價的土地，政府廉價回收，借此吸引一些大的企業。重慶憑什麼跟沿海競爭？特殊政策，重慶搞了一個模式，海關放在工廠門口，直接出關節省時間。

還有土地票。重慶的地票制度也有一些方面跟其他地方不一樣，它用了一些特權。如果大的經濟環境一改變，這種特權是最脆弱的，最容易倒掉的。所以，我一直很害怕，一句話叫天下未亂蜀先亂。如果經濟發生一定的波動，最脆弱的不是沿海，因為沿海的東西大部分是出口的。大家如果去看重慶市長談話會發現，他是有承諾的，政府擔保的，這個是很脆弱的一種制度。當然，我覺得也沒那麼可怕，但是也不值得讚揚，重慶只不過是塊試驗田。

再回到中國的司法上。司法確實令我們學法律的人這幾年感到很無奈。一方面在法庭上可用的法條愈來愈多了，對我們是很有利的，包括「兩高」的非法證據排除程序，這個程序我們用起來很好。但是，在計程車群體事件的案件中，法官竟然沒有讀過這條規則，結果休了庭，院長、庭長在下面念；公訴人忘了帶案卷，法官把法院的案卷給他看，他滿頭大汗在翻，然後要求休庭；院長也同意休庭，檢察長也同意休庭，我們也答應休庭，結果政法委書記眼睛都不看院長一眼，就說不行，院長馬上就縮回去了。你講給法官聽，法官講給院長聽，院長在書記面前就跟寵物一樣，你不覺得這很失敗嗎？所以，你看到我們現在有些案子，愈來愈訴諸所謂的人民，愈來愈訴諸理性的圍觀力量，不是因為我們不尊重法庭，而是從實用的效果來看，我們要把辯護詞寫得通俗易懂一點。按理不應這樣，按理說專業律師寫專業意見，講到點子上就可以，但是我們為了傳播，就必須要把有些東西寫得不能說煽情，至少也得通俗易懂一點，這是為了讓圍觀的力量改變一下目前的局面。譬如說計程車的案子，法院就要定罪，我們的目的就是想不定罪。我們拿什麼來跟你抗衡呢？律師就是一支筆、一張嘴，隨時有可能坐牢，不像教授，還有學校保他們。李莊律師一進去，有關部門組織大家批李莊，絕大多數人明明知道是錯的，還要學，上海還不錯，還沒有讓

我們學。這是一種非常屈辱的事情，明明知道是律師界的冤案還要批。好在我們現在賺了點錢，要不然真想不通。

所以，面對這個司法，我總的感覺，我現在在等，等咱們國家想通了，要實行憲政了。他如果不改，誰敢改，誰敢搞建黨偉業？我是不敢的，我們的「本本」上說要遵守中華人民共和國憲法。這條原來是沒有的，原來的律師法上是沒有的，是後來加上去的。為什麼加上去？就是因為深圳有一個律師太張揚了。現在司法界都要擁護憲法，不擁護憲法不能當律師。我肯定擁護憲法，只能等「皇上」改了。我就說到這裏。

張千帆：斯偉江律師作為智慧財產權律師肯定是很理性的，但是他不僅接了李莊案，居然還敢接「建黨偉業」郭泉案[3]，膽子真大。可見他不僅很理性，而且還很有勇氣。你說南方人很膽小，也不一定吧？你自己不就是南方人嗎？偉江律師向我們展示了我們司法界尤其是律師界比較困難的那一面，不斷提醒我們做律師是有風險的。做智慧財產權律師一般來說沒什麼風險，但是尤其是做刑辯律師確實有風險。在座的大家很多畢業以後可能都會選擇律師這個職業，尤其是如果選擇做刑辯律師的話，大家想好風險再決定。當然，我非常希望大家想好風險之後，還能像偉江律師一樣，還是毅然站出來承擔風險。

不過你講到最後好像又有點悲觀，一是認為人民的虛無縹緲，二是把前途完全寄託在「皇上」身上。但有人寫書說《（美國）總統是靠不住的》，「皇上」怎麼能靠得住？今年是辛亥革命百年，這百年歷史就告訴我們「皇上」靠不住。「人民」雖然是一個有點虛無縹緲的概念，但也不是不存在。當然，你的辯護詞很精彩，這肯定發揮了作用，也許某個「皇上」也發揮了作用，但是還不能忽視普

---

3. 2007 年公開要求中國憲政改革，主張多黨制、軍隊國家化、創建「中國新民黨」並任代主席，同年底被南京師範大學撤銷副教授職務。2008 年因撰文批評當局處理四川地震方式被拘押。2009 年 10 月，被江蘇省宿遷中院以「顛覆罪」判處有期徒刑十年，2018 年底刑滿釋放。2020 年 1 月 31 日，因關注武漢疫情再次被刑拘至今。

通老百姓的作用。剛才何教授說在法庭上依靠人民，這個是否可行可以探討，但是「圍觀」的人民也還是大量存在的，偶爾也能發揮點作用。包括李莊案，我覺得當時很多微博網民支持你們，沒有這些似乎「不管用」的圍觀，李莊案未必能得到這個結果。我這個想法不知道對不對。

我剛聽到童之偉教授已經安全著陸，現在還在路上，我們不等「皇上」了，繼續我們的程序。下面請大家自由發言和提問，大家發言請簡明扼要。我們先請北京市律協憲法人權委員會副主任魏汝久律師發言。

魏汝久：謝謝張老師。我是一位普通的律師，我也沒有什麼勇氣。當時陳有西律師請我去給李莊辯護，說北京一些很有名的律師不願意去，他也不想去，希望我能去。我當時痛苦地思考了 10 秒鐘，然後我說總得有普通的律師去，我就去了。去了以後我發現，重慶體制內的人也對我比較尊重，也支持我們的工作，重慶也不是天全黑了。後來我在微博上發了一篇聲明，說魏汝久在重慶犯難。北京的律師一看，十多名律師就去重慶了。後來我就退出了，取完了證我就給了斯偉江。需要我上我就上，需要我退我就退。我希望大家知道，除了斯偉江這樣的名律師，我們還需要一大批功底扎實，作風穩健，品性良好的法律工作者。

> **提問**：我來自中國農業科學院，我也不是學法律的，但是我對中國的憲政改革比較感興趣。聽了幾位老師的交流，特別是斯先生的發言，覺得有點悲觀。我想聽一下你們對中國的憲政改革有什麼建議嗎？

斯偉江：其實我對這個問題是思考很久的，除了剛剛那個「皇上」問題。大家知道，律師說話有時候不靠譜，為了保護自己，但是如果中國走上憲政的時間快到了，搞農業的都開始關心憲政了。第一，這個潘朵拉盒子打開之後誰也控制不了結局。為什麼這麼說呢？因為要改革（不管「皇上」改不改），體制外的壓力要大到一定程度。大家知道，如果外面沒有火燒，水是不會開的，會維持原

狀。所以，外面壓力足夠大的時候才會開始有分權、有憲政。大家知道，國際上通行的分權制度就是票決。我們的憲法中有很多死胡同是解決不了的。譬如說最簡單的例子，我們國家的法律是人大通過、主席簽字。如果哪天人大通過了，主席不簽字呢？給我一個答案，憲法當中沒有結果，我們也沒有憲政法院，最高院也沒有解釋憲法的權力，這是一個僵局。

第二，我們全國人大常委會的任期可以無限制延長下去，發生緊急情況後人大常委會可以自我連任，如果連任到一定程度，大家受不了怎麼辦？

第三，就算你搞選舉了，大家知道，票選是數人頭，人頭不只是你們精英，精英也只能是一票，我老家的文盲也是一票。數人頭的話，我們國家農民多，花錢是可以從他們那裏買到票的。村民選舉已經搞壞了，開始是我跟你是親戚朋友，不收你錢財，這是第一屆選舉的時候。然後是親戚朋友也得花錢，只是有優先權。到現在誰有錢我選誰。在我們國家搞一個選舉是很恐怖的，搞不好會導致動盪，到時候你們這批精英就會懷念現在和諧美好的社會。

所以，你說我們國家這條路怎麼走？不管怎麼說，你總不想要一個渾沌的改革，你總想要一個有序的改革吧。這就需要智慧，需要在不同的地方，不同的領域，使大家認同一個遊戲規則，基本乾淨的遊戲規則。這是大的地方。

小的地方，我有時批評陳有西（編按：京衡律師集團董事長兼主任），我說有西你寫的我都贊成，你做的我不贊成。為什麼？在你的律師事務所，你是老大說了算。按照民主規則，合夥人之間應該平等，沒有毛主席一票頂我們一萬票的道理，否則就是自負。為什麼大家都喜歡照鏡子，都覺得自己帥？人人都是自負的，你要跟別人平等地玩遊戲。熊偉是一位獨立候選人，我說他拿不到一千張票，因為他沒有根基，我是搞過選舉的，我知道。進入人大之後是很有意思的，因為我是作為一個獨立候選人進入人大的，199人中就我是個怪物。大家知道，我們選舉是贊成舉手，沒有讀票，人太多了數不過來；反對有一票，每次一看又是他。第一次他們覺得

很惱火，後來慢慢也能接受，就這麼一回事，遊戲規則，這是我表達的意見。我說我的選民委託我，我覺得我要反對。張千帆教授也講過，其實我們人大開會沒有固定的法律規則，選舉辦法都是臨時制定的。所以說，我們在喊民主、喊憲政的時候一定要先把要求講明，先看看我們自己是什麼條件，不要我長的這個樣子我就要追求林志玲，你沒有這個條件，你又不是郭台銘。這個東西一定要看好，我們接受的民主憲政必將是一個很殘酷、很混亂的一個過程。你有了接受這個過程的心理，是恐龍你也得娶，你才可以走出來。不要老是對着影星想，我以後找個老婆就要找這個樣子的，那難度相當之高，恐怕只有做夢了。

熊偉：我肯定能得到 1,000 票。因為我在的那個地方流動人口很多，我這次站出來參加競選，口號就是為 9 百萬北京流動人口爭取選舉權，為全國數億人口爭取選舉權。斯老師說通過選民登記那一關比較難，就是說北京流動人口不給登記。在我這個地方，我會找到 1,000 個外來人口。我請他們去登記，按照現在有關的條例去登記，如果不給登記我就把他們帶過去。如果有 1,000 個人集體起訴選舉委員會，那肯定是一大新聞。

斯偉江：因為目前根本不可能給你的那些人登記為選民，你還要打官司，法院有一招對你很靈，就是不受理，也不給你通知書。

何兵：客觀說，我也比較悲觀。我昨天晚上看了一下《建黨偉業》的廣告片，它這麼說，「民國是共和之國，在共和國裏做皇帝，這真是天大的諷刺，同學們正在組織抗議呢！現在我們怎麼辦呢？同學們沖過去，我們今天的行動是為中國美好的未來獻身。然後，有一個偉人說話：徹底改變這個世界！」我看了以後覺得，這個片子怎麼敢放呢？要是斯偉江敢放這個片子，肯定是顛覆國家政權罪。我看了以後覺得很有意思。還應當注意，對於中國改革的動力，我們考慮的比較多的是來自黨外。沒準哪天內部出事了。譬如說，弄出這麼個片子播，學生看多了，上街了。這還是廣告片，我估計整個片子內容都是這樣子。不讓建黨，但動員看《建黨偉業》，不讓革命，但動員唱「革命歌曲」，真是無間道。《建黨偉業》的內容我猜測一下：天下大亂，幾個理想青年悄悄結黨，兩個教授帶着

青年幹革命……北大就有這個先例，歷史上就有。幾個有志青年建黨，深入農村，把農民搞起來，深入學校把學生搞上街，深入部隊把部隊搞反了。這就是《建黨偉業》的基本思路。

另外，現在我們所有人都在分析、關心政治，中國還有沒有和平過渡的機會？我覺得危機快總爆發了。我說這個危機爆發，是資源危機、環境危機，馬上就開始了。這幾年我一直在關心水，大家最近才知道水重要。你們看報導，北京的自來水公司天天開會，研究調水。這個端午節前，我和我的學生去房山區山裏面划船。溪水斷流了，這兒一片水，那兒一片水。現代人真可憐啊。這麼點水，竟然弄一個漂流，竟然還淹死了四個人！

西方一直說中國要崩，但中國一直沒崩。為什麼呢？我想了很久，明白了：透支。雖然改革開放分配不均，但是我們把子孫後代的資源和財富，都拿出來賣了。富人多分了棗，窮人少分了棗，大家活得都挺好，就往前奔，這就是基於透支的穩定。如果透支不可能，就不穩定了。大家看北京的水，北京在南水北調，河北也缺水，整個山東也缺水，都指望南水北調，南方也沒水了。這些是真實的，是硬指標。其他透支還在進行，但是水已經沒法透支了。所以，一個大的問題就在於，當資源危機開始爆發的時候，我們很難有一個很和平的空間，來對國家制度進行重新改造和修理。於建嶸說，他講課講得滿頭大汗，為國家着急。聽課中，有個人大機關的高人說，你不要着急，天下大亂才能大治，你就喝喝小酒，養好身體。我們確實經常感覺到，改革和革命在賽跑。我們搞法律的人都是改革派，從來沒有想通過革命解決問題。

革命的時候，萬丈豪情，但是革命以後怎麼樣？打碎的舊制度在革命以後又回來了，這就是改革派為什麼堅持要改革。但是中國改革派力量比較弱，社會底層已經急不可耐。法國大革命最終的原因是什麼呢？是知識份子對弱勢群體的同情，宗教界對弱勢群體的關懷，點燃了窮人的怒火。一場浩劫怎能避免呢？知識份子對窮人說，你們真可憐，你們真可憐，弱勢群體真可憐。窮人本來覺得自己挺好，愈聽愈難受。你老刺激他，他就幹起來了：「起來，飢寒交迫的奴隸，起來全世界受苦的人……」

張千帆：哎呀，我們望眼欲穿的童之偉教授終於到了。童教授是中國著名憲法學家，是中國憲法學會的副會長，也從事法理學研究，近年來對重慶模式議論頗多。讓我們歡迎童之偉教授。

童之偉：讓大家久等，非常抱歉。還要向幫我救場的何教授和偉江律師表達感謝！從上海到北大的路真難走，京滬之間原本一個半小時的航程，竟花了整整 7 個小時。因為雷雨，沒有辦法起飛，起飛後還顛得特別厲害。

這幾天我準備了不少要講的材料，在飛機上都在準備。要在很短的時間內將準備的這些內容講完肯定是比較困難的，但是我會努力把主要意思表達出來，如果有機會我能夠回答一些問題當然更好了。

社會上現在對「打黑」有那麼多的爭議，有的強調打黑是維護社會治安的手段或方式，有更多的人感到其中問題很多，但說不清道不明其所以然。我以為，現在社會上對打黑有不同的看法，這些不同看法所針對的其實不是作為維護治安方式的打黑，而是一種被作為社會管理方式加以運用的打黑。我這邊要說的是，打黑作為維安手段是什麼意思，作為一種社會管理模式又是什麼意思。

作為維安手段的打黑，就是正常實施刑法第 294 條，即偵查、追究組織、領導、參加黑社會性質組織罪，入境發展黑社會組織罪，包庇、縱容黑社會性質組織罪，其中主要是第一種犯罪。這是非常必要的。

但是，把打黑作為社會管理模式是什麼意思呢？我想，可以這樣看待作為社會管理方式的打黑：這種所謂打黑，就是公權力機構把打黑當作對政治、經濟和社會文化事務進行管理、控制的基礎性環節或起主導作用的方式來運用。我個人在相當一段時間內一直在考慮這個問題，我希望能把這個問題講清楚。把作為維安手段的打黑與作為社會管理方式的打黑區分開，這是展開本專題研討需要做的一項基礎性工作。

　　對於重慶的打黑，我近年來的一個主要關注點是，十分擔心打黑從公權力機構運用的維安手段，蛻變成公權力機構對社會進行管理的方式。從大環境看，打黑從維安手段蛻變為社會管理方式的危險是客觀存在的。中國司法的大環境構成了產生這種危險的沃土。這種沃土表現為一種背景：缺乏獨立、中立和公正的司法；在有罪推定前提下，刑法適用上的選擇性追訴已經常態化；放任刑訊逼供的現象在有些時候和有些地方趨於普遍化。

　　黑社會性質犯罪本身的特點，很容易被權力人士惡意利用，用來將打黑從維安手段悄悄改變為社會管理方式，也就是將打黑從戰術手段轉變為社會管理戰略。黑社會性質組織與正常組織並沒有清晰的界線，尤其是公司、企業，正常的和以經濟活動掩蓋的犯罪組織很難準確區分，就像人的正常肌體組織與腫瘤的邊界往往沒法準確區分一樣。所以，從追究黑社會性質的犯罪入手，特別容易把內部存在一般違法、犯罪現象的公司、企業認定為黑社會性質組織，將合法的組織機構認定為黑惡團體的組織者、領導者。另外，追究黑社會性質的犯罪特別容易形成株連：把一個人抓起來，然後把他的朋友抓起來，再把他的朋友的朋友抓起來，再把朋友的朋友的朋友抓起來，等人數夠了，就說他們是黑社會了。由黑社會性質的犯罪的上述特點所決定，司法機關偵辦這類案件，如果不嚴格遵守法定程序，保障程序正義，杜絕刑訊逼供，很容易造成擴大化和株連的後果。

　　我最近再次重新系統整理和分析了通過調查搜集到的打黑資料，我初步得出的結論有三個。第一，作為維護社會治安的方式，打黑是正常的、絕對必要的。應該說，重慶實施維安型打黑做出了成績，值得稱道；換句話說，作為維安方式，打黑是有光環的。在這方面，官方早做過詳盡宣傳，光環已放大到了極限；對維安型打黑的業績及其形成的光環，我和法學、法律界所有人一樣，是高度認同的。第二，打黑不可以從維安手段轉變為社會管理方式，打黑一旦轉變為社會管理方式，其性質就發生了根本改變。維安型打黑保護公民基本權利，維護正常的社會管理秩序；社會管理型打黑則

必然嚴重侵犯公民基本權利，破壞憲法和法律規定的社會管理秩序或社會管理方式。第三，學術界有義務向社會各界和政界人士講清楚維安型打黑與社會管理型打黑的本質區別，講清楚維安型打黑的絕對必要，也講清楚社會管理型打黑對法律秩序的危害及其違法性。

社會管理型打黑有完全不同於維安型打黑的特點，這些特點我們可從如下諸方面加以概括或描述：

第一，社會管理型打黑所追求的社會效果，形式上是維護社會治安，實質上是脫離憲法和法律，建立以個人專制和員警國家為標誌的社會管理秩序。主事者在這樣做的時候，一定會將維安型打黑的光環，套在社會管理型打黑的「身體」上。如果有人批評社會管理型打黑，他們一定會用肯定維安型打黑的說辭，張冠李戴地混淆視聽。

第二，社會管理型打黑的主要實施方式，是以暴力和牢獄之災對公民和社會進行恐嚇，目的是使每個在其治下的個體，包括公民和企業，只能在公權力隨時可能砸來的大棒下仰當權者的鼻息，謹小慎微地生活和勞作，不敢「亂說亂動」。要實施社會管理型打黑，公權力勢必對其治下的人和公民特別苛嚴，尤其在公開發表言論方面。

第三，社會管理型打黑追尋的直接目的，是用暴力和嚴刑震懾或威懾整個社會或除主事者外的每個個人。為了對社會大眾進行震懾或威懾，主事者必然謀求在公民心靈深處造成對公權力和權力人物的深度恐懼。

第四，張揚暴力，違法辦案，任意剝奪公民權利和自由，為一己之利任意追訴，把對法律有信仰、有信心的人和無辜的人判為有罪，把讓自己不高興的人或「冒犯」自己的人任意加以拘禁，是社會管理型打黑的主事者恐嚇和威懾公民乃至整個社會的主要方法。對他們來說，最好的局面是社會公眾能夠確信，「權力人物說你有罪你就有罪，無罪也有罪；權力人物說你無罪就無罪，有罪（如刑訊逼供）也無罪」，從而使每個人都對他們唯唯諾諾，巴結討好，使每個對其做法持否定態度的人都不敢公開說出自己的看法。

第五，系統地違反法律，是實施社會管理型打黑的客觀需要。只有突破法治底線、破壞法制、選擇性辦案、刑訊逼供，打黑的主事者才能在公民心靈深處造成對公權力和權力人物的驚恐和畏懼，形成有效威懾。愈是能把無辜的人定為有罪，愈是能非法任意剝奪批評、冒犯主事者的公民的人身自由，社會管理型打黑對個人心靈和社會形成的威懾力就愈大。

第六，社會管理型打黑與維安型打黑之間呈現出複雜的聯繫。兩者往往是相互關聯的：維安型打黑非常得民心，非常必要，同時也可以為社會管理型打黑奠定基礎，創造前提，提供光環；維安型打黑追求的效果是預防和懲治黑社會犯罪，維護正常的社會管理秩序；社會管理型打黑追求的主要效果是在打黑的掩護下，以近乎赤裸裸的暴力加強對政治、經濟和社會文化事務進行管理和控制。所以，社會管理型打黑所追求的是維安型打黑之外的效果。

第七，社會管理型打黑的「寒蟬效應」十分明顯。由於黑社會定義模糊，懲治黑社會犯罪極易進行株連，加上刑訊逼供較少受到制約，社會管理型打黑極易形成寒蟬效應。寒蟬效應指民眾害怕因為言論遭到公權力機構或權力人物施與的刑罰或其他形式的懲罰，從而對公權力機構和權力人物不敢或不再敢發表任何批評性言論，就像蟬在寒秋必然噤聲一樣。寒蟬效應是公民言論自由遭到嚴重損害的表現，但對當權者的「好處」是，其治下的民眾不再敢對他們有任何批評。

第八，除利用「寒蟬效應」壓制公民言論、出版自由之外，社會管理型打黑還能夠被用來極為有效地限制公民需要通過聯合或協作才能行使的那部分基本權利或其他權利和自由，如集會、結社、信訪、宗教信仰、罷工和財產權利。因為，行使這些權利需要進行一定程度的組織，而要有所組織，就極可能被按照「組織、領導、參加黑社會性質組織罪」加以追究。

或許理解了社會管理型打黑的上述特點，我們對重慶出現的以下情況就比較容易理解了。那裏的公共機構一直在努力將維安型打黑推向社會管理型打黑的軌道。

在重慶，公權力機構（國家機關及準國家機關）和權力人物違反憲法理論中的比例原則，將打黑在法律實施中所處的地位和意義，拔升到了不可思議的高度，直至使其成為了地方公共當局的最重要施政標誌之一（另一個標誌是「唱紅」）。中國刑法中有 400 多個罪名，其中妨害社會管理秩序罪有 125 個罪名，這其中黑社會性質犯罪佔 3 個罪名。如此之多的罪名，為什麼持續地強調和運用其中的一個罪名，即組織、領導、參加黑社會性質組織罪，並將其打造成一面旗幟？這是嚴重顛覆憲法學原理中的比例原則的做法。

我們看到，重慶的「打黑」已經從相關職能部門的工作轉化成了整個公共機構持續關注的事情，成為公共機構全面關注的事務甚至施政的中心。之所以如此，其中的奧妙，或許就在於主事者欲以這個罪名為抓手，將維安型打黑轉化為進行社會管理的基本方式，甚至可能已經在很大程度完成了這種轉化，現在或許進入了鞏固、定型階段，準備下一步推向全國了。

我們還看到，在重慶，打黑似乎已經成為了一個無休無止的主題或狀態。似乎有關權力人物的決心是，有黑要打黑，無黑也要打黑。社會各界人士應該知道，如果打黑被作為社會管理的基本方式來運用，那就必須保持「黑」的存在，否則打黑作為一種社會管理的基本方式就勢必在道義和邏輯上難以為繼。而為了做到這一點，客觀上就有一種需要：小黑要放大，非黑要染黑，無黑要造黑，一定要持續製造打黑對象。凡是把打黑搞成社會管理方式的地方，情況必然是打黑無休無止。

回到今天的主題，我把研究結論概括為如下數點：第一，社會管理型打黑是正常打黑的惡性變異形式，它實質上是「黑打」的產物和表現。由此可見，迄今為止，人們對重慶「黑打」的批評，絕對不是針對正常的維安型打黑，而是針對社會管理型打黑即「黑打」。第二，社會管理型打黑違反憲法和法律的精神和規定，嚴重威脅社會主義法治，應該防止和予以反對。對這一點，必要時應加強論證。第三，搞社會管理型打黑，實質上是搞專制暴力統治，搞員警國家那一套，它是通向個人專制的道路。對此，執政黨全黨和全國人民，都應該高度警惕。在這方面，千萬不能被維安型打黑的光

環模糊了大家的眼睛。第四，製造李莊事件，是重慶構建社會管理型打黑的極重要環節，李莊案的審理結果和終局，關係到社會主義法治國家建設之全域。

至於中國司法體制改革的前景，我覺得在中國要討論我們司法將來怎麼走，千言萬語有很多的事要説，但歸結到一點，就是審判機關要能夠真正獨立行使職權。我在很多場合講了這樣的話，中國的事情是有規律的，這個規律是，只有出大事我們才會改。我覺得，對無效的制度要在出大亂子之前改比較符合各方利益。對法治的前景，似乎可以直接寄希望於以保證法院獨立行使審判權為中心的司法體制改革，為此需要改善黨的領導。從長遠看，我還寄希望於建設社會主義民主政治，改善司法的大環境。因為時間的關係，我只能説這些。

張千帆：童教授剛下飛機，就不辭勞苦直奔會場，用抑揚頓挫的湖北口音，言簡意賅地表達了他的意思，我認為擊中了「重慶模式」的要害。下面因為時間關係，我們只能有一個問題。

提問：我是 02 級的校友，在北大學的理工。對於童老師講的打黑，我想請教，有沒有什麼制度手段可以保證打黑只發揮第一重作用，而不發揮第二重作用呢？如果第二重作用必然要發生的話，這個打黑在我看來是沒有辦法以任何角度來接受的。

剛才斯偉江律師提到理性的圍觀，譬如説在藥家鑫案件 [4] 中就是這樣，最後獲得成功的是會善於利用民意的人，而不是其他在合理的規則之內遊戲的人，會不會有這樣的現象出現呢？因為剛才提到人大代表選舉，2003 年海淀區人大代表選舉的時候，大家討論了很多疑問，譬如，在現在制度框架內參選人大代表真的有用嗎？譬如

---

4. 2010 年 10 月 20 日，陝西省西安市西部大學城學府大道上發生一起交通肇事引發的故意殺人案，肇事者藥家鑫駕車撞到被害人張妙，下車後發現張妙在記自己的車牌號，藥家鑫拿出刀子連捅張妙 8 刀，致其死亡，後駕車逃跑，行至郭杜南村村口再次撞傷行人。

> 斯老師還有熊偉老師，他們當了人大代表，真的能夠對制度建設甚至是很具體的技術層面上的很小的政策發生什麼影響嗎？這是很難解決的疑問。

童之偉：我想這樣説，按照我們現行的政治制度和體制，我們無法保證打黑只發揮第一方面的功能，而不會出現第二方面的情況。但是大多數地方沒有發生那種情況，就是説會不會發生那種情況受很多因素影響，其中領導機構和領導人的民主法治意識很重要。第二點我們要看到，我們這個制度雖然是有很多的問題，但是不是説不起正面作用了？不能這樣説！中國法制還是在一定程度上對不良做法起着一些遏制作用。實際上，李莊第二案有那麼一個結果，我們也不能把它簡單看成是一些個人努力的結果，制度還是在起作用。我個人理解，李莊案有這麼一個結果，律師們包括偉江律師的辯護起了明顯的作用，這是毫無疑問的，但是還是要看到現行制度在維護法治方面的功能或自我糾錯功能。

我還想説一句話，獨立候選人參選人大代表，現在決不是一定不能當選。當選的可能性是有的，只要工作做到位。有人説，一個縣區級人大代表，你當選了又怎麼樣呢？當選也不能發揮多大作用。但是不能簡單這樣看，這裏的意義就在於打破計劃政治的一統天下，為政治體制改革、選舉體制改革積累些經驗。

斯偉江：我感覺任何東西都不是一步到位的，飯都是一口一口吃的，不管理性還是不理性，都是這麼一個過程。這是對老百姓所謂的民主訓練，圍觀也是一種訓練，最後老百姓決定買不買他的賬。聽了何教授的，聽了我的，聽了童教授的，聽了司馬南的，你買誰的賬？市場吆喝多了，品種多了，你就有得選，所以這個事情有一個訓練的過程。藥家鑫到底該不該判死刑？我覺得不管有沒有人圍觀，這個案子判死刑是沒有問題的，殺人償命，而且捅了人家那麼多刀，殺人滅口這個是真的，你殺人滅口判個死刑，圍觀不圍觀不影響，只不過圍觀多了，可能他更沒有生機了。律師辯的也確實有問題，這就是律師的作用。律師不一定會把你辯得更好，但是你請不好的律師肯定更壞，因為公安機關、法院正好能抓住律師的漏洞。

人大代表的問題，我覺得問題是一樣的，也不要指望一口吃成胖子。像我進了人大之後，至少我們靜安區一百多個人大代表，包括人大常委會的主任、副主任，都開眼界了，原來真的人大代表是這個樣子的，這樣的人要有五六十個就沒法開會了，人大開不起來了。這個是很管用的。他們有的時候說，要開奧運會了，給每個人做一套運動服，這種事情是有的，我說我就不需要了。他們人大代表出去旅遊，我也不願意參加。他們每次開人大會發幾百塊錢，我就捐給 NGO。但是，他們幹什麼，我都要給他們曝光。他們發一次洗衣粉，我給他們曝光，那時正好開人大會。這個東西還是一種訓練。當然他們可以通過另外一種管道施壓，後來我開事務所，不敢開在靜安區，開在別的區。到第五年我們最後一次人大會，總算有第二個聲音，我舉反對票，另外有舉棄權票的，從來沒有過的。如果這樣的人有五個十個，就會慢慢成氣候。我們很多人大代表私下裏跟我說「我支持你」。我還競選過市人大代表。我當了區人大代表之後，就給所有區的人大代表發資訊拉票。結果他們很緊張，開了一個會，堅決不能讓這個事情發生。後來這個事情果然沒有發生，我得了零票。我還派了一個記者看他們怎麼投票，記者馬上被識破了。所以，這次選人大代表，熊偉想要 1,000 票，搞不到。氣功不是一天練起來的，你以為張無忌拿着寶典就練出來了，真的上街還是被人打死了。

還有，你要考慮風險。你肯定會被查稅，你看看自己有沒有不乾淨的事情，要做好準備。黨和政府有這個能力，他沒有這個能力說不要選你，但是他有能力把你查得清清楚楚，你做好了可以去幹，你做不好千萬不要到時候哭鼻子。

我們現在在點滴進步，社會進步遠遠超出大家的想像，我們政府也在進步，只不過政府的進步遠遠跟不上時代的進步，這才是我們目前的失望，不是說他沒進步，只不過現在老百姓意識強了，覺得你這個是特權，那一個應該監督，政府適應不了這個時代了。滿清的時候，整個執政集團如果要加快速度跑一跑，那時候還能跟上，但是如果它說「怕什麼，我們還有槍」，那就跟不上了。晚清時期難道槍不在皇上手裏嗎？看似是在手裏，最後倒的就是這些槍把子。所以，實力還是要靠軟實力。再過幾年之後，就看你們的了，

希望確實在你們這裏，你們這些人現在進社會乾淨點，以後查起來一查一個勞模，一查一個英雄，你無敵，幹什麼都可以。所以，真的希望你們不要知難而退，知難而進才是男子漢。

張千帆：好，斯律師好像變得更加樂觀了。路畢竟是人走出來的，沒有人去走，永遠不可能有路。本來還想讓更多的人發言，可惜時間已經到了。我們的童之偉教授剛剛下飛機，何兵教授還帶着傷病，斯偉江律師昨天晚上沒有睡好，我們的嘉賓都很辛苦，來參加講座的大家也在這兒已經坐了兩個半小時。關於重慶模式的結論是什麼呢？我覺得不太好說。因為首先我們沒有辦法去評價它，重慶群眾現在喜氣洋洋的，但是會不會過幾年就會有人像斯偉江律師說的哭鼻子？可能現在就有人在哭鼻子，李莊律師就是一個犧牲品。因為現在這種管理模式如童之偉教授說的，是有代價、有成本的，何兵教授還算了經濟成本有多少。

實際效果到底怎麼樣呢？在言論受到管制的情況下，我們只能說不知道。就像在許多案件當中真相到底是什麼，我們只能說不知道。即便按照假設，也就是說它確實達到了有效的打黑的效果，但是從世界各國，包括我們中國自己的規律來看，這種效果極有可能是一時的，因為它是通過一種政治高壓來實現的，但是這種高壓不可能一直持續下去。一旦高壓消失之後，各種各樣的混亂會加倍地回來，報復我們這個社會，所以我不認為重慶模式是可持續的。

重慶模式和李莊案對我們最大的啟示是什麼？我想我們也不用和何兵教授再爭論到底是司法民主化還是司法職業化，其實我們之間爭來爭去，什麼都得不到。這種模式給我們帶來的「民主」顯然是一種假民主，職業化當然更不用說了。所以，我想它給我們帶來的最大啟示就是，無論我們追求的目標是什麼，方向是什麼，首先我們要抵制政治權力對司法的干預。這一點我們是不是可以立場統一？

何兵：對。

七
中國司法改革的走向

時間：　2012年6月6日
地點：　北京大學法學院

主講人

賀衛方：　1960年出生，山東牟平人，北京大學法學院教授、博士生導師，兼任全國外國法制史學會副會長，曾任教於中國政法大學。1982年畢業於西南政法學院（法學學士），1985年畢業於中國政法大學（法學碩士）。

何　兵：　1964年生於安徽巢湖，北京大學法學博士，現為中國政法大學法學院教授、公共決策研究中心主任，中國案例法學研究會副會長，全國律協憲法與人權委員會委員。

徐　昕：　1970年出生，江西豐城人，清華大學法學博士，北京理工大學法學院教授、博士生導師，北京理工大學司法研究所主任，2011年入選教育部「新世紀人才支持計劃」。主要從事訴訟法、司法制度的研究。

張千帆： 大家晚上好！歡迎來到憲政講壇第 9 期。首先，我要向大家道歉：因為種種原因，我們的地點直到昨天才確定下來，通知得太晚了。好在今天三位講者很有人格魅力，我們的講堂還是擠滿了人。哎呀，我們這個國家如今得了「重度傷寒」，處理問題不理性。我看整個民族都欠缺基本理性；不僅是政府和民間都不夠理性，而且連大學甚至法學界處理一些簡單問題都不按照平常的理性。這樣，這個民族還有什麼希望？所以啊，我們還是要談司法改革，這對於我們整個民族都很重要。前不久我寫了一篇文章，說的是司法改革不僅僅關係到司法本身，不只是涉及法官「獨立人格的重構」或社會公正的「最後一道防線」這樣一些問題，而且也關係到整個民族的說理能力。因為中國歷來是不太講理的社會，而司法就是要講理的，法院首先是一個說理的地方。如果這個國家的司法比較發達，那麼法官判例就能教會我們如何說理，但目前的法院基本上沒有發揮這個功能。所以，今天晚上非常高興齊聚一堂，來聽三位對司法改革很有研究的學者談論司法改革。

第一位是我們北京大學法學院的賀衛方教授！賀教授眾所周知，用不着我介紹了；如果要介紹的話，也是應該他介紹我，而不是我介紹他。第二位是中國政法大學法學院副院長何兵教授！第三位是北京理工大學法學院徐昕教授！這三位對司法改革的研究和貢獻大家都已經知道，不需要我多說了。下面就把時間留給賀衛方教授，大家歡迎！

賀衛方： 感謝千帆兄。尊敬的何兵教授、徐昕教授，兩位好！作為這個學校的教授，在這兒歡迎兩位，當然對於何兵教授來說是回娘家，重新返回你的母校，徐昕教授是我們尊貴的客人，非常高興這次能夠跟二位一塊探討中國的司法改革。與此同時我感到有點慚愧，因為我通常是喧賓奪主，今天是喧主奪賓，我自告奮勇跟張千帆教授要求說我來主講，由他們來給我敲邊鼓。對於何兵教授大家很熟悉，他的微博最近出了點問題，正在鬱悶期，希望你回到母校能讓你的心情緩和一點點。何兵教授長期以來非常注重對司法改革的研究，有很多的成果。同時，我們兩個一直持不同的觀點，我跟何兵教授的觀點在某些方面是針鋒相對的。但我想今天他來對我

做評論，我相信不會有太多差異點，因為我沒有選擇陪審制度作為話題。

徐昕教授過去在西南政法大學擔任教授，後來到北京理工大學，為此專門成立了高等司法研究院，自任院長。他做的建設性貢獻是每年發佈《中國司法改革年度報告（藍皮書）》。為什麼用藍皮？（徐昕：白皮是國務院用的）他給我的感覺是特別願意做建設性的溝通，自己也是非常著名的訴訟法專家，也看到在中國搞司法改革很難完全按照理想的方案一蹴而就。所以，徐昕教授一直在做建設性的貢獻，與此同時也堅持原則，堅持學者追求真理的觀念。我一直非常敬佩徐昕教授這些年來為這個國家所做的貢獻。在我們這樣的人漸行漸遠，無法溝通的時候，你還做一些溝通工作，很難得。

我講 40 分鐘關於中國法院組織法的改革，在這樣的改革中到底暴露出了怎樣的問題，我們應該從哪個方向努力。這個論壇是憲政論壇，在整個憲政體制的建設中，法院領域非常重要，所以，千帆教授在開場白就已經告訴大家。一個國家的司法構成一個國家三種基本權力中的一個權力，對於社會中發生的糾紛和案件依照法律做出判斷和解決。一個國家若具備理性的司法制度、公正的司法制度，那這個國家就不會鬧革命，就不會一片沸騰，因為老百姓的冤屈可在周邊法院得到基本公正的解決（不會說完美無缺的公正，這是人類達不到的），這樣我們就不需要上梁山，也不用經常上街，也不用到北京上訪。現在訪民這麼多，按照溫家寶的說法是「許許多多的上訪都涉及法律上的訴訟」。那法律上的訴訟為什麼不能得到公正的解決？我認為原因很多，譬如司法人員的素質不高，司法程序設置上存在缺陷，包括今天看到的證據法學、證據法方面的缺陷，沒有非常好的證人作證規則，導致許許多多案件沒有辦法在法庭上通過當面鑼、對面鼓的對質，把一個案件的真相揭示出來，並且根據這個真相做出法律上的公正判斷。於是，這導致這個國家的許多國民到處奔走呼號，政府也緊張得不得了。目前，居然有 30 萬人以上的截訪大軍在北京駐着，全國各地的地方政府不斷派人到北京把自己本地的訪民想方設法攔截回去，中間也就發生了很多可怕的事情，譬如黑監獄事件。我們多麼希望在這個國家從基層法院到最高

人民法院都是公正的，讓人覺得這真的是一個說理的地方，讓企業家覺得我有債務糾紛不需要王立軍局長所強調的打黑就能解決。打黑後黑社會還那麼多，我想是「白社會」出了問題。我們需要一個良好的「白社會」，最關鍵的是司法制度。整個憲政體制中，司法機構具有非常關鍵、重要的作用。

法院組織法正是這個領域中特別重要的法，涉及法院的整個結構，法院上下級的整個安排。中國法官的法袍袖口有兩排扣子，胸前有 4 顆金色的鈕扣，紅色的襯底。最高人民法院的院長當時的解釋是，這四顆鈕扣，最上面一顆代表忠於黨，第二顆代表忠於人民，第三顆代表忠於法律，第四顆代表忠於事實。這是那四顆鈕扣的解釋。袖口有兩排鈕扣，代表二審終審制。（現場笑）上下級法院之間到底是怎樣的整體架構？我們知道美國有它的特殊架構，歐洲典型的大陸法系國家，多是金字塔式的司法系統，德國所有法院之上有一個聯邦憲政法院，這都是法院組織的問題。

法院組織問題包括法院內部的權力結構，譬如院長到底是怎樣的角色，應否有審判委員會的機構對個別案件做出判斷？法官是否擁有超越任何行政意義上的獨立性？這些東西都是法院組織法要解決的問題。法院組織法還要解決其他問題，譬如如何處理法院跟某些外部機構，譬如行政機構、檢察機構的關係？有些國家的法院組織法只是關注法院內部問題，但在中國法院與外部機構的關係問題值得關注。同時，我們也關注跟法院組織法相關的問題，譬如法院組織的設置是否有助於法律規範的統一？這些問題都跟憲法、憲政有關。

首先我給大家講一個故事，這個故事一直沒有在北大講過，但在德國、日本講過，憋了 8 年，今天終於有機會在北大講一下。2004 年春暖花開的季節，我突然接到最高人民法院的一個電話，希望我跟中國人民大學的張志銘教授一起去做法院組織法的學者建議稿。他們組織了兩個團隊，一個團隊是以中國政法大學的樊崇義教授領銜的，以訴訟法專家為主的團隊，由他們來起草法院組織法的學者建議稿；另外一個團隊是以這幾年活躍在司法改革領域中的法

理學方面的學者為主，我個人是法理學領域的兩個人之一。接到這樣的邀請我非常激動，因為 2004 年時我感到司法改革有點推不動了。1992 年鄧小平南巡講話，大家覺得市場經濟的說法可以引進來，當然我們叫「社會主義市場經濟」。很快人們說市場經濟是一種法治經濟，當市場經濟讓行政權力退出後，必須有一種強有力的司法力量調整市場經濟建設過程中的一些糾紛、矛盾，譬如如何保障交易、財產的安全，如何保障法律規範統一，如何保障合理的競爭秩序，這些東西在那個時代比較火熱。1992 年到 2002 年、2003 年的這段時間是司法改革的蜜月期，這所學校不斷的組織學術研討會，大家對話，跟實務部門對話，最高人民法院和最高人民檢察院都有許多官員喜歡跟一些學者對話，大家相互交流、切磋，那時候民間與官方的對話達到了美好的程度。我和張志銘教授、清華大學的張衞平教授三個人在《人民法院報》上發表專欄，叫「司法瑣話」，三個人像驢拉磨一樣，一個禮拜你寫，下個禮拜他寫，再下個禮拜另外一個人寫，三個人輪着寫，輪了兩年時間就輪不動了。因為司法改革出了問題，有人愈來愈意識到，這樣改革下去可能會觸及到某種更深刻的或者更高層次的體制。

司法考試也存在這個問題。2003 年之前的司法考試題目非常專業化，到 2004 年的 A 卷裏出現了社會主義法治理念，後來 A 卷的第一道題一定是一個政治題，而且這個東西會愈演愈烈，甚至拓展到了 A 卷之外的簡答題裏。所以 2004 年時，司法改革看起來已經推不動了。這時候最高法通過法院組織法的修改把自己的某種理念貫徹進去，我覺得這不錯。然後我開始想像雞蛋孵小雞、雞生蛋、蛋孵小雞的循環，會是一個非常美好的未來，也想像自己在家裏起草法律的場景，這樣該多好！

觀察法院組織法，現行的法院組織法中存在怎樣的缺陷？很多規則跟法院組織毫無關係，譬如「法律面前人人平等」是在憲法裏規定的，就沒有必要在法院組織法裏進行規定；譬如「少數民族當事人審判要提供翻譯」，這跟法院組織法沒有太多的關係。我觀察到法院組織法有五個弊端。

第一，法院與外部之間的關係存在着非常麻煩的地方。如何讓法院獨立於行政、獨立於立法，當然還要獨立於執政黨？如何處理黨跟司法之間的關係？在民國期間，國民黨曾推行過一個非常有意思的制度，這個制度在袁世凱時代就有，北洋軍閥時代的《憲法》裏明確規定，「法官不得從屬於任何政黨，法官不得具有黨籍」。一說到袁世凱，大家可能都搖頭，説袁世凱「怎麼樣怎麼樣……」，但袁世凱時代的《憲法》可能是百年來最先進的一部憲法。做法官必須退黨，法官要沒有任何利益關聯，這是法官應該做的事。政黨的英文是「political party」，這個詞叫「part」，是「一部分」。我們說一個人具有偏向性，英文詞是「黨派性」。所以，政黨和司法之間不能有那麼多的關聯。當然，深層次的原因是袁世凱想把國民黨趕出去。

到國民黨如日中天時，國民黨在整個司法系統裏推出了「司法黨化」。當時司法界的頭面人物都在倡導司法應該由政黨直接控制。一個人能否擔任法官，首先考察三方面：第一，是否具有良好的法律素養；第二，是否具有良好的個人聲望與人品；第三，是否為黨員。如果三條不能同時具備，就不能擔任法官，第三條最重要。所以，國民黨的司法黨化特別強調，當法律有缺陷時通過黨義加以修補，用黨義指導司法工作，指導法律。這是國民政府時期司法黨化非常重要的特色。

1949年以後，在黨跟司法之間的關係問題上似乎沒有太深刻的討論，基本的思路是黨領導一切，黨領導各方面。那麼黨跟司法之間到底應該是怎樣的關係？從我作為黨員的角度，到底怎樣的設置對黨最好？我覺得黨管得太多，最大的問題是「心太軟，心太軟，什麼事都自己扛」，扛來扛去，社會所有的弊端與出現的問題都扛起來了，也就是説，什麼都管的結果是，什麼地方出現問題都是你的責任。小平同志説得好，「黨只管黨，黨不要干政，黨政分開」。但我覺得現在很多黨政領導人把這個思路給忘了，許多人忘記了「64號文件」，1979年中央發出的64號文件。我想，在法院組織法方面應該考慮如何讓法院真正獨立。這是第一個方面的問題。

第二，整個法院內部，特別行政化，特別高度等級化。法院內部也是行政化的設置。1995 年中國制訂了《法官法》，《法官法》裏面規定了法官實行不同於行政系統的一個級別制度。於是，我們對法官設置了四等十二級，這看起來好像跟行政不一樣，但實際上處處跟行政套。譬如，最高法院的院長是副總理級，最高法院常務副院長是正部級，最高法院其他副院長是副部級。全部都行政化，高度行政化，而且在整個法院系統內部不僅僅是院長地位很高，下面的庭長以及其他各種各樣的級別設置也是如此。對於整個司法制度來說，什麼因素構成了一個機構叫法院？法院不僅僅是掛一個牌子就叫法院，更重要的是因為內部的權力結構不一樣。所以，我們要觀察這樣的機構，想方設法去行政化、去等級化，這是我觀察到的第二個問題。

我們發現，行政化不僅存在於一個特定的法院內部，而且存在於上下級法院之間，而且這兩年上下級法院之間關係的行政色彩愈來愈烈。在許多案件中，下級法院在審理之前要請示上級法院，上級法院如果發現下級法院正在處理的案件存在可能的錯誤或者風險，或者外部關注很多時，就會主動地、直接地指示下級法院應當如何判決。2009 年 5 月 10 日晚 9 時許，湖北省恩施州巴東縣野三關鎮雄風娛樂城發生殺人事件，一個 22 歲的女子鄧玉嬌持刀把一個鄉鎮招商引資辦公室主任殺掉，後者當場斃命。後來，這個事情引起全國關注，那段時間大家都在說鄧玉嬌。譬如有人在北京西站搞行為藝術，一個女孩在自己身上搞一塊紗布，旁邊寫着幾個大字：鄧玉嬌。全國一關注，這個案件就不再是巴東縣法院能夠審的案件了。我當時多麼希望巴東縣法院能夠把這個案件堂堂正正地審出來，將案件事實搞得很清楚，那天晚上到底發生了什麼，鄧玉嬌為什麼會拿刀將這個人捅了。但最後這個案件已經不再是巴東縣法院判決，不再是恩施州法院判決，也不再是湖北省高院判決，也不再是法院判決，最後變成了完全由外部權力決定。

另外，廣東有一個「史上最牛提款機案」——許霆案[1]。許霆案的一審判了無期徒刑，上訴以後，全國上下一片憤怒：人家怎麼了，人家拿自己合法的卡去取錢，你那個提款機硬給我錢。我取100，你給 1,000 扣 1 塊，簡直是急死人。說老實話，讓我抵抗住這種誘惑都很難。最後，這個案件在全國人民的壓力之下發回重審，改判為 5 年有期徒刑。第二次審判還沒審，最高法院的一個副院長在兩會期間回答記者提問。記者問：「廣東許霆案，最高法院有何意見？」這個副院長說：「我看這個案子原審判決存在着法律解釋上的缺陷。」「什麼時候能夠下判？」「我看 3 月份差不多吧。」

再譬如，河南省高院的院長張立勇，山東大學哲學系畢業生，後來到中紀委工作，再後來下派到咸陽（官職是咸陽市委書記和陝西省委常委），後來從陝西一下空降到河南做河南高院院長。何兵教授曾說，「大學的校長由誰來擔任跟大學教授沒關係，教授家中坐，校長天上來」。河南省法院是「法官庭上坐，院長天上來」，就來了這個院長。這個院長來後推動一系列司法改革。張立勇院長的司法改革特別特殊，他說，「我不按法理出牌」。司法改革怎麼不按法理出牌呢？報道就說「一個不按法理出牌的高院院長」。他說：「我以前所在的工作系統、黨委系統從來不會有這種事：下級做完了決定，當事人鬧了，我才知道下級幹這一套。法院怎麼會變成這樣？下級法院判完了，當事人鬧、當事人上訴，我一看，天哪，怎麼這麼判？這不行，以後不能這樣幹。以後下級法院判決案件必須全跟我說，該請示的得請示。」他一點也沒有想到上下級法院之間的關係與上下級黨政機關之間的關係的差異性。下級法院如果提前請示了，上訴制度還有什麼用？上訴就沒用了，因為上訴到河南省高院後，面對張立勇提前批好的案子，河南高院的法官吃了豹子膽敢改這份案件的判決？這就實際上剝奪了人民的上訴權。法院過去特別介意受同級人大的不正當影響，但有不少人說，為了避免這種情況，調整一下關係，我們上下垂直領導。我說這是出了狼窩，入了

---

1. 許霆利用自動櫃員機發生故障，惡意取款 17.5 萬元人民幣，於 2007、2008 年，廣州市中級人民法院以竊盜罪判處其無期徒刑，經上訴後改判為有期徒刑五年。

虎口。其實這個世界上有一種機構根本沒有上級，這種機構就是法院。我們需要在這方面做一些觀察與努力。

第四，中國整個法院組織法裏有一個缺陷，即法院組織結構的非法定性。法院機構隨便設置，機構設置非常容易，改變機構設置也很容易。我用了一個圖片，是當年審判林彪、「四人幫」時的圖片。在整個法庭審理過程，張春橋表現出了一個山東男人應有的骨氣，整個庭審過程中，坐在被告席上打瞌睡，整個庭審過程根本不抬眼。審判長江華院長說，「張春橋，你説話啊？」他也不説，整個庭審過程一次也沒有說話。張春橋儘管作為四人幫反革命集團的成員，以前做了不少壞事，但就庭審的整個過程來說，我還是佩服他，他是一條漢子，給我們山東人「爭光」，不像現在有些山東人天天寫一些爛詩。例如，山東作協副主席王兆山以地震遇難者口吻寫詞，稱讚國家抗震得力，説「縱做鬼，也幸福」；還有一個山東人説，「我捱過餓，所以最知道人權是怎麼回事，我們的人權比美國好五倍」。另外一個山東人説，「我從來不投棄權票和反對票，我不給中央添亂」。

張春橋敵視法庭，法庭其實在設置方面存在着缺陷。「法律面前人人平等」要體現在法庭的平等性，每一個公民遇到一個案件時都要受到穩定的、適用同樣法律的法庭審判。這是從英國大憲章時代開始就有的法治準則。但審判林彪、「四人幫」時用了什麼法庭？用了特別法庭，特別審判庭（在北京市正義路 1 號）。組織者是最高人民法院院長江華，最高人民檢察院檢察長出任主要的檢察官，叫江文，主要被告叫江青，三個「江」。這樣的法庭是一審終審制，老百姓打官司是二審終審制。這樣的法庭不能上訴，最高法院的法庭一審審判，這是適用法律存在的問題。1980 年頒佈了《刑訴法》，審判「四人幫」按照剛剛頒佈的法律進行，而我們知道，「四人幫」做的事都是好久以前做的事，他們被抓起來已經好多年，這涉及罪刑法定的問題。當時說這樣的審判是「社會主義民主法制建設史上的里程碑」，今天對於這個里程碑，我們要反思：其中是否存在法庭設置的法定化原則被破壞的問題。

第五，法院的整個機構設置是否會有助於法律規範走向統一。一個國家頒佈了很多法律，但制定法律的人只能夠借助平常使用的語言制定法律規範，而語言存在着模糊、多義，可能存在不同解釋，這是人類語言天然不可避免的問題。與此同時，法律面臨着一頒佈就馬上過時的問題。譬如許霆案告訴我們，他擁有自己合法持有的銀行卡，去取錢，也沒有破壞 ATM 機，取錢時 ATM 機硬給人家這麼多錢，這叫不叫盜竊？法律規定盜取金融機構，數額特別巨大的，判處無期徒刑或死刑。但現在的問題在於盜竊是怎麼回事，什麼叫盜竊？盜竊是利用權利人不注意時，或者以為權利人不注意而以隱秘的方式將他人財產據為己有的行為。但我堂堂正正把密碼輸進去，你硬多給我錢，這就叫盜竊？天底下有這樣的盜竊嗎？我們是否應當問一下，「法官，你是不是應該解釋下盜竊到底怎麼回事？」有一個朋友在網上說：「這條法條就不對，這個法條的立法語言就存在問題，盜竊其他的叫盜竊公私財物，一盜竊銀行裏邊的錢就是盜竊金融機構。把金融機構裏面的錢全拿走，金融機構還在，怎麼能叫盜竊金融機構呢？動賓搭配不當。」

再譬如貨幣貶值。10 年前，最高人民法院的司法解釋說，什麼叫數額特別巨大？盜竊金額在 5 萬到 10 萬元以上人民幣，叫數額特別巨大。但 10 年過去了，1997 年到 2007 年的 10 年間，貨幣貶值貶到什麼程度？如果按照這樣的規則，法官解釋時是否應該考慮到貨幣貶值的因素？是否應該考慮到現在的 17 萬跟以前的 17 萬不一樣？不能用機械的方式解釋法律、適用法律。所以，大家想想，法院組織上的設置是否有助於法律解釋的平衡與嚴謹，不僅僅是適用這條法律，而且必須按照法解釋學的規範去解釋。這裏面有沒有組織法的問題？當然有。譬如，我曾在武漢參加法官的培訓班，我作為協調人，請了著名的外國法官、學者，包括斯坦福大學著名的法學教授弗里德曼（Lawrence M. Friedman），日本的谷口安平教授，還有美國一個著名女法官。到了武漢，這位女法官說：「前天，我對上海高級法院的法官做了演講，今天到湖北來，在現場有沒有湖北省高級法院的法官？」一大堆人回答說，「我們是」。她接問，「你們平常是否注意上海市高級法院所做的判決？」當時湖北的法官說：「什麼意思？沒有。最高人民法院的《案例選編》收進來的案件，

我們會個別看一看，至於是否需要看也不特別強調。」美國女法官說：「許多案件是二審終審制，中級法院打到高院，到高院結束。你們怎麼能確保同一個案件在上海和湖北做到同案同判？」這個問題提出來後，湖北的所有法官覺得真的有道理，我們是一個號稱法制統一的國家，但案件的判決參差不齊，深一腳淺一腳的情況非常嚴重。正如許霆案所顯示的那樣，因為全國人民一聲吼，法院也要抖三抖，最後改判為五年。同時雲南曲靖地區有類似的案件，寧波也有類似的案件，當事人正在監獄裏服無期徒刑。前段時間的吳英案，不少人出來吼，最後改判為死緩。但最高院的法官說，天吶，前面兩個已經執行了，金額還沒這麼多。怎麼保證法律面前人人平等是特別重要的事情。

為什麼我們會出現法院組織法的缺陷？第一，從歷史上來說，中國從來沒有過與行政系統、立法系統相分立的司法系統，所以就沒有所謂的什麼叫法院與什麼叫法官。我的朋友周大偉先生曾說，中國有三個院是從西方引進的，一是大學的學院；二是醫院，1836年美國著名傳教士在廣州第一次引進了中國第一所醫院，以前沒有醫院；三是法院。專業的司法機關以前沒有，沒有這個傳統就沒有這個職業。兩千年來的歷史中，審理案件、裁判糾紛的這些官員不能說是法官，而是所有官位的結合，負責稅收、教化人民、負責司法，是治理社會的一個局部。他們也沒有法律的思維，也沒有想像衙門本身是一個真正的司法機關。在這種情況下，沒有積累下來的傳統來規範法院組織的架構。

第二，更嚴重的是，二千多年來的古老傳統強調整個政府行使權力中的高度中央集權。中央集權是我們缺少對於整個分權制度的理解的結果。戊戌變法時，康有為上大清皇帝書，細緻分析了政府機構的混亂。譬如關於案件的審理，中央有一個刑部，但不是刑部審案，而是六部皆可審案。就像現在的食品安全問題，大家說食品安全到底有沒有人管？後來發現各個機構都可以管，各個機構也可以不管，沒有分工意識。這樣一來，司法是什麼？司法不是特定機構排他性的顯現，而是成了一個綜合性治理社會的一攬子權力。而建立在分權制度基礎之上的司法需要一種非常複雜的專業分工。

我有時候常想美國的三權分立，其實三權分立的設置非常複雜，不只是說這一撥人幹行政，那撥人幹立法，那一撥人幹司法。你會發現它產生的途徑不一樣：行政和立法以民主的邏輯產生，而司法權力中有一種強有力的法律觀念在起作用。法官由總統提名，經參議院批准後任命。議會兩院中，上議院有一種更加超越於民意控制的特色，上議院的議員們經常把自己想像為西塞羅、加圖在現代的化身，不太願意人們要求什麼就做什麼。法官一旦任命就終身任職，人民不高興也沒有辦法，只要他做的事不違反法律。這導致權力運行過程中，司法權不需要太關注此時此刻的人民是否歡呼他、讚賞他，他要考慮到以後的兩代、三代以後的人民的利益是什麼。這是三權分立架構中非常複雜的因素，是我們集權式的政府中很少考量的。我們不大願意去說權力分立和相互制約。如果制約，皇帝至高無上的權力怎麼辦？這是原因之一。

第三，因為我們有一個強有力的社會主義司法傳統，這種學說和實踐對我們的司法制度實際運行產生了非常大的影響。文化大革命期間的批判大會上，沒有法院，人民群眾直接審判，「打倒 XX，不忘人民苦」，然後就打死他。從比較法學的角度來看，這時候的司法有幾個重要的特色。一是特別強調共產黨的絕對領導地位，黨領導是實現黨的中心工作的工具。對於「中心工作」這個詞，現在的同學可能不太熟悉，以前一切都是為了「中心工作」，黨領導一切。所以，不能想像那時候講司法獨立、法官獨立。法院院長說我們是法院，要保持獨立，也是開玩笑，如果是，那黨的中心工作怎麼辦？現在的「三個至上」就是「中心工作」在現在的變種。

二是司法本身存在着自我消解的趨向，這個消解要借助於人民群眾的參與。在蘇聯時期有「同志審判會」，人民自己組織審判機關對案件進行審理。還有人民公訴人、人民辯護人，這都是講「人民」的。按照社會主義的道理把原來歸屬於國家的權力逐漸向社會回流，這是社會主義的一個非常重要的特點。

三是司法大眾化，要用人民喜聞樂見的方式，不要太過分注重法言法語。法律人說話都用「切口」，譬如「這個東西不當得利」。

老百姓一聽腦袋就大，這是法律人的「黑話」，社會主義比較排斥這個東西。所以，習仲勛當年在陝甘寧邊區主持司法領域時就說，「我們推行大眾化，要把自己的屁股坐在人民這一邊，坐得端端的，一定要為人民利益，要粉碎法言法語」。當時有這樣一場運動。陝甘寧邊區推動的這場運動不僅局限於當時的陝甘寧邊區，這是整個社會主義的特色，整個社會主義國家都有着強有力的破壞法律專業性的努力。現在的司法改革天天推動專業化，1952 年是把受過法律訓練的人趕出來，就叫「司法改革」。

我覺得我們這些問題是憲法問題，我自己想用一年左右的時間慢慢起草一部「憲法」，聽起來有點犯上作亂的感覺，其實不是。我前段時間讀過一本日本人寫的書，書上說日本多次組織過高中生起草憲法，比較幾國憲法，自己寫出一部憲法，這是提高學生對國家、對政府的想像，也是公民教育中非常好的方式。

我們工作團隊經過廣泛調查研究，把世界各國法院組織法的規範做了梳理，然後起草了一部 50 條的《法院組織法（學者建議稿）》，基本上為大修，原來的東西一條沒有保留，重新起草。這個法律起草出來後，我們覺得，這個法律如果適用的話，是 1949 年以後制定的最好的一部法律。我們確立了法院組織法的新四項基本原則。第一項基本原則是，法院機構設置的法定性——法院機構設置應當保持穩定性，非經修改本法，不得變動法院內部的機構設置，不得設立特別法庭。第二項基本原則是，法院的設置應有助於法律的統一解釋和應用，以維護法制統一和法律面前人人平等的憲法原則。第三項基本原則是，法官獨立——國家有義務保障法官依法裁判，不受任何來自法院內外的干預。這在中國來說是革命性的，因為過去說「憲法裏規定，人民法院依法獨立行使審判權，不受行政機關、社會團體、個人的干預」，說的都是外邊的干預，裏邊的干預沒有說，而我們說院長不能干預法官判案，審判委員會也不能干預法官的判決。第四項基本原則是，下級法院獨立於上級法院——上下級法院之間應相互獨立決策，以確保審判的審慎和公正。有人說，「相互獨立決策」一般要求下級獨立於上級就行，上級獨立於下級有點怪。文字再調整一下也是可以的。

　　說法律規範統一性時是在 2004 年，那時突然聽說，香港《文滙報》報道民政部負責行政區劃的司長在香港回答記者提問時說，「我們現在正在考慮進行一個改革，把中國設置為 50 個省級行政區」。這個規劃很有意思，我一聽很激動。中國有 23 個省，4 個直轄市，5 個自治區，再加上港澳台，是這樣一個大的格局。從中央與地方之間的關係來講，我們的省有點過大。我在網上看到一個 50 個省的行政區劃圖，行政區劃得很多，除了 4 個直轄市、海南省沒變，其他都變了。我們能否在行政區劃變了以後，讓司法在高級法院的層面上保持管轄區的不變？當然法院的名字要改，不能叫「XX 省高級法院」，改成「濟南高院」「廣州高院」「合肥高院」。為了更徹底一些，四個直轄市的高級法院撤掉，北京和天津的高院歸並到石家莊高院，將來北京和天津的市民如果到高級法院打官司，都到石家莊。這比較有利於石家莊的發展，石家莊前段時間說要改地名，說石家莊太土，像一個村莊，據說有一個方案要改成西柏坡。除了港澳台，最後剩下 29 個高級法院，管 47 個省，一下就有大變化。接下來，通過審級制度的改革，使任何案件都要經過三審終審制，最基層的案件最終也可以到跟地方權力沒有關聯的高級法院審理，這有助於法制的統一，當然也要進行案例的流通，讓大家互相參照。

　　後來故事的發展愈來愈有意思，我們參與起草人民法院組織法修改建議稿的事受到媒體關注，本來說很快就有消息。2004 年 10 月份提交給最高法院，最高院說這個挺好，但需要協調。到 2004 年 12 月份，《新京報》記者說：賀老師，聽說你做了這個事，能不能讓讀者知道你們做了什麼？我說：好吧，我告訴你。於是，我接受了一個專訪，談了法院組織法主要修改的內容。報紙刊登了我的專訪一頁，12 月 4 日報紙出來，我一看：壞了，〈「人民法院」改名「法院」〉（頭版）。當然我提到了這一點，法院組織法修改建議稿建議不要叫「人民法院」，把「人民」去掉，叫不叫「人民法院」跟人民沒有關係。這篇專訪說，「專家建議人民法院改成法院，法院組織法建議稿起草人賀衛方主張強化法官職業化、精英化」。其實，我給他們講了 9 方面的問題，去掉「人民」只是其中一部分。結果他們的標題特別突顯，一石激起千層浪，那時候的網絡沒有今天發達，但也很發達，幾十萬人在網上吼：怎麼去掉「人民」呢？你們的「狼

子野心」終於暴露出來了，下一步「中華人民共和國」中的「人民」也要去掉？台灣陳水扁搞「去中國化」，你在這兒搞「去人民化」。最後引起了很大麻煩，最高領導層有人打電話給負責人說，你們瘋了，現在正在搞立黨為公、執政為民，新三民主義剛提出來，就把人民去掉了，怎麼找這樣的人參與法院組織法起草？結果，最高人民法院新聞發言人馬上舉行新聞記者會，說：「人民法院組織法學者建議稿裏面去掉『人民』這個事，只代表賀衛方教授個人觀點，絕不代表最高人民法院的立場，最高人民法院和全國各級人民法院永遠是人民的司法機關，永遠是黨領導下的審判機關。」這個事情一下子折騰到不行，最後這個事情擱淺了。共同參與起草的朋友說，賀衛方你這個人就是喜歡跟媒體說，說什麼呢，現在都改不了。我本來以為，把火力都引到「『人民』去不去掉」這一邊，其他可以改，最後雖然「人民」去不掉，但有調虎離山的效果。看來我的計劃未得逞。

2006 年 10 月 31 日，全國人大常委會通過決議，只修改一條，把死刑覆核權收歸最高人民法院。我們所有的計劃一條也沒被採納！

張千帆：感謝衛方的精彩演講，我非常不忍心打斷你。不過你說講 40 分鐘，我看你一下子講了 1 小時 10 多分鐘。內容很豐富，也就不用總結了。如果要總結的話，我想可以概括為一句話，衛方建議政府少管點司法，多讀點金庸小說，這個建議也許是可以接受的。至於起草一部新憲法，我還沒開始呢，不過正在寫一篇文章。我不主張革命，你看一革命就會出麻煩。我主張漸進改良，現在的憲法目前還不需要重新起草，而只需要修改其中某些東西就行。

我看何兵兄摩拳擦掌，有點等不及了。下面有請何兵教授！

何兵：感謝千帆教授的盛情邀請，感謝賀老師和各位嘉賓。我知道很多人是來看我來了，因為在微博上看不見我，想我就來了。很多人關心我，「何老師你怎麼樣？」實際上我過得很好，沒有問題。在微博沒被刪之前，我覺得中國比較麻煩的機構是法院，但微博被刪之後，覺得比較麻煩的是有關部門。為什麼？法院還給你一

個判決，有關部門什麼都沒有。但後來一想，還是法院比較麻煩，因為刪除微博的事法院不受理。所以，中國下一步改革到底是從立法開始，還是從司法、行政開始？我個人認為肯定應從司法優先突破。因為講一千句、一萬句，有兩句是真的：第一，共產黨領導人民制定法律；第二，共產黨必須保證領導人民制定的法律在這個國家得到準確實施。這點有誰反對？所以，司法是第一。如果我們法院連黨領導人民制定的法律都不執行，那我們的國家怎麼法治化？內部消息稱，關於微博被刪，不屬於人民法院的受案範圍。我曾教民訴法十多年，現在又教行政訴訟法十多年，這在哪個法上也講不通。有些人的微博粉絲十幾萬，在網上一估算，那個微博值一百多萬。我一看就心疼了，我那個微博可能值 300 萬。我寫微博很努力，半夜三點起來寫微博。微博被刪，但不屬於人民法院的受案範圍，表面上解決了有關問題，但引起更大的問題，至少破壞了民事訴訟法和行政訴訟法。

這些年我一直思考，這幾年我們的司法建設努力的方向錯了，一直側重於程序法的改造和證據法的改造，指望通過不斷完善訴訟規則和證據規則，使法官依法辦案。最終發現，刑事訴訟法規則愈來愈多，證據法規則愈來愈多，而法院離人民愈來愈遠。這是一個什麼問題？中國司法最主要的問題是法院組織法的改造問題，而不是訴訟法。上次我們做了一個論壇，他們說這次修改刑事訴訟法有 10 大亮點，我說 10 年前也是這麼說的，10 年前修這個法時也說有 10 大亮點，現在瞎了。現在這 10 大亮點，在以後又瞎了。他們說刑事訴訟法法條愈來愈多才愈來愈好，我不知道他們怎麼想的。

實際上，對一個法院來說，通過一個非常好的組織制度將一個好人放在法庭上審案很重要，不能通過一個壞的制度把一個壞人放在法庭上審案。一個壞人在上面審案子，用什麼樣的證據法和什麼樣的訴訟法都沒有用。假如人心壞了，什麼法也搞不贏，他可以依法讓你哭。所以，最重要的是改造法院組織法。請大家注意，司法組織法全部要做，不要認為司法組織法就是關於人民法院的組織法，司法系統裏一個重要的組織是律師，還有一個檢察官，所以我們還要修改律師組織法，讓律師們組織起來。現在律師組織法有問

題，律協不能維護律師的權利，所以律師在江湖上自己抱團取暖，譬如李莊律師團、北海律師團，別人還說這是搞非法組織。律師們也很苦悶。當然，案子起來，律師們就組織起來，案子完了就散了，這不解決問題。如果摧毀律師制度，就是摧毀司法制度；摧毀我們黨建立的律師制度，就是摧毀我們的司法制度，就是和人民為敵！律師制度是黨領導人民建立起來的，必須保障這個制度充分運行起來。為什麼貴陽 20 個律師被當事人解除委託？司法部難道不應該派人去調查？這麼典型的事件就要調查，司法部應派人調查到底是不是律師不履行職責被當事人解雇了？如果是這樣，處罰律師沒有任何問題。最高法院應去調查為什麼這麼多律師被解雇了，是不是有人在那兒打壓律師？必須看到，我們的律師制度是社會主義司法制度的一部分，絕不是江湖的一部分。如果律師江湖化了，就要解決制度問題。組織制度裏包括律師組織問題、檢察院組織問題。這是其一。

其二，到底是走行政國家化的路線，還是走司法國家化的路線？對於中國的政治改革來說，第一個命題是統，如果不解決統的問題，黨不可能解決分的問題，因為他怕你。譬如，先舉行選舉了，你們到時不聽我的，又不聽法院的怎麼辦？湖南人選了一個村長，他能聽中央的？不一定？北京選一個市長，他能聽中央的？不一定，聽選票的。現在南水北調，湖南人不幹怎麼辦？這個問題要考慮。湖南人說不能調，我們湖南沒水。現在是黨說調就調，很爽。所以統的方法還是靠人，不換思想換人，調一個人進去就完了。統的問題不解決，分的問題就解決不了。

政策的統一一定要通過中央的法統，而中央的法統一定是法官國家化、法院國家化，而不是朱熔基總理搞的行政國家化。行政國家化存在問題。譬如，土地規劃百分之七十至八十是土地部門幹的，國家為了督促地方行政，就搞了一個土地總督察，在各地搞分督察，這就是所謂的行政中央化。然後是垂直管理，公安局垂直了，稅務局垂直了，銀行垂直了，國土等都垂直了，通過這樣的行政中央化保證中央政令的暢通。行政的中央化一定是違反地方民主選舉的。選舉出一個市長，工商我管不着，稅務我管不着，我幹什

麼？我好不容易當上市長，這些都歸你管？朱鎔基那個時代的改革，為了實現中央統一搞垂直領導，搞督察。結果，控制不住老百姓到北京上訪，而上訪沒有用，就打回去，來回折騰。我們要把警官送到湖南，把國家的法官送到湖南，讓老百姓在湖南按照國家的法律，在國家的法庭跟地方官打官司。從這個角度跟黨講道理，黨才可能明白。首先表明：黨啊，我真的是為你好，為這個國家好（我是認真的），你把國家法官放出去吧。現在是把督察機構放出去。譬如，在南京有一個督察，老百姓去那兒按照什麼規則辦事？我們沒有程序法，沒有督察證據法、督察裁判法，老百姓交一張紙，督察也不知道怎麼處理。所以，放這個督察那個督察，還不如把法官放進去。我們現在前線空虛，後線最高院嚴防死守，有 500 多個法官。美國最高法院有 9 個大法官，日本最高法院有 15 個大法官，我們的最高法院有 500 多個法官。哪有這樣的最高法院？我寫過一篇文章〈最高法院為什麼愈來愈大？〉，我認為主要是因為對地方法院的判決不放心，不斷加大上訴審，加大再審，案件往上移，人往上移，最高法院居然有 500 多個法官，所以王院長不好幹，因為不知道這 500 多個人中誰是好人，誰是壞人。要把中級法院以上的法院全部國家化，賀老師說的司法區劃沒有意義，因為最高法院法官往高院壓，高院法官往中院壓，中院法官往基層壓，這一定要通過政策。要注意的是，最大量的法官一定要在基層，而非最高法院。試圖將任何糾紛脫離本地到遠方解決是政策上的重大失誤。最好是在一線解決，人在現場，所以要往下壓法官，最高法院最多四、五十個人，再多一個，何兵做顧問，這就夠了。這些人都是國家法官，全國人大任命，在全國巡迴。所以，法院國家化以後，以司法的統一替代行政的統一。

基層法院怎麼辦？基層法院讓人民群眾進來。關於這一點，我跟賀老師爭論多年，但因他是北大教授，聲譽比較大，我爭不過他，可總有一天會證明他是錯的。中國現在的典型案子，老百姓喊幾嗓子就能解決問題，而大部分案子都是悄悄辦了，很多人沒有聲音。所以，對於國家法院來說，通過巡迴制和其他制度解決問題，而對於一線底層法院來說，要讓人民進來。

回到法院組織法問題。法院組織法絕不是職業法官組織法，而是怎麼把人民組織到法院，這個問題沒有解決怎麼能行？賀老師的比較法研究比較豐富，現在有哪幾個國家不搞人民參與審判？百分之七十至八十都已經實行各種各樣的人民參與審判制，為什麼對這樣的組織經驗視而不見，不去解決問題？現在的問題是，當人民不能監督底層法院時，只有加大上級法院監督和加大黨政監督。所以黨說，法院這麼笨，我不管行嗎？法院說，就是被你管笨了。現在多頭監督，亂了套。為什麼不用一種監督替代所有監督？不要指望職業法官不受監督就沒有問題，一定要有置換的方法，用一種監督替代所有監督。譬如，法院有院長、副院長，現在沒有副院長監督怎麼行？副院長分管，監督就來了。如果搞了陪審制後，哪有副院長的事？陪審制落到實處以後，政法委不用管案子，院長也管不着案子。如果沒有一種監督建立，跟老百姓說，都不要管，職業法官自己管自己，你放心吧，沒事。誰相信？只有賀衛方相信。

徐昕：我也相信。

何兵：所以中國的問題為什麼難解決，大家就知道了。在底層法院要有這樣的民主制度，司法獨立從來不指司法獨立於人民。在任何法治系統裏，人民會與司法產生一定的關聯，絕不是我們所想的職業法官跟人民沒有關聯。司法獨立向來只指司法獨立於官僚，獨立於政黨，從來不說司法獨立於人民。這個問題不解決，司法問題永遠無法解決。所以，賀老師的改革方案夭折，雖然我們覺得比較痛心，但有其歷史必然性。暢想很美，但中國的問題是怎麼實現它。賀老師寫得挺好，一下子放在那兒鎖起來了。現在指望十八大以後拿出來，我覺得你拿出來，會馬上又鎖進去。要找到中國司法改革真正的動力在哪兒。政治改革總是一種力量和另外一種力量作鬥爭，在中國一直是普通民眾和官僚、權貴作鬥爭。如果不動員廣大人民參與中國司法建設，和執政黨站在一條線上，讓黨想明白這個道理，推動改革會很難。

張千帆：謝謝何兵教授同樣精彩的演講。衛方兄，看來除了陪審團之外，我們與何兵兄還有一些別的東西需要爭論。徐昕教

授剛才講自己也是我們陣營中的一個，下面就請你替衞方兄做一個回應！

徐昕：聽了賀衞方老師的演講，既開心又沉重。開心，是因為他演講效果好，他可謂法學界口才最好的一位。沉重，是因為討論的司法改革問題讓我們感覺悲觀。賀老師回憶了他參與《法院組織法》修訂的那段歷史。當年我就在關注這些故事，也很清楚他討論的一系列問題。譬如，「人民法院」中的「人民」二字要不要，訴訟法學者早就研究得很清楚，最高人民法院也打算淡化。但賀老師一宣揚，就壞了。最高人民法院立即表態：「人民」二字決不可能去掉。當時甚至流傳着一個段子：凡是賀衞方贊成的，有關部門就要反對。所以，我們當時特別希望賀老師說一些「堅決反對司法獨立」之類的話，而且必須讓人感覺到他很真誠。我一直特別愛聽賀老師的演講，但他的演講也讓人感到沉重，拋出來的問題目前沒有辦法得到解決，令人悲觀。對於中國的法治建設和司法改革，我本人也感到悲觀。但與很多人不同的一點是，我認為，悲觀之中仍有希望。

我有一個判斷，中國司法改革已經邁過了決定方向的十字路口。無論怎樣折騰，大家說走回頭路也好，絕望也好，但邁向法治的大方向是確定的。1978 年十一屆三中全會確定的發展經濟、建設法治，到現在為止沒有改變，這是大方向。也因此，在當下中國，無論誰，有多大權勢，利用何種手段，想讓我們回到文革式、無法治的社會，是絕對不可能的。最近幾年的重慶故事就給我們提供了這樣的例證。賀老師的演講很精彩，但配圖我有一點意見，討論當下的法律問題時配了大量的文革圖片。文革離我們當下的法治建設還是比較遙遠的。重慶大規模、長時期「唱紅打黑」，試圖想回到文革場景時，我們看到，從上到下都在反對。

賀老師的演講可以歸納為一個核心觀點：法院是法律帝國的宮殿，法官是法律帝國的王侯，法院改革是司法改革的關鍵，法官獨立是司法獨立的核心，而要實現法官獨立，必須解決司法的去行政化、司法的去地方化、司法的去人民化問題，要正確處理司法與黨的關係。

　　何兵教授談到司法的國家化，我認為也非常重要。當下中國，法院究竟是國家的法院還是地方的法院？譬如在海淀區，海淀區法院院長是聽胡錦濤主席的，還是聽海淀區委書記的？就目前的現實來看，很顯然他直接聽命於區委書記。可見，法院其實是地方的法院。所以，司法的去地方化是保障司法獨立最直接、最重要的一個問題。

　　剛剛何兵同志演講時大量使用「人民」二字，我覺得他不是傻，他是頭腦發熱。這樣的政治性概念，法律條文應當盡可能少使用。何兵教授提出走司法大眾化道路，我更不贊同了。一切訴諸人民，訴諸大眾，把人民提得太重，恐怕沒有必要，也解決不了問題。什麼是人民？我是人民，你是人民，大家都是人民；原告是人民，被告是人民，雙方都是人民。誰輸了官司，人民都有意見。我特別贊成推行陪審制，也曾經和四川省檢察院合作，從事民眾參與司法的改革試點——人民監督員制度改革試點。這項制度看起來沒勁，但我們的試點仍然閃現出了火花，雖然不再試點後，他們後來就不太搭理這件事了。我們按照一種非常民主的方式設計這項制度，在小平同志的故鄉四川廣安推行。我們的方案是：凡年滿 18 歲的公民，只要願意，都可以申請成為人民監督員，進入數據庫，監督案件時從數據庫隨機抽取 7 人。陪審制，我堅決支持。但只能說，司法披上民主的外衣，司法應當有民主的因素，而不能說司法的民主化，一個「化」字，就走過頭了，更不應大眾化、群眾化、運動化，司法民主只能是司法職業化的補充。因為司法是一項涉及艱難的事實認定和複雜的法律適用、需要綜合考量各種因素而作出判斷和利益衡量的專業活動，同時司法的民主化、陪審制解決不了當下中國司法所面臨的諸多問題。不要以為訴諸「人民」兩個字就能解決人民面臨的問題，這是不可能的。

　　在當下這樣一種悲觀的環境下，體制不改，我們究竟該當何為？《法院組織法》改不了，上次修改只改了一條；憲法，更動不了；而且即使修改了法律，也難以實施。所以，在這樣的環境下，我們時常期待偶然性的出現，譬如，某位領導人喜歡法律，喜歡法治，然後突然就改了。作為法律人，期待這樣的偶然性是一種悲

哀，但在當下中國，通過人治推行法治是無奈的現實。除此之外，我們可以做些什麼吧？下雨滑倒在地上，是不是就不再起來，因為還會滑倒？體制不改，一切的改革沒有用？只是空談？在這樣的背景下，難道我們就只能等待？等着等着，就賀老師那樣頭髮白了？我們這些頭髮還沒有白的人，為什麼不可以行動起來，努力做一點事？這樣的行動難道沒有一點點意義？譬如，賀老師討論的核心問題是司法獨立，我在《中國司法改革年度報告》中表述為「司法的獨立性」，就是指司法獨立也是一個程度問題，可以逐漸提升，儘管現實中司法的獨立性在不斷下降。如果把司法獨立看成是一種在程度上可以逐漸提升的東西，那麼我們就可以有所努力。

我提出推進司法改革的五項策略。

第一，分層分級，先易後難。在許多人看來，司法改革面臨很多困難，以致於改不動，不想動。但我們有沒有想過，這些困難真的很難嗎？哪些才是真正的困難，哪些只是假想的困難，哪些是因涉及體制暫時很難觸動的困難，而哪些僅僅是利益集團的阻礙？所謂困難，其實可以進行區分，分層分級，先易後難地推進改革。譬如，關於領導幹部財產申報公示，中紀委說現在條件不成熟、很困難，這有什麼困難？兩百年前瑞典就實行了這樣的制度，毫無困難。所以，這些困難只是假想的困難，是因為他們不願意做，把財產轉移到國外還需要時間。很多司法改革措施其實是可以推動的，所謂的困難只是一種假想的困難。

第二，司法改革的去政治化。有人認為，司法體制是政治體制的一部分，如果政治體制不動，司法改革無法動，也不能輕舉妄動。的確，司法體制是政治體制的一部分，但也是相對獨立的，因為司法的直接目標是解決糾紛。怎樣才能更好地、公開、公正、公平、權威、公信地解決糾紛，是法院面臨的根本任務。倘若很好地完成這樣的任務，完全符合國家和黨的最大利益。在這樣的思路下，司法改革其實可以相對獨立。譬如，司法獨立等因素，只是司法要實現公正判決的必要條件，倘若存在干預，顯然無法實現公正。現在，一切糾紛解決最終都由黨來扛着，黨太累了！倘若有一

個能夠獨立、公正、公開、公信、權威地解決糾紛的機構,這不是在為黨分憂嗎?

在司法改革去政治化的思路下,絕大多數司法改革的問題可以轉化成法律技術問題來處理。例如,關於審判委員會的制度改革,長期以來有一種潛在的邏輯認為,審判委員會組成人員與法院黨組接近,否定審判委員會就相當於否定法院黨組。其實,兩者之間沒有關係,審判委員會僅僅涉及一個司法決策本身的技術問題:由審判委員會對沒有聽審過的案件進行決策是否符合司法理性?又譬如,調解優先政策近幾年得到極大的強調,因為這被視為與和諧社會構建的政治任務聯繫在一起。但調解並不一定帶來社會和諧,過度調解、強迫調解反而有損社會安寧。

地方政法委對案件的干預,難道是社會主義司法應當具備的特點嗎?回想一下關於市場經濟的界定,20年前市場經濟被認為是資本主義的東西,但某一天上面說社會主義也有市場經濟,社會主義市場經濟優於資本主義市場經濟。或許到某一天,上面又會說,資本主義有司法獨立,社會主義也有司法獨立,社會主義司法獨立優於資本主義司法獨立。什麼叫社會主義?大家可以思考。在當下中國,推動法律改革和司法改革其實只有一條底線:堅持共產黨的領導。

賀衛方:所以不可能有社會主義的多黨制。

徐昕:什麼叫社會主義司法?賀老師提供了若干特點,這些只是他根據現實進行的概括,並非定論,是可以探討的。提醒大家想想小平同志提出的一個著名的論斷——「三個有利於」:其中只要有利於生產力發展的,就是社會主義。那麼,我們可不可以大膽地設想:只要有利於促進公平正義的實現,只要有利於解決糾紛、保障人權,只要有利於增強社會主義制度的優越性,就是社會主義法治,就是社會主義司法。難道我們不可以這樣理解嗎?難道我們非要把糟糕的制度栽在社會主義身上嗎?如果可以這樣理解,我們就可以把社會主義司法、社會主義法治理念轉化成:凡是好的,都是社會主義的。

　　第三，從內部入手，從自身入手，尤其是從法院自身做起。法院總在抱怨受到很多干預，但如果仔細觀察究竟誰在干預審判，會發現干預最多的是法院領導以及上級法院，地方黨政官員對法官的干預，通常也是借助法院領導來實現的。所以，提升司法的獨立性，從法院內部做起其實有很大的空間。那為什麼他們不願意做，不願意放棄這樣的權力？只有一個解釋，即利益。近幾年的司法改革中，很多措施在走回頭路。譬如司法巡查制度，上級法院可以對下級法院巡查，甚至可以明察暗訪，穿着賀老師這樣的衣服悄悄地摸進法院，這不是強化法院的行政化嗎？規範法院上下級關係方面也出台了文件，試圖實現案件請示制度的常規化，什麼情況請示，怎樣請示，通過司法文件作了規定。上下級法院之間有什麼關係？按照憲法的規定，是一種審級監督關係。而案件請示制度到場，兩審終審制則歸於無效。從理論上說，上下級法院除了審級監督外，沒有任何關係。但目前，上級法院根本不願意放棄「領導」的權力，否則到下面去誰接待？到咸陽洗腳、桑拿誰買單？所謂「新一輪」司法改革已進行三年多，很快就要宣佈結束，取得重大成就了，但進展甚微。客觀而論，「新一輪」司法改革的 60 項措施中，至少有 10 餘項相當有力度，但為什麼民眾對「新一輪」司法改革評價不高？一個最主要的原因就是根本性的問題在倒退，哪怕做了再多工作，也歸於無效。

　　第四，凝聚動力。現在司法改革缺乏動力，賀老師泄氣了，大家也覺得沒勁，上面沒有決心，下面沒有信心。跟最高院的法官開會時，他們有時會抱怨：你們這幫學者老愛講司法獨立，讓我們在黨面前怎麼做人？本來是支持法院，但法院和法官不願意要，因為他們要向黨表達忠誠。自身都沒有決心或願望追求獨立性，別人能有什麼辦法？民眾則缺乏信心。大家覺得，改革幾十年，不如百年前。清末民初引進西方法制，那時的司法制度相當先進，明確規定司法獨立，現在遠遠比不上。所以，大家覺得談改革沒勁，有人說改革已死，還有人說要革命。我反對革命，革命最後受苦的都是老百姓。

　　如何凝聚動力？我提出一個觀點：司法改革的公眾參與。公眾參與對當下司法改革具有破局性意義，也具有充分的可行性。司法

改革的文件應當向民眾公開；公眾有權全方位參與批評建議、研究諮詢、議題設定、意見徵集、過程觀察、效果評估等司法改革的全過程。立法及修改會徵求民眾意見，刑訴法修改時全國人大法工委收到 78,000 條意見，個人所得稅法修改時收到 27 萬條意見，最後使個稅起徵點從 3,000 元提高到 3,500 元。民眾參與立法顯示了一定的力量，可司法改革的文件居然是保密的。2008 年 11 月中政委《關於深化司法體制和工作機制改革若干問題的意見》，我們不能看，副省級以上才可以看，我看了都不敢說看了，否則就違反了《保密法》，當然這句話並不能證明我看了。民眾參與也能為司法改革注入正當化的動力。現在即使改了再多，但老百姓不認同，再辛苦再累，累死活該。所以，司法改革應當引入公眾參與，應在全國人大設立司法改革委員會，而不是由中政委主導司法改革，司法改革委員會應當吸收民間人士的參與。台上四個人，至少要進兩個才合適。

最後一項策略是，提高法律人的素質。這一條非常關鍵。不少人沒有任何行動，只盼望某一天世界變了，可那時你是一個不能站起來的孩子，你的素質還難以適應司法獨立的環境下實現司法公正的要求。看一看司法機關，看一看法律人，看一看 800 餘所法學院中的法科學生，你們認為，這些人能否勝任法治社會對法律人的期待？當下的法學教育是否提供了足夠的法律技能訓練以及職業道德提升？坦白地說，法學教師對此也負有責任。學生們通過老師的「言傳身教」，通過社會現實，學到了以掙錢、當官為目標，而缺乏正義的基本理念。從法律人到法科學生都沒有基本的正義底線，這是相當普遍的問題。可是，法律人和普通人有所不同，尤其是法官。民眾將自己的財產、自由乃至生命交給法官裁判，對法官的期待當然很高。所以，法律人應當從我做起、從現在做起，從諸多方面提升和積累，為的是某一天「成功」的時候，能夠迅速轉型。

本來要結束了，突然想起賀老師剛剛對河南高院張立勇院長的批評。也不需要全盤否定，他近兩年在河南推進司法公開，公佈裁判文書，建立裁判文書網和庭審直播網，值得肯定。他也在與時俱進。之所以提到司法公開，是因為我想再次強調，這樣一些法律技術性的問題其實都能夠有助於法治微觀環境的改善。司法公開後，將受到來自社會各界的監督，譬如，「法官看錯了」之類的問題就會

愈來愈少地出現。而且，司法公開結合目前最高院推行的案例指導制度，將逐漸促進賀老師演講中所強調的同案同判、法治統一。同樣的案件不同的判決，如果司法公開，必將受到諸多質疑，這有助於拉近不同的判決。當然，目前的司法公開明顯是一種「被擠壓的進步」，是通過爭取而獲得的進步。所以，我們不能說，體制不改，我們就不動，因為權利需要爭取才可能獲得。媒體界比法律人做得更好，他們的努力和爭取使我們獲得了更廣闊的言論自由空間。這種「被擠壓的進步」，既因為民眾要求，也因為技術進步，在這樣的時代，信息管制比以前更難，還因為社會結構，老百姓普遍感到壓抑和不滿。

何兵同志總說不在乎微博被關，其實他很在乎！在此我們也呼籲，請新浪恢復他的微博，何兵是個好同志。台上四位都是好同志！

張千帆：謝謝徐昕教授富有激情的演講，最後這句話很重要：我們都是「好同志」。我還要補充一句：不僅我們台上的四位是「好同志」，而且所有今天來的台下的也都是「好同志」！

因為時間關係，就不讓你們回應了。下面把時間交給聽眾，做一個簡短的互動。我要特別介紹，今天在座的還有北京市律協憲法專業委員會的幾位同仁，其中魏汝久副主任剛剛從江西辦案回來，一下飛機就直奔會場。大家鼓勵一下！

魏汝久：我們北京律協憲法專業委員會的同志都是好同志。

提問：徐昕老師說要提高法律人的素養，何兵老師說希望好人坐上法官的位置。法律人有兩個力量：一是技巧，二是道德。道德難以訓練，但關於技巧問題，我關注過賀衛方老師在博客上發佈的一篇文章，談的是技巧問題。每個法律人都要通過司法考試，司法考試到今年已經走過了 16 年，通過司法考試後進了法院，法律人的素質提高了，但最近也出現了一些問題，譬如假司考、司考泄

題。不知道各位老師對司考有什麼回顧以及對未來司考的改革有什麼設計？

賀衛方：十多年來，司法考試整個體制上的弊端愈來愈展現出來，譬如它的制度設計。因為參加考試的人數非常多，客觀題、主觀題全部都要回答，都是一次性考試，那麼組織考試的工作量就非常大。從考試經濟學角度來說，我們不能拿出 30 多萬張卷子，讓這麼多人考主觀題，否則怎麼判斷每個人在主觀題上呈現出的實際水平？日本司法考試制度是兩大階段：一個是完全為客觀題，通過計算機判卷，刪除掉百分之七十以上，之後進入第二階段，這時候人數少了很多，再考主觀題，而這沒有標準答案，必須有用心的師資隊伍、判卷人士認真地去看，甄別出最優秀的人。我們的體制是一股腦兒考下去，從技術角度講特別不合適。所以，司法考試考上了也別得意，沒準就糊塗了；沒考上了也別悲傷，也許是因為自己的心情不好而未發揮好。要重新設計這樣的考試，我覺得之前上馬上得太快，司法部好不容易抓住了這種權力，還沒成熟就推出，結果弊端愈來愈多。

如果我們司法財政方面的體制是全部統一的，在任何一個地方，每個法官的收入都差不多，北京的月收入 1 萬，西寧的月收入也是 1 萬，我相信西寧的吸引力比現在大得多。現在的情況是，西部法律人有熱情，但熱情不能當飯吃，兩年時間可以，但時間久了不行，因為要贍養父母。何老師說基層法官靠壓下去，我覺得壓不下去，要靠提升他的收入。最高院搞的審判津貼，院長拿得最多，一線法官拿得最少，我認為應該倒過來，這樣基層法官職位才有吸引力。如果在貴州山區的縣做一個法院院長，一個月收入 2 萬，普通法官收入 1 萬 8，差別很少，這樣能極大推動西部對法律人才的吸引力。

何兵：關於司法考試，司法考試的題型比較變態，已經不再是考察知識和技能，而是考察腦筋急轉彎。很多出司法考試題的老師的語言能力極差，在敗壞我們的教育。現在的教育到底是人格的培養還是技術的培養？很多人願意去做技術訓練，實際上更重要的是

人格的養成，技術永遠處在第二位。現在辦錯案子基本上不是技術上的案子，是心壞了。我覺得應規定所有國家法官必須有 8 年基層法官和律師的經驗，否則不能任法官。實際上，關於中國司法的改革，我有一套想法，可惜沒人聽。

徐昕：我補充幾句。現在的司法考試制度失效，考了沒用，不考又不行。前幾年，本科四年級可以考司法考試，明顯使這一制度的失效加劇。自從本科生可以考司法考試後，作為老師，明顯感覺到學風下降，除了司法考試的內容以外，其他書學生都不讀。這是制度引導的悲哀後果。

司法考試應當真正成為法律人的「第一考」。如果通過了司法考試，進入司法機關就不需要再參加變態的公務員考試。考試本身應當改變，試題要科學化，應當加入面試，應當採取考試與培訓相結合的制度。最後，這項制度的有效運轉應當與法律人職業轉換制度結合起來。讀完法學院，通過司法考試後，一般先做律師；若符合一定的條件，律師可以順暢地進入司法官隊伍，從而形成法律職業轉換的良性循環。

張千帆：講到司考，我再補充一個，我發現我的書很難賣，為什麼？因為法學院學生只買司考的書。最後一個問題。

提問：剛才四位老師提到要有法律人素養和精神，那麼四位老師有沒有良策，讓真正主持公平正義的法律人能夠有權力去管一些事，而不是他們沒等成長到那個地步就已經被邊緣化，或者把正義、良知給泯滅了？在目前的體制之內有沒有良策讓我們有生長的空間？

何兵：關於邊緣化的問題，最高院多年前曾經向社會招聘法官，副教授以上、高級律師都可以，只不過沒人報名。前段時間從律師中招聘法官。現在的體制下，律師去做法官是因為自己混不下去了，去法院做法官，得到人脈後再出來做律師。讓我去法院當法官我肯定不幹，不要說你把我邊緣化了，我自己就邊緣化了，我到

那兒天天聽你的，讓我怎麼判就怎麼判，也就那麼一點錢，不自由。這種體制下肯定不行，根本上若不解決法官的獨立辦案問題，很多人不願意當法官。如果最高法院招院長和副院長，我肯定去了，但他們從來不招聘院長，而是招聘法官，招幹活的。所以，要解決法官的獨立性問題、待遇問題、榮譽問題。

張千帆：今晚的討論非常熱烈，我知道大家還有更多問題，但我們已經超出半個小時了，只好就此打住。對於中國來說，司法改革顯然是極其重要的問題，甚至可以說是一個永恆的問題，儘管我們不希望它以目前這種方式「永恆」下去。希望將來《法院組織法》修改再次被提上日程，這樣賀老師的改革方案就有機會從抽屜裏「重見天日」了。

何兵教授提到極其重要的改革動力問題，徐昕教授也涉及了。我很同意何兵兄的見解，我近幾年也一直在提，人民才是推動司法改革的最終動力。但是人民如何推動改革？「推動」是不是意味着直接「參與」？這些問題需要進一步探討。其實只要在座的以參與許霆案、鄧玉嬌案的熱情呼籲司法改革，改革很快就會啟動的。

八
中國央地關係的法治化

時間： 2012年4月24日

地點： 北京大學法學院

主講人

張千帆： 美國德克薩斯大學奧斯汀分校政府學博士，曾任南京大學法學院教授、博士生導師、《南京大學法律評論》主編，現任北京大學法學院教授、博士生導師、中國憲法學會副會長、北京大學人大與議會研究中心主任。主要研究憲政原理、比較憲法、中外政治與道德理論。代表作有《西方憲政體系》、《憲法學導論》、《憲政原理》、《憲政中國的命運》、《為了人的尊嚴》、《新倫理》。

熊文釗： 1962年出生於湖北黃岡，法學博士，現任天津大學法學院教授，中國法學會立法學研究會副會長，中國憲法學研究會常務理事，中國行政法學研究會常務理事，曾任中央民族大學教授、博士生導師。

王建勳： 1972年出生，河南南樂人，美國印第安納大學政治學博士，現為中國政法大學法學院副教授。代表作有《馴化利維坦》（2017年）、《用野心對抗野心》（2020年）。

朱天飈：今天來的人很多，我們希望這是一個精彩的講座以及精彩的討論。今天的主講人和評議人分別是：北京大學法學院與政府管理學院雙聘教授張千帆教授，另外一位是中央民族大學熊文釗教授，再一位是中國政法大學副教授王建勳，大家歡迎！這是政府管理學院的地盤，我是主持人——北京大學政府管理學院的副院長朱天飈。

我們直接進入主題，先請張千帆老師做報告，然後請熊老師和王老師加入到討論中。如果他們三個打起來，我攔不住，下面上來幾個人攔一下。

張千帆：謝謝天飈，非常高興！我和天飈、傅軍等人不約而同到北大來。原來他們想讓我去清華，沒想到我們都來了北大。2002-2003 年過來，在北大也將近 10 年了。我一直是法學院和政府管理學院所謂的「雙聘教授」，但幾乎沒有給政府管理學院履行過任何義務。今天第一次來廖凱原樓報告廳，也算履行我的一點義務吧。

今天談論的話題是與政府相關——「如何治理中國」，不過我們有個副標題：央地關係的法治化。我把央地關係比作國家的脊柱。每個人都有脊柱，國家也有脊柱，這條脊柱就是央地關係。它把中央首腦和身體各個部位，胳膊、腿啊、心臟啊都連在一起。如果一個人的脊柱出了毛病，他問題就大了；如果國家的脊柱出了問題，那麼國家肯定是治理不好的。所以今天我們從央地關係角度切入，討論如何治理中國。

央地關係這個題目很大，涉及國家的方方面面。譬如說這個（薄熙來）原來大紅大紫，最近混得不太好；現在正是好戲連台啊，還在繼續上演着。我對中央的決定舉雙手贊成，太神奇了！中國也會發生這樣的事，從王立軍跨入美國領館的那一刻起，中國就成了一個神奇的國家。他在重慶做的那一套我全都反對，除了他還沒有來得及拋出的什麼民主 15 條，那恐怕也是欺世盜名的招牌。我是希望地方領導人有他這種個性，但是這個傢伙搞的那一套太有欺騙性、太危險，目前多數國人確實容易受騙，所以打得好！不過，這樣一來左派不高興了，說這麼做違反程序，他是重慶當地的一把

手，應該由重慶人民來決定他的命運；據說他在重慶「唱紅打黑」
還很受歡迎，中央就這麼把他給換掉了。居然還有個北大的人說，
這是「反革命政變」。這顯然離譜了。如果是薄熙來換了胡錦濤，那
是政變；胡錦濤換薄熙來，在黨內絕對名正言順。從陳希同到成克
杰到陳良宇，從來是這一套做法，沒聽說過是「政變」，除非你認為
黨內也應該搞民主，但是左派從來不提這些。

當然，中國憲法所規定的是另一套治理模式，應該是非常自
下而上的，但是憲法管不了黨；相反，憲法被黨管着，而黨內的執
政模式是嚴格自上而下的。所以薄先生落到這樣的命運，一點不奇
怪，如果不是這樣反而就奇怪了。我覺得左派朋友需要從這些事情
上反思，不要再反對民主、法治，因為獨裁、人治這套東西，弄不
好就搞到自己頭上。薄熙來自己在重慶搞的就是這一套。表面上是
「民粹」，實際上一手遮天、為所欲為，重慶人民根本不知道他在那
兒玩什麼。我想隨着中央調查的展開，更多的細節不久就會披露出
來。我敢斷定，他是重慶迄今為止最大的貪官，最大的黑幫首領。
重慶的「打黑」實際上就是以黑吃黑，最後就剩下一個黑社會，那
就是當地的公權力，黑老大就是他自己。這就是所謂的「重慶模式」
的實質，只是真相都被他掩蓋了。我個人從來主張在中國擴大地方
自治。在他出事之前，我就說過要讓「重慶模式」和「廣東模式」
自由競爭，中央不要隨便插手；他出事後，我仍然堅持這個觀點。
但是良性競爭必須建立在言論自由和新聞自由的基礎上。如果連什
麼是真正的「重慶模式」都不知道，怎麼判斷？談何競爭？他在重
慶，有哪個重慶媒體敢說他一個「不」字？全國都沒有媒體敢講他，
看來在中央也有他的人。不僅重慶人不敢，北京律師到重慶不照樣
受迫害？如果哪個「南方系」的報紙揭露他的底子——當然，這本
身就很不容易，因為你要進最大的黑社會臥底多年，敢冒巨大風險
才有可能知道底細——他也照樣可以來個「跨省追捕」。在這種萬馬
齊暗的環境下，當然是沒法搞什麼民主的。只有從上面端掉這個黑
窩，這是為什麼我贊成中央處理的結果。

但是我和左派一樣，也對這種處理方式不滿意。因為這麼大
一個國家，不能總是靠這種高度人治化的方式來治理。今天你可以

處理一個薄熙來，明天可能有一個「厚熙來」，後來再來一個「厚東來」……這樣下去永遠沒有盡頭。那真正的治理方式應該是怎樣的？在這個問題上，右派和左派的主張其實是一樣的：自下而上，不是自上而下。都說「人民的眼睛是雪亮的」，我們不應該做「不明白真相的群眾」，但我要強調的是，人民的眼睛只有在言論和新聞公開的社會中才有可能是雪亮的，否則大家尤其是重慶市的人民都只能是「不明真相的群眾」。這是中國最近發生的事情。我認為中央可以做得更好，或者在今後應該換一種更好的處理方式，不該管的事不要管。地方領導人的去留應該在自由、公開、透明的環境下，讓地方人民自己來決定，中央要做的恰恰是為我們保證一個自由、公開、透明的法治環境。

另一方面，中央該管的事情往往沒有管起來。像蘋果和唯冠的爭議，是關於 IPAD 的知識產權。我後來才知道，原告要維權，必須在全國兩、三萬個地方法院起訴，因為中國的工商執法在全國各地不一樣，目前還沒有一個機制由最高法院綜合起來，下達一個統一判決，然後交給工商局讓它統一執行，不論是哪種判決結果。這種處理方式讓高度地方自治的美國都忍受不了，這樣會帶來巨大的資源浪費和高度的法治不統一。一個地方法院這麼解釋知識產權，另一個地方法院那麼解釋，一部法律豈非四分五裂？偌大一個國家豈不要「國將不國」？這恰恰是中央應該管的事，中央卻沒有管。這兩件事表明，央地關係是很重要的治國問題。

當然，央地關係出錯不一定總是以帶有喜劇性的方式出現，也完全可能體現為悲劇，甚至極嚴重的悲劇。中國數千年文明之下，最大的一場悲劇是上世紀 50 年代末到 60 年代初期「大躍進」帶來的所謂「三年自然災害」，實際上就是一場大饑荒。大饑荒的直接起因不是什麼「自然災害」，而是中國的央地關係。為什麼這麼說？因為在中國按照自上而下層層管理的方法，地方永遠是聽中央的；中央一個指令下來，地方沒有抗拒能力。地方官員要保住自己的烏紗帽，必須迎合上級的指示和命令，甚至有過之無不及。1958 年，中國風調雨順，獲得了糧食生產大豐收。1959 年，老天爺少下了幾滴雨，中央未估計到問題的嚴重性，還是照原來的糧食生產指標下

達至下級。能否完成呢？當然可以，不然你的烏紗帽還想不想要？不僅要完成任務，還要超額完成任務；讓我今年交 50 萬斤公糧，地方就說能交 60 萬斤。所以各地到處「放衛星」，毛澤東曾視察河南鄭州。河南是「放衛星」最厲害的地方，饑荒自然也是最慘烈的。中央一聽，信以為真，又再加碼。在糧食減產的情況下，中央不知道，增加了糧食徵購的數量，而地方沒有糧，就在老百姓頭上克扣，導致全國農村口糧不足。

人是很脆弱的動物，一個星期斷糧就可以餓死人，兩周沒有糧食，村子裏的人都會死絕。河南、安徽等農業地區就是如此。當時一個村可能就剩下幾個幹部及其家屬。他們之所以活下來，是因為他們守着糧倉。在餓死這麼多人的情況下，某些地方的糧倉竟然是滿的。你們在一些電視劇中就能看到這樣的鏡頭：地方發生饑荒，糧倉有糧，官員卻不敢開倉賑災，因為要經上級同意，但等你派信使到北京報告得到批准再回來，當地人早就餓死了。有些好心的官員擅自開倉，是冒着掉烏紗帽甚至掉腦袋的危險的。多數官員當然不敢冒險，所以在饑荒發生的當時，有些地方的糧倉卻是滿的。只有在一個中央集權國家，才會發生這樣的事情。它體現了中央和地方之間信息交流的失靈。幹部之所以能活下來，是因為他們能利用自己的特權偷點糧食出來，便足以養活自己一家老少。

這樣的情況當然是中央不知道的。有些人妖魔化毛澤東，說他故意製造了這場災難，我認為這對他來說是不公平的，也模糊了問題的本質。其實你在妖魔化他的時候，你也在神化他，以為他是無所不知的超人，但實際上領導人也是可以很無知的。有張圖是毛澤東在鄭州興致勃勃地視察田裏的莊稼，而當時信陽已經餓死了百萬人。信陽可不是什麼窮地方，素稱「魚米之鄉」。毛澤東在信陽事件期間兩次去鄭州視察，而鄭州離信陽才 300 公里之遙。但是他在當地幹部陪同下看着長得非常誘人的麥子，一定感到非常欣慰吧，對300 公里之外的事情卻一無所知。所以不要以為領導人是萬能的，他也有不知道的事情。等他緩過神來知道當地官員騙了他，開始處理這些省委書記、縣委書記，可信陽百萬民眾已經成了地下冤鬼。這類個案非常多。根據一些學者（包括國外學者）的調查，這個數字

難以準確統計。我們譴責日本人南京大屠殺，據說死了 30 萬，但是具體數字還是很難調查清楚。大躍進期間，據官方承認，非正常死亡至少有 1,500 萬，國內歷史學者所統計的平均數字是 3,000 萬，據一位在香港大學的英國學者統計，包括饑餓、其他非正常死亡（譬如遭虐待和被毆打致死的），加起來有 4,500 萬多人。這麼大的數字不可能統計清楚，但其中有很多個案是極其慘烈的。譬如，母親自己拿到一點糧食，卻不敢讓孩子知道，因為怕孩子吃後告訴別人家的孩子，這樣就麻煩了，結果孩子活活餓死了。在一個極不合理的央地關係制度環境下，毛澤東沒有必要是魔鬼就可以造成如此嚴重的惡果。

到今天，中國中央和地方關係改善了嗎？我想大躍進、大饑荒這樣的事情在今天不會發生，至少希望不會發生。但是央地關係的本質並沒有改善。「大躍進」沒了，卻出來許許多多個「小躍進」。這必然會導致產生很多和「大躍進」性質相同的事件，只不過後果沒有如此嚴重而已，但是央地制度的癥結多年來沒有得到根本解決。這是為什麼我們系統研究了各國央地關係的不同方面，我們尤其關心一個泱泱大國應該具有什麼樣的央地關係。這兒顯示的是我們去年出版的兩本書，一本是《國家主權與地方自治》，另外一本是《權利平等與地方差異》。

首先，讓我們來考察中央和地方關係的理論問題。中國自秦朝以來建立了高度集權的央地體制，中央一直作為一種至高無上的政府機構，它被認為掌握了全部國家主權。這種觀念首先要修正，所以我們首先考察了國家主權和地方自治之間的關係。通過理論研究發現，國內憲法學者（主要是左翼的憲法學者）對主權概念尤為青睞。其實主權至上只是一種意識形態，而且是一種已經過時的意識形態。在憲法研究領域內，主權概念沒有意義，因為憲法是國內的部門法，一般不涉及主權問題。只有討論國際問題時，至多討論一些領土爭議，譬如南海問題或兩岸關係時才涉及「主權」。中國央地關係的真問題不是國家主權問題，而是中央集權和地方分權的關係，為此要搞清楚「地方自治」這個概念和單一制、聯邦制之間的

關係，因為有人強調「五不搞」[1]，聯邦制是其中的一個「不搞」。不搞聯邦制是否意味着不能堅持地方自治？通過理論和概念上的研究可以發現，地方自治和聯邦制沒有必然聯繫，世界上有一些聯邦國家可以是高度的中央集權國家，譬如印度、拉美國家，有一些單一制國家可以是高度地方自治的國家，譬如法國、英國。雖然聯邦制和地方自治在歷史上有過緊密的關係，以美國為代表，地方自治做得最好的國家也是聯邦國家，但實際上兩者沒有必然聯繫。

《國家主權與地方自治》這本書探討了地方自治的成本和利益。這個話題本身很大，地方自治有它的成本，中央集權也不能説沒有好處，但在我們一貫把中央集權的好處看得過大，過分誇大了地方自治的弊端。所以在這裏我主要突顯的是地方自治的利。地方自治可以給我們帶來很多好處。

首先，地方自治能表達地方偏好。只有通過地方自治，地方人民想要什麼才能夠充分、準確地表達出來。在這麼大一個國家中，有這麼大的地方差異，必須要有多元化的地方代表體制，否則不可能充分、準確地反映地方人民的需要。

其次，能夠促進地方試驗和制度競爭。我一直贊成「重慶模式」和「廣東模式」在公開透明的情況下進行自由競爭，但前提是必須讓當地人民知道你到底在做什麼。隨着事件的進展，重慶模式的成本會逐步展示在大家面前。在這個基礎之上，地方進行不同的試驗（無論是左還是右）對中國而言只有好處沒有壞處。中央不必把重慶事件變成路線鬥爭，事實上這不可怕，中國各個地方就應該有政策上的多元化和自主性，只要不涉及大政方針，只要當地不宣佈獨立分裂，有什麼好怕的？重慶「唱紅打黑」[2]，如果成本和利益都由重

---

1. 2011 年 3 月 10 日的中國第十一屆全國人民代表大會第二次全體會議中，全國人大常委會委員長的報告提出了五個「不搞」，即不搞多黨輪流執政、不搞指導思想多元化、不搞「三權鼎立」和兩院制、不搞聯邦制及不搞私有化。

2. 「唱紅打黑」特指中共第十七屆中央政治局原委員薄熙來任重慶市委書記時發動的兩場政治運動：一是「唱紅運動」，即「唱紅歌、讀經典、講故事、傳箴言」活動；二是「打黑運動」，即重慶打黑除惡專項行動。

慶人民負擔，他們擁護「重慶模式」沒有什麼錯。只有通過地方試驗才能在全國形成良性的競爭，否則只有「五不搞」「六不搞」，什麼都不搞，怎麼知道這個東西帶來的好處與弊端？怎麼選擇治理模式？所以，地方試驗是一個能夠幫助我們制度進步的非常有效的方式，和當年 1978 年小崗村一樣。小崗村在後來之所以在全國推廣，是因為在當地的試驗效果好。當然，也可以搞「人民公社」，河南的南街村據說搞「人民公社」；如果確確實實和對外宣傳一樣是一個地地道道的「人民公社」，它當然可以存在。只要對人民有好處，為什麼不可以？但如果有欺騙，這種模式其實無法維持下去，完全靠中央某部財政投入給它輸血，那麼這個真相必須讓當地的人民知道。

再次，還有一個非常重要的好處是淡化族群矛盾。今天中國不斷面臨着分裂的風險，尤其是新疆、西藏少數族群邊緣地區。一有危險就採用高壓控制，但這是緣木求魚，和所要實現的目的背道而馳，因為你愈統，它愈要獨。讓它地方自治，讓它看到，留在這個國家能得到獨立所能得到的好處，還能得到獨立所得不到的好處，那麼它為什麼還想獨立呢？新疆為什麼要獨立？這跟我們體制的過度統一有很大關係。譬如憲法第 10 條把所有礦藏、自然資源歸為國有資源。「國有」是誰所有？是全民所有嗎？所謂國有或全民所有，其實就是無人所有，最後意味着屬於政府所有，因為政府掌握着管理權和控制權，所以國有制直接蛻變到中央所有制。中央政府把大量的資源從一個地方調撥到另外一個地方，受益者首先是北京、上海這些東部發達城市，西部地區沒有得到公平補償。有穆斯林親口跟我說：「如果我本來能夠成為沙特阿拉伯，我為什麼要待在中國呢？」導致中國分裂，至少存在強烈分離主義傾向的，不正是憲法規定的自然資源國有制嗎？如果當地的資源屬於地方所有，就不會這樣。美國聯邦制就是如此，森林、礦產都為州所有，不為聯邦所有，所以地方在聯邦之內或聯邦之外不涉及重大利益問題。如果採用這樣的體制，新疆作為中國一部分不會讓它在資源上受到任何損害，同時能更好保護自己、抵制別國侵略，用不着維持龐大的軍隊。這多好，如此還會想獨立嗎？這只是一個方面。還有，地方官員以及被派去治理新疆、西藏的漢族官員出於一種極度的不明智，不尊重當地的宗教信仰、風俗習慣以及當地的經濟利益等，損害了

當地人民的感情，最後造成了這樣一個綜合惡果。所以，政治上、經濟上、財產上等一系列方面的地方自治，會極大地淡化族群矛盾，強化中國的國家統一和民族團結。我們成天把這些口號掛在嘴上，但實際做法事與願違。

同時，地方自治也能有效控制政府權力。這本來是聯邦制的一個基本構想，即通過中央和地方的分權，既有助於中央政府控制地方的權力，也有助於地方制衡中央政府的權力，因為把中央和地方變成兩級相對獨立的政府，中央可以監督地方官員，地方反過來監督中央官員。

最後，加強權利保障。這是美國當年設計聯邦制的一個初衷。這和剛才説的控制政府權力是一塊錢幣的兩面。最顯然的一個例子是，如果省或州政府通過權力侵犯了你的基本權利，你可以通過聯邦訴訟來保護自己的權利，可能你最後還是會敗訴，但這種體制安排為你增加了一層保障。

關於中央和地方的分權，大致涉及幾方面。首先是央地的立法分權。如何界定中央和地方各自該管什麼，這是一個很複雜的問題。通過考察，我們發現各國在這個問題上沒有太大的共識，聯邦制國家之間也沒有太大的共識，可以存在各種形態的中央和地方分權。一般來説，國防、外交、軍事這些方面由中央壟斷，但即使在這些方面，各國都有一定差異。在其他方面的分權差異更大。

聯邦制和單一制存在一種趨同現象，因為在美國這樣的傳統聯邦制國家，原先認為州和聯邦形成了一個二元的主權，相互獨立，但經過多年發展，二元獨立不再純粹，慢慢演化成複雜的州和聯邦的合作。對於同一個領域，譬如環保，聯邦有它的立法，州出於自己的需要也立法，兩者之間是一種相互合作、相互配合的關係。央地的監管分工在各個領域有不同的特徵，譬如環保領域、知識產權領域，為了增加管理的效果，要求中央集權，由中央統一規定這方面的事項；在生產安全領域則更要求中央和地方相互合作、共同管理；社會保障領域，中央的投入遠遠不夠，這也是一個中央和地方共管的領域，需要中央提供一定的底線保障；基礎教育傳統上屬於

地方職能，現在愈來愈多中央或者省、州層次的政府更多地介入，如果光是由地方政府管理教育，譬如義務教育，可能會出現地方不平等的問題，因為各地財政實力不同。在中國這個問題非常大，尤其是城鄉之間差距巨大；如果把這個問題完全歸於地方，有的農村鄉鎮政府很窮，根本不能維持足夠的投入，而北京、上海等大城市過富，由此形成地區的巨大不平等。在這樣的情況下，中央對這樣的事情要發揮一定的平等化和均衡化的作用。

和立法分權相聯繫的是財政分權。立法分權規定了事權分配，事權和財權必須要有一定程度的匹配，要基本匹配，做多少事必須有多少財力，否則這個事做不成。在中國，「中央請客，地方買單」現象非常嚴重。很多時候中央做的事可能是好事，但是地方財政不堪重負。鄉鎮企業在中國曾經是一支欣欣向榮的力量，但後來被搞濫了，因為中央要求每一個村都要有一個鄉鎮企業，無論是否有條件都上，不僅搞「一刀切」，也是典型的「中央請客，地方買單」，失敗的地方大量欠債。另外一個例子是普九（九年義務教育），地方有條件上，沒有條件也上，這也是造成地方欠債的一個主要原因。有張圖體現了中央自上而下的體制，老闆在秤欠條——鄉鎮政府吃喝，沒錢打白條，一秤足足有一公斤重。為什麼會產生這樣的情況？在中國自上而下的體制下，各種各樣的檢查、評比、監督活動非常多，鄉鎮是中國的最基層政府，要接受縣、市、省和中央各級檢查。每次檢查的人一來，都要有所表示，至少在招待上要過得去，否則哪怕中央去一個處長就會給你製造不少麻煩。當然，在比較富裕的地方，這不是一個很大的問題，但在貧困地區就出現了地方政府「打白條」。

分稅制曾被稱為「中國的財政聯邦主義」，中央和地方終於要分稅了。以前中央和地方是一套稅制，一直實施到 1994 年，這麼大的國家就那麼過來了，所以聽到分稅後大家很高興。可分稅的結果，從地方土地財政看來，弊大於利。朱鎔基總理說，地方不是沒有錢，中央財政大量地轉移支付到地方。問題是這個轉移支付很多不是一般性的轉移支付，不能滿足地方的日常公用開支，而是要跟着項目走，於是造成嚴重的「跑部錢進」。所謂的「財政聯邦」其實

是中央集權，中國的財政不僅沒有向地方流動，反而愈來愈多地向中央集中。這確實扭轉了中央總財政不斷下滑的趨勢，但這個是好還是糟，從地方土地財政看得非常清楚。

照理說，有了事權、財權，地方政府應該幹事了，但是其實沒有那麼簡單。如果政府不對人民負責，官員完全可以拿了錢不辦事，甚至幹傷害人民的事情。中國有一個現象，我總結為「資源愈多愈不幸」。這個現象和剛才提到的新疆問題聯繫起來，山西的煤源源不斷運到全國各地，給山西留下了什麼？留下的是污染、礦難、地面沉降。最近在中央不斷強調的情況下，礦難好了一點，大的礦難有所遏制，但是生態環境污染難有改善。當地有一些所謂的商人、官員一夜暴富，但給當地人民帶來了什麼？有張圖是湖南郴州的一個紀檢書記，紀檢照理是檢查別人的，自己應該沒什麼問題，但恰恰他的問題最大，地方資源多，往往產生一批貪官。為什麼中央不去查一查，像查薄熙來、王立軍那樣？當然也查，這個地方紀委書記也落馬了，但不要忘記中國多大？中國有 3,000 多個縣，3 萬多個鄉鎮，幾十萬個村，每一個地方都可能會發生貪污腐敗，靠一個中央，能查過來嗎？所以，純粹靠自上而下的控制，是控制不了貪腐的。這條路是走不通的。

說到這兒，還涉及一個國家建制問題。即使中國將來實現了自下而上的民主機制，但目前的建制結構也是有問題的。我們的省太少，導致橫向結構過窄，縱向結構過長。美國人口是中國的五分之一，但是有 50 個州，而我們才 32 個省級單位。這樣意味着我們的省太大，省的人口往往相當於別的國家一國的人口，甚至還多，我們人口超過 1 億的省不只一個，必然導致縱向的層級太多。憲法規定的是四級結構：中央、省、縣、鄉，但實際上縣和省之間還插了地級市，村相當於鄉鎮的一條腿，幫助它執行任務，所以實際上有 6 級。這種結構縱向過長，對國家治理來說是不合理的。

最後，央地的司法分權。中國長期存在各種各樣的「執行難」，哪怕打贏官司也很難執行。各種各樣的地方保護導致「上有政策，下有對策」；中央政策很好，就是落實不下去，「政令不出中南海」。

為什麼會出現這樣的情況？主要原因是我們的司法結構不合理。我們講要改革司法，改革了 10 年，實質性的改革幾乎沒有。司法改革到底改什麼？該統一的要統一，現在中國司法一個大問題是過於地方化，法院領導都是由所謂當地人大選舉，實際上是當地黨委、組織部門決定，法院能對地方說不嗎？當中央法和地方法發生衝突時，能站出來維護中央的法律法規嗎？不可能，首先要保證自己的烏紗帽。司法對地方不獨立，必然導致各種各樣的地方保護主義和地方歧視得不到糾正，所以司法改革首先要釐清中央和地方在司法上的關係。

綜合起來，中央和地方關係這麼重要的一個領域應該制定一部基本法。我剛才說，央地關係好比人體的脊柱。人的脊柱歪了肯定要出問題，國家脊柱不正就不可能治理好。所以要理順幾個關係：事權關係、財權關係、央地治權關係以及央地法律爭議解決機制，專門建立一個央地法律規範審查制度，譬如憲法委員會，也可以是一個比較低調的機構，譬如法律規範審查委員會，只有這樣才能夠比較合理地理順中國的央地關係。

當然，央地關係不要光把眼光都集中在中央和地方；當中央和地方都不對各自選民負責的時候，怎麼去調整央地關係都沒有用。所以，在央地關係上還要引入最關鍵的第三層次，也就是人民。人民要發揮作用，讓中央對全國人民負責，讓地方對當地的人民負責，這樣的中央和地方關係才有意義，否則央地關係就是官員之間的個人關係。

回到「大饑荒」事件，大饑荒之所以如此慘烈，不僅僅是因為中央和地方關係失調，更重要的原因是那個年代的人民沒有一點點權利。關於信陽事件，現在已經有不少報道，當地做法極其惡劣，但是當時可是一點報道都沒有，連我們的「偉大領袖」都被蒙在鼓裏。信陽沒有糧食，鄭州有糧食，逃荒要飯不行嗎？還就是不行，當地書記下了死命令，也是怕當地爆發饑荒的事情泄露出去，讓警察、民兵在各個關卡守住，不讓當地的人民逃荒要飯，許多人活活餓死在家裏。如果這個國家的人民不是被當作牲口對待，有一點點

起碼的人權，有遷徙的自由、人身自由或者言論自由，至少能說話，把這個消息報出來，「偉大領袖」說不定很快就知道了，也不至於餓死那麼多人。所以，中央和地方關係最關鍵的是第三個層次，即人民的權利保障。中央要為全國人民提供基本的、底線的保障，這不等於平均主義。地方有條件的可以多保障一點，沒條件可以少保障一點，但中央一定要有底線的保障。這個底線的保障不是平均主義，不能消滅地方差異，也要顧及到地方的多元需求。

《權利保障與地方差異》這本書討論了一系列具體話題。一是收容遣送與遷徙自由。2003 年孫志剛事件引發國務院很快廢除了收容遣送條例，這樣做對不對？可能會引發什麼樣的問題？「三農」領域也存在同樣問題，溫家寶一聲令下，把農業稅給免了，但是地方的財政有沒有得到滿足？如果得不到滿足，是否會訴諸其他手段？譬如土地財政、強拆強徵？

二是地方試驗與良性違憲，這在我們國家也是很有意思的問題。我鼓勵地方試驗，中國憲政進步要靠地方試驗推動。一個例子是地方實行鄉鎮直選，當時在四川、雲南、深圳一些地方開展，效果好像挺好。但後來全國人大常委會秘書處一聲令下，說這是違憲。《憲法》第 104 條規定，政府首長由當地人大選舉產生，不能搞地方選民直選，若地方直選就違反憲法規定。但問題是違憲違的是什麼憲？我們這個憲法有好的地方，雖然它跟發達國家憲法相比不怎麼樣，但跟中國現狀相比可以做很多好事。然而，有的地方是有問題的，一個大問題是我們是一個單一制大國，而世界上沒有第二個像中國這麼大的國家是單一制的，即便我們的鄰居印度也是聯邦制，雖然我前面說印度是一個比較集權的國家，但畢竟是聯邦。中國單一制是只有一部憲法，這一部憲法把所有地方機構產生方式和地方官員選舉方式都規定了，這個規定是否符合每一個地方的需要？我們要注意，改革開放以後，我們憲法總是滯後於國家改革。譬如 1983 年就基本取消了人民公社，但「人民公社」卻一直在憲法裏面，直到 1993 年修憲才把它拿掉，憲法嚴重滯後於農村改革步伐。所以，還不能因為取消「人民公社」、搞聯產責任承包制「違憲」就不能搞，這對中國的損失太大了，很可能再來一次「大饑荒」。我

們現在吃的食品雖然不安全，地溝油等到處都是，但至少不會餓死人。這是 1978 年這場當時「違憲」的地方試驗帶來的好處。所以，「良性違憲」還是要允許，但在憲法學界卻有不少學者反對，認為我們的憲法已經不管用了，允許「違憲」——不論良性、惡性——都是不好的。但這要分清楚。我堅持至少有一種情況要允許「良性違憲」，那就是地方試驗。因為中國在憲法源頭上存在不合理的地方，這麼大國家搞單一制，必然一統就死，不能搞「一刀切」，所以地方有一些有益的試驗，不能用憲法僵硬的框架套住，否則會約束改革的步伐。

還有其他一些問題，譬如非常嚴重的大學招生地域歧視，以及我剛才提到的如何保證族群和諧與國家統一，因時間關係就不展開了。

回到薄熙來事件。從這個事件看，中國的央地關係怎麼調整？我認為基本的方向必須是從人治、黨治走向法治。黨治必然走向人治，而中國已經飽受「大躍進」「文革」之苦，不可能再走回頭路了。走向法治的動力何在？最終在於人民。如果沒有人民的自覺意識，統治的動力只能是自上而下的，這樣要控制下級政府的各種貪污腐敗、胡作非為就只有依靠中紀委，但我前面已經講了，這對於這樣一個大國來說是不可能的。所以，必須要將這種自上而下的統治方式改為憲法規定的自下而上的治理，尤其是要保證中央很多對人民有利的政策、法律得到施行，最終要靠人民自己管理自己。首先要通過地方選舉等方式監督政府官員，當然還必須要具備適當的法律保障機制，譬如建立一個具有司法性質的獨立審查機構，只有這樣才能既保證地方多元化，又防止地方歧視和保護主義，讓中國公民的憲法權利在全國各地得到平等保障。這樣才能實現央地關係的法治化。

朱天飈：非常感謝張老師。下面請熊文釗老師和王老師分別做一個評論以及談談自己的感想，後面還有時間的話就進行互動。先請熊文釗老師。

熊文釗：張老師講了他出的兩本書，一個是《國家主權與地方自治：中央與地方關係的法治化》，另外一本是《權利平等與地方差異：中央與地方關係法治化的另一種視角》，這兩本書的視角不同。《國家主權與地方自治》這本書是從權力角度展開的，另外一本是從權利角度展開的。它們以權力與權利的路子來討論，先正本清源從主權問題說起，後談到集權與分權問題。這兩本書值得一讀，因為它們有很強的內在關聯性，邏輯上相互支撐，內容上相互補充。

書裏有一些問題，借着評論的機會跟大家討論一下。

第一，對於聯邦制和單一制問題，有很多人包括政治學、憲法學的研究者、學生都喜歡關注。中國現行憲法當中並沒有明確規定單一制，但是作為一個統一的多民族國家，中國是選擇聯邦制還是選擇單一制的國家結構形式？很多人都在關注這個問題。孫中山先生帶着聯邦制方案思考過這個問題，在建國之前毛澤東也思考過這個問題。但是到後來，孫中山放棄了在中國推行聯邦制的方案，毛澤東也放棄了聯邦制而選擇了單一制的國家結構形式，這很值得我們思考。千帆教授從美國回來有很多聯邦制的觀念、思想，但我看了他的書，覺得他最近有一些變化。他說單一制的國家也可以容納地方自治，他推崇地方自治。在這個問題上，我認為採行聯邦制抑或單一制其實無所謂好壞優劣問題，而是牽涉到一個國家的政治、歷史和社會背景，恐怕沒有辦法簡單地說哪一個好、哪一個不好。既然這不是一個簡單的判斷，也就不能說聯邦制一定沒問題，或者單一制就不能夠容納分權的東西。聯邦制中有地方自治，單一制架構也可以有地方自治。其實，單一制為了克服其過於單一的、簡單的模式，更需要地方自治。所以，有的單一制國家有很強的地方分權色彩，有些聯邦制國家表現出中央集權特徵，而且有的聯邦制國家（美國）已從二元結構走向央地合作的形態。這說明聯邦制和單一制各自有各的優點。

那麼中國現在是一個什麼樣的狀態？或者應當是一個什麼樣的國家結構狀態？歐盟為什麼不斷尋求一體化？歐洲的這些主權國

家讓渡出自己的許多主權，馬克不要了，要歐元，法郎不要了，要歐元。要歐元的代價很大，很痛苦，但歐洲人還是堅定地挺歐元。歐盟一體化的進程告訴我們，國家形態在變。在當今世界上，中國是世界的一極，美國是一極，歐洲各個國家太小，都單獨成不了一極，只有一體化後才能成為一極，只有一體化後才能有立足之地，有競爭的優勢。它們可能有很多戰略上的考慮，所以國家形態的這種變化不是一種簡單的巧合。歐洲各國的政治家們並沒有在單一制和聯邦制之間做簡單的選擇，而是創造性地創設了新的國家結構形式。這也很值得我們思考。孫中山先生帶着聯邦制從美國回來後為什麼又變了？他研究了中國歷史文化後發現，有些問題不是很簡單就能做選擇的。如果用單一的、高度集權的方式會造成很多問題，「天高皇帝遠」的事一定會經常發生，那些餓死人的事情發生了以後才知道，那時的資訊沒有現在這麼發達，而且那時候的文化風氣又是好大喜功，導致信息了解不到位。

按當今格局來看，中國在逐漸形成這樣一種格局：多元一體的中央與地方關係的基本格局。「一體」不是純而又純的單一制，但又有一體化的需要，這是中華民族共同的意志所需要的，但又不能簡單地用單一制方式，所以要多元。

如前所述，中國中央與地方關係存在着「一體多元」的格局。所謂「一體」，指的是這種模式具有的中央集權制特徵，即中央與地方政府間政治關係的「一元化」方面。所謂「多元」，指的是這種模式體現出的中央與地方之間的分權色彩，即中央與地方政府間的政治、經濟關係的「多元化」方面。中央與地方政府間的政治、經濟關係的「多元化」方面，反映出現階段的中央與地方政府間的關係已經不單純地呈現為法律規定上的政治關係，也體現為社會事實中的政治關係，同時還體現為經濟生活中的經濟關係。

特別行政區制度就是一體多元格局的具體體現。其實，我們的特別行政區制度走得比聯邦制還遠，千帆教授也是這麼看。中央與特別行政區政府的關係是一種特殊的中央與地方政府關係模式。屬於國家主權範圍的事務，由中央管理，特別行政區必須服從中央的領導；屬於特別行政區的地方事務，而又涉及國家整體權益範圍的

事務，由特別行政區自己管理，但要受中央的監督；屬於特別行政區自治權範圍內的地方事務，由特別行政區自行管理，中央不作干預。從基本法對特別行政區高度自治權的制度安排可以看到，特別行政區的高度自治權，不僅高於內地省、自治區、直轄市，甚至高於聯邦制國家中聯邦成員的權力，明顯突破了單一制下地方傳統權力的範圍。我們有讓特別行政區保留司法終審權甚至讓台灣保留軍隊等做法，特別行政區的權力並不比聯邦成員的權力少，它是一種高度自治，是需要多少給你多少的高度自治，還可以有很大的空間讓你有更多的自主、自治的權利。在單一制國家，我們容納了這麼一個極端的地方高度自治，聯邦成員都得不到的權利，中國的特別行政區得到了。

當然，中國處理央地關係時還要考慮到多民族問題，這也是一體多元格局的重要體現。中央與民族自治地方政府之間是一種特殊的中央與地方政府關係模式，它有三個特點：一是民族自治機關享有廣泛而全面的自治權，二是民族自治機關自治權保障的法制化，三是國家通過制定、實施特殊規定及照顧政策為民族自治地方自治權的實現提供政治保障和經濟保障。中國有 55 個少數民族，百分之六十土地上的少數民族，對現在經濟發展的影響不容小覷。實際上，少數民族的地方資源是最多的，同時地方權力大。這都帶有一體多元的特點。

另外，中國東西部發展水平也存在差異，一些地方設立了經濟特區。由此我們可以看到，這個「多元」至少還有以下幾種形式：地方體制的多元化，財政分配關係的多元化，民族區域自治。改革開放以後推行的計劃以及財政、稅收、價格、投資、外貿政策，擴大了地方政府的經濟管理權限，促進了中央和地方政府間關係的經濟多元化。開放特區，開放沿海城市，導致區域發展打破了傳統區劃界限，由此也引發了一些區域行政事件。這就使得央地關係的多元化特徵愈來愈顯著。

以上是我所講的一體多元。對於「一體」，大家有很多體會，其中一種體會就是國家要通過宏觀調控解決問題。碰到金融危機後，之所以能應對，是因為有整體協調的能力，使得承受金融危機

的能力比過去要強，譬如我們可以擴大內需。整體一體性和我們的切身利益有關，不要說這種整體性、一體化一定是不好的，這種宏觀調控是需要的。但同時要承認有多元，不同的利益訴求有不同的特點。這是我對中央與地方關係基本格局的一個基本判斷。

今天的題目很有意思，「如何治理中國」。歷朝歷代的統治者都非常重視「治理」，縱向結構問題是權力配置的最基礎的問題。不管是政治學者還是法律學者，我認為首先要關注最基礎的結構性問題，如果不關注，就不會找到權力配置的最好方案。結構問題搞清楚以後再來研究權力的配置問題，才有可能找到最合理的方案。

我們應該用什麼樣的方式治理國家比較好？我認為先要有戰略考慮，即建構「強國、虛省、實縣市」的中央與地方關係的戰略格局。中國實行分稅制以來，逐漸形成了一個上頭大、下面小的結構，中央財政佔比百分之五十多，各省加起來佔比百分之四十多，各縣（市）佔比只有百分之十左右，這是一個「五四一」的結構。事，地方要做，上學、就醫、養老、保險、住房保障等都在縣市，但地方經費往往不足，靠的是大量轉移支付，造成了「會哭的孩子有奶吃」「跑部錢進」等現象。有的地方沒招了，就靠土地財政解決基本需要。因此，這個結構不好。要建立一個合適的結構，建立一個「四二四」的財權與事權相匹配的新型結構，即中央佔比百分之四十，省區佔比百分之二十，縣市佔比百分之四十。另外，中央要保持足夠的宏觀調控能力。東中西部差距比較大，需要協調式發展，我們要調整戰略上的思路，研究結構上的問題。從這個意義上要虛省。虛省的方式有很多，譬如增加省區的數量，將分配結構調整好。增加數量不是由 32 個簡單地增加到 50 個。我覺得講分成 50 個省區這個話的學者是在拍腦袋，並沒有進行科學論證。為什麼一定要分設 50 個而不是更多的省呢？因為美國是 50 個，所以中國也要 50 個，講這個話的教授名氣很大，他的這個說法流傳很廣，但這個說法沒有講清楚道理，事實上也沒什麼道理。中國這樣一個大國劃分多少個一級政區是合適的？對於這個涉及多學科、多領域的複雜問題，我做過很長時間的研究和沙盤推演，如果有機會我來單獨談這個問題。

基於前面對於中國央地關係「一體多元」格局的基本認識,「強國—虛省—實縣(市)」的邏輯進路實際上也與此一脈相承。所謂的「強國」,即加強中央政府的宏觀調控和全局掌握能力,在根本上維持「一體」結構的穩定性;所謂的「實縣(市)」,則是通過強調對縣域經濟的極大盤活並促使其因地制宜地實現各方面事業的個性化提升,以提高同公民基本權利的享有息息相關的基本公共服務的供給規模和質量,最終實現不同地方的「多元」化發展;所謂的「虛省」,對上構成了對大量基層管理單位的協調,以符合管理幅度的一般規律,對下則構成了對同區域內不同地方的議事協調機制,從而「承上啟下」地促進「多元」和「一體」的良好實現。

對於以上央地關係的問題,我們可以總結出以下八條原則。第一,一體性與多元性相結合原則。就一體性的實現而言,焦點多在中央層面。正如前面所說的,中央通過宏觀調控解決問題,代表的是國家整體利益。就多元性的角度而言,焦點多在地方層面。這要求充分照顧地方的具體情況,發揮地方的主動性和積極性,最終使兩者達致最優均衡、相互結合的狀態。

第二,集權與分權相平衡的原則。這一原則要求避免過度的中央集權,實行中央與地方政府的適度分權,同時應把由中央集權中統一行使的權力收歸中央政府,形成中央與地方政府之間合理協調的分工合作關係,實現集權與分權的動態平衡。

第三,公民權利決定公共權力原則。這是中國憲法第 2 條的具體體現,也是當代中國憲政制度的必然要求。國家權力不得超越憲法和法律所規定的範圍,同時國家機關行使權力的方式也應由法律規範予以規定,從而形成公民權利決定公共權力的有效憲政模式。另外,中央的意志源於全國人民,地方的意志則很大程度上源於本地的人民。

第四,地方自治原則。從理論上說,地方自治其實是馬克思主義的國家學說之一,也是充分調動地方積極性的最有效方式。民族區域自治制度正是社會主義地方自治制度的典型代表,港澳特別行政區的高度自治制度則是新型地方自治制度的實踐先例。

第五，經濟區域和行政區域協調原則。建立和經濟區域相關的行政區劃，促進經濟區域發展，否則沒有辦法突破行政區劃界限。不合理的區劃制約了區域經濟的發展。

第六，司法區域和行政區域相分離原則。其實這一原則並不難實現。譬如說，中國人民銀行總行設在北京，但分行並沒有按省區設立分行，實現了金融區域與行政區域的分離。也就是說，分行行長不歸地方省長和市長管，總行發揮着維護國家金融信貸安全和宏觀調控職能。法院作為衛捍衛國家法治統一的機制，則更需要這種與行政區域的分離。中國人民銀行能做到一聲令下，省長管不了 9 個分行行長。不歸省長管時，金融安全就有了。司法保護安全比金融體制更需要這種架構，完全可以做到司法區域和行政區域相分離。

第七，公共權力成本最小原則。央地關係的互動過程本質上就是一種公權力的運行過程，其價值目標在於如何用最小的成本實現央地關係協調效益的最大化。有鑒於此，中國地方行政建制應當採取切實舉措，調整結構關係，合理減少層級，提高行政效率，精簡機構，減少公共支出，真正落實三級地方行政建制。

第八，最後一條是央地關係法治化原則。央地關係的方方面面，都運用法律的辦法處理，應建立在法治的基礎上。因此，央地關係的基本框架應當是一個法律的框架，其基調應當由憲法確定，同時，央地關係的具體制度應主要由法律規定。

過去，中國人地方自治搞得如火如荼，當時搞完以後，國家卻被各個軍閥利用，處於分裂狀態，於是便覺得地方自治不好，就否了，現在談地方自治色變。其實，這種地方自治是馬克思主義國家學說之一，是跟民主、憲政結合在一起的。地方自治是一個好方法，讓地方自己去管，中央不要什麼都管，特別是在大國治理中。但對於地方自治制度，我們採取本能的排斥，這是很奇怪的認識。張千帆教授的書也提出，我們要重新對待地方自治、看待地方自治。

最後，我想談談如何實現一體多元。首先，對於怎麼樣實現一體化的問題，我認為應通過中央對地方的監督和控制。從現狀來看，中央對地方的監督和控制仍不容樂觀。正如千帆教授上來講的

重慶的例子，這裏面表現出了中央對地方監督的失靈。中國的省區太大，社保基金會的主席能管得住中央政治局委員陳良宇嗎？管不住，這屬於行政控制的無奈。實際上，立法控制被地方性法規肢解，地方法院要執行地方性法規，把地方性法規作為判案依據，這是有聯邦色彩的做法。立法控制受地方保護主義限制，司法控制、立法控制、行政控制沒有什麼效果，財政控制有效嗎？對沒錢的地方有效，對有錢的地方無效。

中央對地方的控制總共有 6 個手段：立法控制、行政控制、司法控制、財政控制、人事控制、政治控制。後面兩個控制有效，前面四個控制無效。制度性控制沒有效果，很脆弱。重慶最高官員如果是地方選舉決定的，中央則可能沒有有效的控制手段了。如果民主搞到那一天，中央不能撤換地方省區選的官員時，那中央完全沒有辦法解決重慶問題。同時，由於地方性法規有可能架空中央立法，使得立法控制也很有限，財政、司法的方式都沒有足夠力量制約地方保護主義。這些方式都解決不了像陳良宇（編按：原中共中央政治局委員兼上海市委書記）的上海和薄熙來的重慶這類的問題。現在之所以還能控制，所採用的方式中只有人事控制最有效，而人事控制背後是共產黨的黨管幹部原則，這變成中央對地方最有效的一種控制方式。因此，如果沒有這一條，說黨內搞民主，要讓地方選舉，中央將沒有一個真正有效控制地方的制度性手段，這很危險。所以，建設法治化的央地關係要在立法控制、行政控制、司法控制、財政控制、人事控制、政治控制等方面建立有效機制，使這些手段能真正有效。如果沒有，上海會失控，重慶會失控，無法控制，則沒有辦法收攤子。

然後是如何實現多元的問題。保障多元實現的形式是地方自治，讓地方管理地方事務。現在中央感覺到總是有點控制不住地方的感覺，中央不放心，導致了地方老感覺我想做點事，做點促進地方發展的事，老是做不了，中央老不批。中央對地方無法控制時，會找很多事由來加強控制，地方很難受，兩頭都有難處，都覺得自己有道理，實際上是兩頭都不高興。怎麼樣解決這兩頭的「兩個積極性」的問題？讓地方有空間去做是關鍵。

總體說來，對於中國這樣一個「多元一體」的多民族大國的治理來說，按照「強國虛省實縣市」的戰略，奉行上述 8 項原則，採行上述 6 種調控方式，則是當今中國的治理之道。這個問題很宏大龐雜，由於時間關係，我只能很原則、很概括地講到這裏，希望有機會再來專門討論。

朱天飆：感謝，有請王老師發言。

王建勳：剛才張老師講了很多，大部分的內容我都同意。現在中國的中央集權太嚴重，應該搞地方自治。在熊老師評論中也表達了同樣的意思，在具體操作方面可能存在不同的看法和分歧。在這裏，我結合張老師在這兩本書當中提到的重要問題談幾點看法或者感受，有的是做點兒補充，有的是跟張老師一起討論。

第一點，我想談談「主權」概念及其與央地分權的關係問題。張老師主張拋棄傳統的主權理論——認為主權至高無上、不可分割——建構一種「相對主權理論」。這一點，我基本同意。在聯邦政體下，聯邦和州之間通常是主權分享的關係，即聯邦和州都享有部分主權。麥迪遜（James Madison）在《聯邦主義者文集》中提到，無論是聯邦還是州都不享有全部的主權，而是各享有部分主權，聯邦只對全國性事務（外交、戰爭等）擁有主權，而州則對剩餘的事務擁有主權。

其實，在某種意義上講，把美國的「state」翻譯為「州」就是一個錯誤，因為它本身就是「邦」或者「國」的意思。當然，將「United States of America」簡稱為「美國」也是一個錯誤，因為它不是法國或者中國意義上的國家或者民族國家，而是一堆（準）國家組成的聯合體，一個聯邦。正如今天正在演化的歐盟一樣，它不是一個國家，而是一個超國家的聯盟。這種聯邦或者聯盟，與傳統意義上的國家或者民族國家完全不同，它是一種全新的政治組織形態，一種全新的政治共同體。

當然，嚴格來講，說聯邦和州分享主權仍然是不準確的，因為在美國或者其他聯邦制國家，主權既不在聯邦手裏，也不在州手裏，而是在「人民」手裏，即「人民主權」（popular sovereignty）。

這裏的「人民」既不是與「敵人」相對的政治概念，也不是盧梭意義上的抽象存在，而是單個個人的簡單相加。從這個意義上講，真正的主權在個人手裏，於是有學者提出「個人主權」（individual sovereignty）和「公民主權」（citizen sovereignty）的概念。在一個自由社會裏，個人擁有一些不可讓渡、不可剝奪的基本權利，而這些權利構成了對政府權力的根本限制，因此政府必然是有限的，必然在任何情況下都不得擅自侵犯個人的私域。

基於這種理解，中央與地方的關係完全是個人創制的產物，個人有權利決定如何安排不同層級政府之間的關係，有權決定什麼樣的制度設計更有利於保護自己的基本權利和自由。無論是中央政府還是地方政府都不享有真正的主權，都必須受制於民眾的基本權利和自由選擇。如果民眾要選擇聯邦制，政府沒有任何理由要堅持單一制，無論這種理由是「主權」還是其他。

第二點，到底該如何理解聯邦制與單一制之間的區別？或者說，單一制與聯邦制之間到底有沒有根本性的差別？二者是否可以達到同樣的地方分權和地方自治程度？如果答案是肯定的話，那顯然應該拋棄這兩個概念，否則，就應當承認它們的價值。

在剛才的演講以及《國家主權與地方自治》一書中，張老師似乎認為二者之間沒有根本區別。譬如，他在書中提到：「事實上，沒有任何理由認為單一制達不到聯邦制的地方分權程度。」（第 31 頁）「雖然聯邦憲法確實為地方自治提供了制度性保障，但是這種保障並不是不可打破的。就中央和地方分權的現狀來看，聯邦制和單一制之間並不存在任何不可逾越的鴻溝。」（第 33 頁）「單一制和聯邦制的最大差別在於地方自治是否具有憲法地位，僅此而已。」（第 34 頁）「在實踐中，單一制國家完全可以通過立法賦予和聯邦國家同等程度的地方自治。」（第 34 頁）

那麼，到底該如何看待單一制與聯邦制之間的區別？在我看來，首先，這涉及名與實的問題。是否所有國名之中含有「聯邦」的國家都可以被認為實行了聯邦制？是否那些名稱中不含有聯邦或者流行的看法不認為其為聯邦制的國家就不是聯邦？譬如，前蘇

聯、前南斯拉夫等國家都被一些學者認為是聯邦制國家，儘管那裏奉行的是高度中央集權，甚至根本是個人獨裁。再譬如，英國長期以來被認為是一個單一制國家，然而它的地方分權和地方自治卻高度發達，歷史悠久。既然如此，或許有必要區分形式上（名義上）的聯邦制和實質上的聯邦制。形式上或者名義上的聯邦制，實質並非聯邦制，而是單一制，正如形式上或者名義的「共和國」不是共和國一樣。一個國家是不是真正的「共和國」並非是由於其名稱決定的，那些國名中帶有「共和國」的國家並非一定是一個共和國。個中道理與聯邦制一樣。那些名稱中含有「聯邦」或者外觀上形似聯邦的國家，可能是個真正的單一制政體，而那些名稱中不含有「聯邦」或者外觀上不像聯邦的國家，可能是個真正的聯邦制政體。當我們分析一個國家的政體性質或者國家結構時，不應當看其名，而應當觀其實，千萬別被形式或者名稱欺騙了。

其次，單一制國家是否可以同樣實現聯邦制國家的地方分權和地方自治？如果它實現了，還是不是單一制？這在很大程度上取決於對這兩個概念或者兩種制度安排的定義問題。如果我們在定義這兩個概念時包含地方分權和地方自治的程度問題，那麼就可以考慮將單一制定義為低程度的地方分權和地方自治，將聯邦制定義為高程度的地方分權和地方自治。二者之間存在着程度的差別，當單一制的地方分權和地方自治程度達到了聯邦制政體下的程度，它就變成了聯邦制，而不再是單一制，不論其名稱或者形式是否改變。至於二者之間程度的邊界劃分在哪裏，則是另外一個問題。但無論如何，程度是一個值得考慮的問題，並且程度（量）的變化會導致質的變化，正如專制社會和自由社會之間的重大區別之一也是自由的程度一樣。即使在極端專制的社會（極權主義社會）裏，人們也享有某種程度的自由，但無論如何，我們不把這樣的社會稱為「自由社會」，這樣的社會與自由社會存在着根本性的區別。當一個社會中自由達到一定程度之後，它就從一個專制社會變成了一個自由社會。但專制社會和自由社會之間的區別，仍然是不可抹殺的。

如果將單一制和聯邦制的區別界定為地方自治的程度的話，那麼，該如何衡量一個共同體中的地方自治程度？哪些因素值得考慮？第一個因素是地方政府權力的來源，即地方政府的權力是否來

自於全國性政府的授權。如果答案是肯定的，則為單一制。在聯邦制下，無論是中央政府的權力還是地方政府的權力，都是直接來自於人民。第二個因素是，地方政府是否有權制定自己的憲法和法律，是否承認法律多元主義。如果答案是肯定的，則為聯邦制，否則為單一制。此外，司法體系是否多元，公民身份是否多重等都是重要的區分因素。在聯邦制國家，司法體系都不止一套，有兩套甚至多套司法系統，各自在自己的管轄權內行使司法權力。在聯邦制國家，公民身份通常是多重的，譬如，在美國，公民有兩重身份，每個人既是某個州的公民，又是美利堅合眾國的公民；在瑞士，每個人都有三重公民身份，既是某個市鎮（municipalities）的公民，又是某個邦（canton）的公民，還是聯邦的公民。

如果這些區分有意義的話，那麼，聯邦制和單一制之間的實質區別就是存在的。儘管單一制下也可以存在一定程度的地方分權和地方自治，但無論如何也無法與聯邦制下的分權與自治程度相提並論，正如專制社會中的自由程度無論如何也與自由社會中的自由程度不可同日而語一樣。實際上，當麥迪遜等美國國父們創立聯邦制時，他們就認為它與單一制之間存在着根本性的區別。在《聯邦主義文集》第 51 篇裏，麥迪遜説：「在一個單一制共和國（single republic）裏，人民讓渡的所有權力都賦予了一個單一的政府；對權力濫用的防止依賴於該政府不同部門之間的分立。而在美利堅複合共和國（compound republic）裏，人民讓渡的權力首先在兩個不同層級的政府之間分享，其次每一個政府的權力又要在不同的部門之間分享。因此，人民的權利就有了雙重保障（double security）。不同的政府之間將相互制約，同時每一個政府又受到自身的約束。」可見，在麥迪遜看來，單一制政體與聯邦制政體之間存在着根本區別。

在談到單一制下也可以實現高度地方自治時，張老師在演講和他的新作中都舉了港澳的例子。他在《國家主權與地方自治》一書中説：「雖然在統計上，聯邦制一般更傾向於地方自治，單一制則更傾向於中央集權，但是正和聯邦制也可以選擇擴大中央權力一樣，單一制也完全可以選擇高度的地方自治，中國在港澳地區實行的『一國兩制』就是最顯著的例子。」（第 34–35 頁）那麼，我們該如何看待港澳的地位？應當承認，港澳的情形是非常特殊的。港澳

是在非常特殊的情況下收復的，這種收復是以其實行獨特的制度作為代價的，是建立在中國與英國和葡萄牙之間的協議基礎之上的。當我們考慮它們的高度自治狀況時，不能不考慮到這種特殊性。當然，當大陸的其他省區都能夠像港澳一樣高度自治時，中國就幾乎轉變為一個聯邦制國家了。之所以說「幾乎」，是因為港澳的自治程度在某些方面還是有限，譬如，它們的「基本法」（憲法）都不是自行制定的，而是由全國人大為其制定的。

最後，應當承認，單一制和聯邦制的概念時常造成誤解，尤其是當一些聯邦制國家存在着中央集權傾向而一些單一制國家存在着地方分權傾向時。譬如，美國在兩次世界大戰和羅斯福新政（The New Deal）[3] 之後聯邦政府的權力愈來愈大，如果麥迪遜等美國國父們仍然活着，他們一定痛心疾首、焦慮萬分。在這種背景下，是否可以考慮放棄單一制和聯邦制這樣的概念呢？可以，用單中心秩序和多中心秩序代替之。前者意味着在一個社會裏有一個最高的決策中心，而後者意味着在一個社會裏有無數個決策中心，它們之間沒有高低貴賤之分。「多中心」的概念較早由哲學家博拉尼（Michael Polanyi）提出，用於分析科學研究、市場和司法等領域的制度安排。後來，奧斯特羅姆（Vincent Ostrom）將其擴展適用於立憲選擇和政府架構。與聯邦制相比，多中心這個概念的好處是，它不僅意味着縱向的權力在聯邦政府和州政府之間分立，而且意味着在州以下的不同層級地方政府之間同樣踐行分權的原則，也就是說，州政府並非一個集權者。實際上，瑞士的聯邦制就是三級分權制，而非美國式的兩級分權制。

第三點，我談一下中國應否放棄單一制的問題。在我看來，為了實現真正的地方自治，中國應當放棄單一制，不只是放棄單一制的形式，而是放棄單一制的實質——中央集權和大一統，走聯邦制之路，確立多中心秩序。歷史上以及現在的中央集權貽害無窮。托克維爾曾經在《論美國的民主》的一個註釋中說：「旅行家告訴我

---

3. 1933 年富蘭克林 羅斯福就任美國總統後實行了一系列的經濟政策，其核心是三個 R：救濟（Relief）、復興（Recovery）和改革（Reform），因此有時亦稱三 R 新政。

們，中國人有安寧而無幸福，有勤勞而無進步，有穩定而無活力，有公序而無良俗。那裏的社會條件總是可以容忍的，但絕不是極好的。我可以想像，一旦中國的國門對歐洲開放，歐洲人將發現中國是世界上中央集權的最佳典範。」

著名漢學家白魯恂（Lucian W. Pye）也曾指出：「所有的中國人都承認，中國人堅信所有的權力都應當掌管在中央政府手裏，由中央政府來行使，這是塑造中國歷史的最有力因素之一。這種想法使中國保留了單一制的政治制度，並使中國人，在其文化世界被競爭性的政治權威分割之時，感到不安。在很大程度上，中央政府可以聲稱其無所不能，因為大部分中國人已經由較直接的基本上是民間的權威體系來治理了，這包括關係緊密的家庭、受人尊重的宗族組織或者其他的民間團體，它們減少了官方的負擔。作為一個鄉土社會，中國在很大程度上是由鄉村制度來治理的。無疑，這些地方權威體系在塑造中國社會時起了決定性的作用。但是，同樣正確的是，這些地方權威體系滿足於通過非正式的且經常是迂回的手段來保護它們自己的利益，以期國家當局予以支持，而非努力重塑國家當局。」

白魯恂發現，地方制度和權威的固有虛弱，導致了中國獨一無二的政治制度。歷史上中國的政治經濟制度，從來沒有明顯反映出深刻的地域差異，儘管這種差異客觀存在。譬如，華南的經濟是建立在大米文化和相關的技術基礎之上的，而華北的鄉村則是圍繞着小麥和小米的耕作而組織的；華東的文化是具有獨特經濟利益的大規模城市發展的結果，而華西則較接近於遊牧文化。但是，在歷史上，中國的政治經濟制度從來沒有反映出這些驚人的地域差異。相反，政治命令通常發自於中央；如果某個地方出了亂子，中央政府或者迅速將其鎮壓下去，或者立即將其接管，使其變為全國性問題。

中國應當實行真正的地方自治，確立多中心秩序。簡而言之，這種秩序的基本特徵包括：（1）每個共同體，從鄉鎮到縣市，再到省區，都可以制定自己的憲法和法律。（2）每一共同體政府的權力都是由本共同體的成員授予的。（3）多個權力中心共存，沒有至高無上的權力。（4）多個司法體系以及多重公民身份的存在。

　　中國的民族區域自治與真正的地方自治是一回事嗎？答案是否定的。民族區域自治作為前蘇聯的遺產，其制度設計缺陷至少包括：（1）以民族而非地域作為自治單位的基礎，強化了民族認同，弱化了憲政認同。（2）這些區域無權自行制定自己的憲法和法律，實際上連個自治條例也沒有，因而並非真正的自治。（3）這些區域的領導人都不是通過自由競爭性方式由本地居民選舉產生，且首要領導都是漢人。（4）這些區域沒有自己的司法體系。

　　中國的村民自治也不是真正的地方自治，因為村民無權決定本村重大的公共事務，包括村莊的組織結構。村民委員會組織法由中央政府制定，且全國整齊劃一。

　　有人擔心中國實行聯邦制和真正的地方自治會導致國家分裂、民族分裂、地方割據、地方保護主義等問題。其實，恰恰相反，聯邦制和真正的地方自治反而會加強人們的凝聚力和向心力，因為地方民眾和少數民族的正當利益得到尊重，文化傳統、宗教信仰、民族習俗以及生活方式的多樣性和多元主義獲得承認。在這種情形下，人們沒有強烈的動力要分離出去，即使有分離的傾向，也可以通過民主商議的方式獲得和平解決。其實，在那些聯邦制國家，分離主義傾向往往是較弱的，而在很多單一制國家，則存在着嚴重的分離主義傾向。

　　很多人害怕地方割據和地方保護主義，其實，這種傾向在單一制國家更加嚴重。儘管單一制強調中央集權和整齊劃一，但地方上恰恰對此反感，企圖衛捍衛地方的利益。中央集權愈是嚴重，地方抵制和對抗就愈厲害。這就是中央集權的悖論。而在聯邦制下，一些形式的地方保護本來就是正當的，而那些不正當的地方保護主義則可以通過司法渠道解決。

　　其實，中國曾經嘗試過聯邦制，那就是 1920 年代的「聯省自治」和「省憲運動」，而且，如果不是北伐戰爭的話，很可能就成功了。當時的不少省份都已經起草了自己的憲法，湖南省甚至在 1921 年到 1926 年間實施了自己的憲法。這部憲法還是民眾投票通過的呢！恐怕它是迄今為止中國歷史上唯一一部由全體民眾投票通過的

憲法。在很大程度上講，這部憲法還很先進，除了制度設計之外，對公民基本權利和自由的規定也不錯，譬如，它居然確認了公民的持槍權，這在今天很多人看來也不可思議，恐怕連想都不敢想。

朱天飆：高潮迭起，下面是互動時間。

> **提問：**我是中央民族大學的博士生，我的問題請教張千帆教授。中央政府從西部地區獲取大量的資源，由於造成生態破壞，又通過轉移財政支付的方式補回去。在中央和地方關係的視角下，怎麼樣才能保證當地的生態損失得到彌補？

張千帆：時間有限，只能簡短回應一下。我認為這種行政式的轉移支付是不夠的，剛才王建勳教授講了很多問題，我不完全同意，但基本是同意的。在集權體制下，一個很簡單的例子，看全國人大常委會的構成，成員大部分是北京、上海大城市的代表，而常委會是一個比全國人大更重要的立法機構，但是完全不按「一人一票」組成。去年人大選舉開始按照城鄉同比例，取消了原來的 1/4 條款。當然，全國人大細究起來也有問題，但每個省的代表名額大致可以做到「一人一票」，也就是說，每個省選舉的代表和當地人口成正比。但全國人大常委會不一樣，是一個國家日常性的決策機構，而發達省市的委員遠遠超過人口比例。這樣的決策機構必然帶有中央集權傾向，把資源、利益向中央以及發達省市集中。所以，不能指望這樣的決策體系會給地方適當補償。簡言之，在我們這種全國性的決策機制當中，來自新疆等邊遠地方的聲音遠遠不夠，更不用說這些人根本不能代表當地的選民，完全可以犧牲掉當地的利益換取自己的晉升機會。所以，行政式的補償怎麼可能按公平標準適當補償？不可能彌補當地的環境資源等各方面損失，讓它回歸平衡。

適當補償必須做到兩點：第一，中央和地方作為相對平等的主體討價還價，是一個平等的主體談判；第二，讓地方官員、決策者真正代表地方選民的利益。現在主管新疆的是原來湖南省委書記張春賢，他比較開明，但他也是一個漢人，也許做了不到兩年就要進

中央政治局或者到別的地方任職，這樣怎麼能夠保證地方決策者代表地方選民的利益？他們根本不住在那兒，在所有考量當中不會把自己的切身利益和當地人民的利益聯繫起來。所以一定要有地方自治，地方有自己的自治章程，決定自己的組織形態。這在目前中國可能遠了一點，但是首先要做到：第一，地方官員由地方選民選舉產生；第二，通過市場機制，在尊重資源地方所有的前提下，讓不同的地方通過市場機制完全自願交易、公平分配。

> **提問：**各位老師、同學晚上好，我是北京外國語大學的，很榮幸聽到各位老師的演講。我聽過一個講座講到日本的政治體制，講日本的中央政府和地方政府的關係。按書本來說，日本也算是單一制國家，但它有很多地方值得我們借鑑。譬如日本的中央財政和轉移支付制度，其中央部門有派出機構，還設置了中央與地方的糾紛處理機制，一旦產生糾紛，地方會積極處理，不像中國都到北京來。日本的一些經驗對我們有否借鑑意義？

熊文釗：在單一制國家中可以建立地方自治，韓國、日本、法國、英國的地方自治做得非常好，中國沒有把地方自治做好。建勛說要放棄單一制，搞聯邦制，我不太贊成。孫中山最後放棄了聯邦制，毛澤東為什麼也放棄了，張千帆先生原來也是帶着聯邦制的理想回來的，為什麼他現在也轉變了？這要從治理國家角度來說，美國的前提跟我們不一樣，美國有各個州，現在在往一體化方向走，我們往那個方向走有沒有可能？日本的經驗值得中國借鑑，在日本，中央的事情是中央的事情，中央不能隨便干預地方。美國駐軍在高知縣，高知縣就抗議，跟中央政府的聲音不一樣，他們不能拿地方政府怎麼樣。中國一個縣長敢不按中央的意思辦嗎？不辦肯定將你拿下。日本不一樣，日本有地方自治，代表地方的利益，不希望有美國駐軍在這裏，就抗議。地方自治有它很重要的價值，這個經驗值得中國學習和借鑑。我們應該可以做得更好。

張千帆：我澄清一下，文釗說我轉變了，其實沒有變，只是策略有所調整而已。現在不讓搞聯邦制，但是沒說不讓搞地方自治，

其實效果是一樣的。怎麼解釋孫中山和毛澤東原來談聯邦制，後來轉單一制？我不需要多解釋，只是提醒大家一個規律：中國領導人掌權之前都談聯邦制，掌權後一概實行單一制。其中的奧妙，大家不難想通。我還沒有掌權，所以現在還能談聯邦制。地方自治實現到一定程度，類似於聯邦制的權力結構就自然而然、水到渠成了。

提問：怎麼樣防止馬後炮，預防大饑荒、薄熙來事件？

張千帆：薄熙來的最大威脅在於他的欺騙性。在「唱紅打黑」的時候，沒有人想到他犯了這麼多事。因為新聞受管制、信息不公開，人民成了一群「不明真相的群眾」，被他騙了還把他當「救星」，這樣很危險。怎麼樣防止馬後炮？還是要堅持央地關係法治化，重慶的領導還是要讓重慶的人民在知情的基礎上做出他們自己的選擇，中央不要越俎代庖；如果什麼事都要靠中央干預，永遠是馬後炮。薄熙來的事情很偶然。沒有王立軍，他本來進入常委沒問題，所以我把王立軍認定為 2012 年中國憲政的最大「功臣」，沒有他，絕對沒有後來薄熙來的這些事。但是如果真的沒有王立軍呢？中央應該管什麼、怎麼管？不是通過黨內自上而下的撤換個別地方領導，而是要保障言論和新聞自由，保障人民的知情權和人民選擇的權利，沒有這個，薄熙來事件會重演，甚至和「大饑荒」性質類似的事件會重演。我們現在沒有「大饑荒」了，但是全國每年每月甚至每天發生的事情有多少？

提問：地方自治還是聯邦制，基礎是確立私權。如果沒有從公平本身的角度考慮，再談聯邦制、單一制好像也沒有太多的用處，香港、澳門、台灣被西方殖民過，私權利觀念很深入。對我這個觀點，老師是否同意？

王建勳：我同意你的看法，我以前搞民商法，也特別看重私權。對於政府權力的最終限制依賴於人民，但問題是每個人都有自己的工作和生活，如何阻止政府權力的濫用？麥迪遜説，我們必需有輔助性措施、恰當的制度安排，最主要的就是分權制衡。任何專

制國家最大的問題就是權力集中、集權，無論是橫向的集權還是縱向的集權，解決這個問題要依賴雙重分權，沒有什麼好的辦法。橫向分權就是三權分立，不同部門之間相互牽制，縱向分權就是中央和地方政府之間相互制約。如果能夠很好地實現這種制度安排，人民的權利和自由在很大程度上會得到保障。保護公民的私權依賴司法獨立，但司法獨立的前提是三權分立，否則沒辦法保護公民的私權。很多人說把那些權利和自由寫在憲法和法律上就行了，其實，僅僅寫在憲法和法律上一點用處都沒有，必須得有分權制衡，才能把紙上的權利轉化成現實的權利。

張千帆：我補充一句，王老師的意思是要辯證地看這個問題：私權要以公法來保護。台灣前大法官吳庚先生講過一句話，我認為很精闢：看看世界各國，你會發現一個規律——自由國家的公法特別發達，那些私權很發達的恰恰是專制國家。中國法學界本身就很說明問題：民商法很紅火，但憲法沒人關心。

> **提問**：在集權制國家，怎麼建成地方民主自治，怎麼建成聯邦？現在從集權到聯邦的過程怎麼轉變？這個過程是怎麼樣的？怎麼去做？因為權利不在我們手上。

張千帆：談聯邦太遙遠，現在還是要走地方自治。不能說你不讓玩聯邦制，我就不和你玩了，這樣不行。地方自治靠誰？當然不能靠那些人，靠誰呢？靠你們啊！我們不去爭取，民主怎麼會來呢？我想在座各位恐怕沒有幾個人認真投過票的，官員對於你們這種「不行為」是很高興的。你們自己不出來選舉，地方自治都實現不了，聯邦制更遙不可及。他們落得睡大覺，因為現體制對他們是最有利的。中國的路要一步一步走，公民首先必須認真對待自己手裏的選票，不要說自己沒有權利，憲法規定了你的權利，只不過在現實中行使這種權利有種種障礙需要克服。

熊文釗：我回答一下，還是從地方自治做起，從村民的自治、鄉自治、縣自治做起，把縣自治做起來，溫家寶總理的講話就表達了這樣的思想。

**提問：請問各位教授有否了解到村民選舉當中發生的情況？據
我了解，有些東西到中國就變味了，其中有賄選等問
題。怎麼趨利避害？**

熊文釗：要解決你説的賄選問題，就要在法律制度上建構一個
很好的選舉文化，讓大家信這個東西。中國人什麼都不信，選舉中
信的是錢，是好處。有選票的人不尊重自己的選票，因為他覺得你
這個東西太假，覺得這個東西沒意義才會用這樣的方式。這是整個
選舉體制的問題。

朱天飈：我就這個問題簡單發表一下我自己的感想，這個問題
非常好。今天一晚上討論的是怎麼建立規矩，怎麼遵守規矩，我們
有一個前提假設是沒有規矩不成方圓。你覺得中國社會是這麼運作
的嗎？我的感覺是，我們用的西方創造出來的一些概念和行為都是
在特定的歷史條件和特定的文化環境裏創造出來的，我們用這個東
西，把這個東西當作眼鏡，戴着它來看中國，我很懷疑。你不用懷
疑我對西方概念的「忠誠」，但西方給我們戴的眼鏡不是它故意給我
們戴的，譬如自由、選舉、民主、地方自治、聯邦等概念都是那個
文化、那個歷史條件下的產物，然後中國開始學。我不是説學這些
好不好，而是覺得應該真正回過頭來研究，儘量不要戴着西方眼鏡
來研究中國日常行為是什麼樣的。我看到的是現在的地方有高度的
自治權，現在地方官能做什麼事，大家心裏都明白，我看不出來怎
麼就不自治了，看不出來怎麼就遵守憲法了。

回到文化大革命，剛才張教授舉的大躍進的例子，我不覺得是
地方自治能解決的問題。那些地方怎麼就那麼自治呢？地方怎麼就
高度自主地開始克扣百姓的口糧呢？這可能有民主問題，可能是人
民有沒有聲音的問題，但是不是一個分權問題，我表示懷疑。中國
在表面上也許是這麼大一個國家仍然實行單一制，這是從規矩上講
的。但中國人不守規矩，中國的社會得反着看。當你説守規矩是正
常時，也許是有人給你戴着眼鏡讓你用那樣的觀念去觀察，但是中
國社會可能不是那樣的。所以在研究規矩的同時，更應該看的是中
國人是怎麼去操作，怎麼去運行的，運作的本身能帶來什麼樣的利

益與好處，不能帶來什麼樣的好處。現在我的感覺是，中國在沒有規矩的情況下，這 30 年經濟發展也挺好，不是沒有問題，但和其他發展中國家比起來，中國是數一數二的，在看起來沒有規矩的情況下，在規矩愈亂的情況下也能發展起來。所以，大家在重視規矩的同時，要看一下中國人的生活是什麼樣的，這樣可能才能更好的對應。下面交給張教授！

張千帆：政府管理學院的視角就是跟法學院的視角不一樣。中國人吃米飯，西方人吃麵包，所以說西方人不吃米飯，中國人以前不吃麵包，這就是「中西差異」，所以西方人守規矩，中國人可以不守規矩。不過，不論是中國人還是西方人似乎都得吃糧食，中國人不吃糧食也會餓死，「大躍進」就餓死許多人。中央對糧食徵購有沒有規定？這是有規定的。在中央的通盤糧食計劃下，每個地方都有指標，中國以前是一個指標社會（現在基本上取消了），在這個壓力下各級政府層層加碼，最後負擔加到老百姓頭上，餓死了那麼多人。當然，沒有誰在惡意殺人。但是在這樣的制度下，我們不需要是罪犯就能犯罪，而且是不赦的大罪。

說中國絕對沒有規矩，也不準確。政府管理學院完全沒有規矩嗎？還是有的，肯定也有一套規矩，只是跟寫出來的不一樣，這就是通常講的「潛規則」。中央處理薄熙來，你說沒有規矩嗎？憲法管不了黨，所以憲法這套對黨不管用，但是黨還是有一套自己的規矩，和憲法規定的那套東西不一樣就是了。從中國人不吃麵包但還是需要吃糧食這個類比來看，中國還是需要一點規矩的。假如一點規矩也沒有，那麼不僅法學院要喝西北風，政府管理學院也要喝西北風，因為政府行為沒有規律了。其實中國政府的運行是有規律的，只是這套規律未必符合國家利益和大家的價值判斷標準。

有的規矩好，有的規矩不好。「大躍進」期間，中國是很有規矩的，地方按中央的規矩嚴格實施，造成的結果卻很糟糕。今天沒有這一套規矩，但有另外一套規矩。更準確地說，這套規矩的本質沒有變。30 年來，「大躍進」、「大饑荒」確實不會發生了，但是地溝油、毒蔬菜、毒大米這些東西大量存在；後果不那麼嚴重，頂多早死幾年，總比餓死強些。中國改革肯定是比 30 年前大大進步了，

但是和周邊比到底有多好？我並不那麼樂觀。譬如中國和印度、中國和越南哪個更好？GDP 我們肯定比他們高一點，但畢竟只是一個「雞的屁」而已，不能那麼當真的。人家的 GDP 增長也不低，而水分比我們少，幸福感比我們強，至少沒有出那麼多事。據官方統計，我們每年都有十幾萬起較大規模的抗議，平均每天 500 起。中國確實家大業大，但無論多大的國家也經不起每天 500 起抗議的折騰。所以，中國社會還是很需要治理的規矩，今天探討的正是我們需要什麼樣的規矩，什麼樣的規矩能把中國治理得更好。